像高手一样投资

17位顶尖高手的投资心法

肖冰 著

中国青年出版社 CHINA YOUTH PRESS
中青文传媒

图书在版编目（CIP）数据

像高手一样投资：17位顶尖高手的投资心法 / 肖冰著.
—北京：中国青年出版社，2021.6
ISBN 978-7-5153-6371-4
Ⅰ.①像… Ⅱ.①肖… Ⅲ.①金融投资—基本知识 Ⅳ.①F830.59
中国版本图书馆CIP数据核字（2021）第072456号

像高手一样投资：17位顶尖高手的投资心法

作　　者：肖　冰
责任编辑：肖　佳
美术编辑：张　艳
插　　画：肖淇元
出　　版：中国青年出版社
发　　行：北京中青文文化传媒有限公司
电　　话：010-65511270 / 65516873
公司网址：www.cyb.com.cn
购书网址：zqwts.tmall.com
印　　刷：河北华商印刷有限公司
版　　次：2021年6月第1版
印　　次：2021年7月第2次印刷
开　　本：787 × 1092　1/16
字　　数：272千字
印　　张：19
书　　号：ISBN 978-7-5153-6371-4
定　　价：69.00元

目录

第二部分 股票多头策略高手 153

第三部分 股票对冲策略高手 241

序言

听听赢家思维

我读中学时，特别爱看学校橱窗里的《中国体育报》，当时最大的愿望就是做一名体育记者，到世界各地去看比赛、做报道，所以大学填志愿时毫不犹豫地选择了新闻专业。1994年南下深圳，我的工作单位的名字可谓与“时”俱进：先是在《证券时报》9年，然后在博时基金12年，直到2015年下半年“奔私”，现在是一家私募基金公司的合伙人兼基金经理。

2018年，A股二级市场，可谓苦风凄雨，但外部形势越差，人更应奋发有为。一方面，继续做好公司和基金产品管理；另一方面，在好友、博时基金前副总裁杨锐的鼓励下，发挥个人的跨界优势——既学过新闻和企管专业，又在财经媒体和资产管理两个行业工作多年，开始约访各路投资高人，并通过自媒体分享投资智慧。从此，成为了一名“斜杠中青年”。

截止到2021年2月，共31个月，其间陆续采访了18人，其中除了原国信泰九的创始人张定军（定哥）是券商经纪业务的大咖之外，其他17人均为从事股权投资、证券投资的高手。

如何邀请到投资大咖来接受我的访谈？两条路：一是“杀熟”，即联系自己在深圳二十多年结识的老友，以及博时的前同事；二是请朋友介绍朋友。比如，第一个联系的是我来深圳就认识的老友、南山基金的前投资部总经理汪思波，他一口答应，由我提问，他来笔答（他也是目前所有访谈对象中唯一的笔答者）；比如，在邀请达晨财智创投的肖冰（与我同名同姓，当年他在暨大读研时我们就认识）时，他在电话那头爽快地说很荣幸接受我的访谈，并且指出深圳是人民币股权基金的大本营，目前还没有媒体对这个群体做一个系统、巡回式的访谈，建议我可以考虑做这件有价值的事情；又比如，2019年国庆期间我到访纽约，经上海财大博导钟鸿钧教授介绍，我访谈了在华尔街从事量化对冲投资已有12年的蒋晓炜。

梳理本书中的17位投资高手，可分为三大类：

第一大类是总部位于深圳的7家股权基金管理公司的领军人物，包括达晨财智执行合伙人兼总裁肖冰、东方富海董事长陈玮、基石资本董事长张维、深创投副总裁李守宇、同创伟业分管投资的管理合伙人丁宝玉、松禾资本创始合伙人罗飞，以及从证券转型股权投资的森德瑞董事长王汉卿。这批大咖所在的机构，大多经历了2000年互联网泡沫退潮的九死一生，同时也由于专注于投资先进制造、技术创新，为中国培育了一大批“硬科技”企业，从而在深圳中小板和创业板、上海科创板的推出后，每次都有众多被投企业挂牌上市，收获颇丰。作为人民币股权基金的代表，“深圳创投帮”如今已成为中国创投行业的翘楚。

第二大类是在证券二级市场采用“股票多头策略”的6位专家。该策略是指买进看好的股票，通过未来股价上涨来获取收益，该策略在国际上的典型代表如巴菲特。这6位专家又可细分为两类。一类是“主观股票多头”，包括目前是“自由投资人”身份的汪思波、任俊杰，两位私募基金经理新智达投资董事长苏武康、东方港湾董事长但斌，以及博时基金分管投资的前副总裁杨锐；另一类是“量化股票多头”：浙商基金智能权益投资部总经理查晓磊，作为公募基金经理，他新近获得《中国基金报》"最佳主动量化基金英华奖"。

第三大类是在证券二级市场采用"股票对冲策略"的4位投资专家。该策略是在买入股票的同时做空股指期货，对冲市场波动的风险，目的是获取稳定的超额收益，海外采取该策略的代表人物如文艺复兴公司的西蒙斯、桥水的达利欧。这4位专家也细分为两类。一类是"不完全对冲"，平石资产董事长兼基金经理尹志平；另一类是"100%全对冲"，包括目前是自由投资人的张志峰、GSA Capital纽约办公室独立基金管理人蒋晓炜、平方和投资创始人吕杰勇。

这17个访谈对象，在各自的专业投资领域，可谓各有建树，尽管他们都不约而同地认为投资是一份终身学习的事业。所以，这个系列访谈的核心是什么？让我们听听赢家思维。

本书的特色包括：1.在访谈问题的设计上，结合每个被访者的特点，兼顾读者的兴趣点和投资的专业性；2.在文章的体例上，基本处理成"访谈形式的自传"，让被访者对自己的投资前半场进行小结，包括各自的投资经历、风格形成、投资策略、成功与失败的案例剖析、人生使命与价值观等。这样的好处是内容相对丰富饱满，读者阅读时可以各取所需。

发挥自己过往近30年积累的一点点跨界能力圈优势，为社会创造并传递一点点专业价值，这一信念，是支持我过去两年多挑灯夜战的最大动力。如果你是证券投资或股权投资行业的从业人员，想进一步开阔投资视野；或者你是一名个人投资者，想要提升对投资的认知水平；又或，你是一名对投资感兴趣的在校大学生，正在选择未来深造或就业的专业方向，相信这17位投资专家的系统阐述，能够助你一臂之力，为你打开一扇窗！

肖冰

2021年2月22日于深圳

PART 1

第一部分

股权投资高手

第 1 章

达晨财智肖冰：

我们终会投到像华为这样的世界级企业

访谈时间：2019 年 3 月 20 日下午

访谈地点：深圳特区报业大厦（达晨财智总部办公地址）旁边的一间茶室

达晨，无疑是本土人民币基金的优秀代表，用这家公司的执行合伙人兼总裁肖冰的话来说：我们投了18年多，看的企业有超过百万家，真正做深入尽调的企业有超过1万家，投的金额可能有差不多250亿元，最后成功投资的是500多家企业，目前已经IPO的有70多家。这家公司得以脱颖而出的投资秘籍是什么？同时，从失手的投资项目中，他们学到的最大的教训又是什么？

带领达晨一路走来的肖冰，他当年的求学道路又是如何？来达晨之前，他在港中旅的七年又是如何度过的？他又是怎么和达晨结缘的？在达晨起步最艰难的时期，他一度手下只有一个员工，但他同时又是“每天跳着舞步去上班的”，是什么在激励着他？

肖冰表示：2008年和诺亚发的这只基金，是我们达晨第一只面向市场的基金，如果没有创出品牌，我相信后面很难做成一个明星的基金管理公司。这后面，有一份什么样的思考？然后他又是以何种思路来运作这只基金的？

其实美国历史上能够业绩长青的股权基金非常少，很难。因为行业总是在变化，产业也在变化，每一期能追得上是不容易的，这也是肖冰焦虑的主要原因。那他又是如何自我减压的？

肖冰说，成为一个卓越的股权投资专家，需要具备独立思考能力、超级勤奋、一定的天分，还要有抱负。那他的抱负是什么呢？

这篇访谈，主要包括三大块内容：一是肖冰2002年到达晨之前的大学求学和工作经历；二是他对达晨近二十年发展历程的小结；三是他这些年个人从业的一些思考。

加入达晨之前的故事

2002年，你在34岁的时候加入达晨。讲讲你在达晨之前的学习和工作经历？

我1986年开始在中国人民大学（以下简称“人大”）读本科，读的是当时最好的专业——国民经济管理，那时候还是一个计划经济的时代，所以计划经济专业是最牛的，毕业生大都是进国家或地方计委的，那时计委是最有权力的部门之一。

那时候银行什么的都是排在后面，因为银行的贷款都要计委先批额度，然后银行才能贷款。所以那时候我就去了那个专业，大概在上本科相对后期的时候，可能1988年开始，那个时候就开始计划经济和市场条件相结合，慢慢商品经济的苗头出来了。那个时候，我们一方面读这个专业，一方面特别反叛这个专业，不可能按人为的控制来管理这个经济，也就是计划经济，在那个时候我们就意识到了，要换专业，包括自己未来的职业规划，我不愿意做政府机关的工作，我觉得未来金融专业是最有前途的，就想学金融专业。所以那时候其实我自己的本专业的课是很少学的，我经常去五道口，也就是人总行金融研究所，经常骑自行车去旁听。因为那时我有一些人大的师兄就考到里面读研究生了，这对我的影响特别大，我就坚定了：将来一定要去读这个金融专业的研究生。

觉得金融专业好在哪儿？什么东西吸引你？

我那时候觉得金融、证券、期货特别刺激，觉得自己的价值、能力能够充分发挥出来，不是像计划经济，要你跟着别人走，被控制的那种。

你在哪里读的高中？

在湖南，长沙一中，一中是当年长沙最好的中学了。当时清华的招生老师到我们家动员我去，我没去，当时一根筋就想去人大，就想学经济管理，然后到了人大以后又想转学金融了。好，说回1990年大四的时候，我就准备考五道口的研究生。当时有个政策是本科毕业要工作两年以后才能考，那不傻眼了？我当时什么都准备好了。

那时国家安排工作，我被分配到了湖南省计委。等两年期满了，我想考研究生，但单位不允许我考，那时候要单位开介绍信，没有介绍信就不能报名，以前是这种规定。我就去争取，后来单位就同意我考一次。最近我看电视剧《大江大河》，说的是1978年到1992年改革开放的大背景下，我们这些普通人被这个历史长河裹挟着，有时候，可能一个很小的事就会影响你一生。

考研究生之前我来广州玩了一趟，跟着我一个大学同班同学去找他的一个中学同学，在暨大。我们下了火车就直接去暨大找熟人去了。之前不知道有个暨南大学，到了暨大以后就看这个学校特别美，而且还特别自由，因为暨大主要是港澳生、侨生，所以学校特别的包容和开放，学生们穿的都是奇装异服，人也特别开朗，对我影响特别大，在那个学校待了几天以后，我就特别喜欢这个学校，于是就将志愿改过来了。考上之后，从1992年开始，我在暨大金融系读了三年研究生。

当年你的导师是谁？

何问陶老师。

那个时候金融业是百废待兴，期货、证券市场都刚刚起步，我们金融系的研究生特别少，金融研究生特别紧俏，各单位都抢着要。当时我们有很多同学去了证券公司，包括广发证券创始不久，现在的高管很多都是我那时候的同学。我当时为什么没去证券公司干呢，可能那时我这个人性格里有一点是特别不一样的，觉得别人都做的事，我就不愿意做；我这人比较爱跟自己较劲，当时我暨大的同学在广发投行实习，“两美一照”，美雅、美的和佛山照明发行上市，就是他们设计的方案，他们已经很厉害了，我觉得同学们太多人去了，我反而就不太想去了。正好那个时候有一个机会，就是香港1997年回归之前，要招一批经济专业的人去香港，正好暨大是国务院侨办的学校，然后港中旅也是国务院侨办的下属企业，来学校选人，我就报名去了，我想到香港再去学一下，觉得这个好像更有意思。我就去香港工作了，在港中旅做投资。

我记得你那时要经常到内地出差，跑项目，是不是？

是，我们港中旅集团下面有家上市公司香港中旅（00308），通过它在香港资本市场融资，然后把钱投到内地。正好机缘巧合吧，因为那个时候香港的中资机构金融方面的人才特别少，我们一去就被重用了，跟着董事长去看项目，他很喜欢投项目，投大项目。

我记得你是不是去看过一些电力项目？

对，陕西的渭河电厂。那个时候就在全国看项目，投项目，我们的投资手笔都很大，记得有个项目投了30个亿吧。结果也比较成功，那时候做的项目后来给公司赚了很多钱，在这个过程中也学了本领。香港中旅那个公司的高管很多都是香港人，都是专业人士，我跟他们学做Excel表，因为内地都是手算的，还有学做财务模型，分析上市公司年报什么的，反正学了很多，同时实操的经验也有了。

那时候你基本是香港内地来回跑？

对，做些并购，还有做一些实业投资，投了些钢厂、电厂、收费公路。从1995年到2002年，我从项目经理做起，拿着计算器算账，然后还要写合同，因为那时候内地的律师也不懂，律师写的都不行，后来我们就自己写，合同每一条都是我写的。我就是这么成长起来的，虽然也有点稀里糊涂，自己慢慢地就懂得多了一点。内地那时候没那么大手笔投资的，如果研究生一毕业就在内地工作的话，就没有这么大的锻炼平台。

你这个毕业选择，印证了一句话：选择比努力更重要。

当时这个选择，我还确实带点主动意识的，就是我们一批毕业生分到港中旅的时候，港中旅下面既有投资公司，也有旅行社，也有酒店，我们就分别去了不同的部门，我就申请去做投资，可能我学金融，也正好跟这个投资岗位对口。然后运气也比较好，就是很多我们的上司，年纪比较大了，退休后空出很多位置，我们就迅速地上来了。后来我一直做到港中旅下面的投资公司负责人，投资公司是集团的直投公司，和上市公司香港中旅是平行的关系。

这是一个职业天花板。

对，这是我后来离开港中旅的一个原因；还有一个原因，我们投资公司当时给集团赚的钱最多了，但机制的原因基本没有激励，就是给你提个职，然后涨点工资；还有，我们这种外派到香港工作的，是七年轮换的，等于七年过后就要回到港中旅在内地的企业工作。虽然过一段时间还可以从内地再派出去，我那时候就不想他们这么安排我了，我就想自主择业。

等于要离开港中旅了？

对，那时候我想我回来干吗呢？肯定还想接近资本市场，其实回想一下，就是我去香港这7年，学到很多东西，但同时也失去了很多东西。从1995年到2002年在港中旅这些年，我经常跟内地那帮在金融机构工作的同学交流，发现他们成长非常快，比我们更快，因为内地证券市场发展太快了，他们等于在很多领域都是创业者。所以2002年从香港回来的时候，就有很多选择，比如当时我也谈过一些证券公司，也想过去保险公司做直投，想过很多，但是我发现那里面当年一起毕业的那帮同学都已经做得很好了，都是高管了，我去做一个普通的职位也没什么意思，那要选择一个什么行业呢？我当时想一定要选择一个能创造奇迹的行业。所以我就选择了VC这个行业，也是说：一定不能走寻常路，也是我主动选择的，这不是误打误撞的事。

一定是个刚刚起来的行业，同时也是一个我能做好、通过个人能力能创造奇迹的行业，那肯定是风险投资。你想想在金融行业所有的门类里面，风险投资是最有可能创造奇迹的，那可能赚几百倍、几千倍，因为我在香港的时候也接触过这个有些神话般色彩的行业。

你这个想法立意就很好，而且确实在你的同学里面，那时做风投这行的肯定少。

做这行的就没有，完全没有，一般都是去银行，去证券，去期货，去保险，在这些机构他们已经做得很好了，风投行业就完全没有，是个空白，但是这个也是很艰难，前面的路，没人走过。

那你是怎么和达晨结缘的呢？

我老家是湖南的，长沙有个世界之窗。这是港中旅和湖南电广传媒一起投资的，当时我在港中旅工作，跟电广传媒的董事长认识了，他们有时候会找我聊聊。正好我那时候想换工作，他就说，我们有一个投资平台在深圳，这个平台我们是想做风险投资的，你要愿意，可以到这个平台干，这个平台就是起点比较低，但是我就给你一点：如果你能做起来的话，我可以给你好的机制。这个比较符合我的想法：一个是能创造奇迹，再一个说做到什么程度的时候，他会答应给机制，这样我就选择了达晨，2002年从港中旅回来后，到了达晨。

在最艰难的时期，我每天都跳着舞步去上班

说一说你刚去达晨时的情况。

达晨是2000年成立的。2000年的时候说"创业板即将推出"，电广传媒成立达晨这个公司，给了一个亿。电广传媒投资部的刘总（作者注：达晨董事长刘昼），他来到了深圳创立这个公司，然后，当年就在准备上创业板的第一批公司名单里面，投了几个项目。2002年我到这个公司的时候，基本上属于半停滞状态了，因为创业板没开出来，当时也考虑要不要做房地产、做实业这些的，反正就是很茫然。

当时电广传媒为什么要做风险投资呢？

有个原因，IDG的熊晓鸽也是湖南人，他是学新闻的，当记者出身，后来

跟着麦戈文（作者注：美国国际数据集团IDG公司的创始人）干，IDG本来是个媒体公司，但它在中国做风险投资做得很早，90年代就开始弄了，是最早进入中国的外资投资基金，那时候是我们的老师，熊晓鸽跟湖南广电的人很熟，启发了电广传媒介入创投行业。当时1999年又说要开高交会，创业板很快推出什么的，所以他们就成立了达晨。

你到达晨后，还是做股权投资吧？

对，我到了以后，每年大概投一到两个项目，每一个项目在500万元左右。

为什么那时候是我在深圳的南山科技园挨栋楼去找项目呢？因为我没办法，员工基本都离职了，坚持不下去了，下面的员工最后就剩了梁国智这个独苗，他现在也是我们的合伙人，一个员工我就觉得这个风险很大，梁国智如果一离职，那不就剩我一个光杆司令了？后来就把公司一个其他部门的同事傅哲宽，调到我这边了，这样有两个人，一个走了，还有一个替补，是吧？当时他们两个都不会开车，我会开车，公司有一辆破旧捷达，所以每次出去都是我开车，有时候也去广州、珠海，就开着车去，扫楼找项目就这么来的。当时市面上，股权投资公司非常少，除了深创投、广东省风险投资公司国有背景的一些创投以外，民营的基本都没有了。一直到2005年的时候，电广传媒董事会已经通过了一个决议，要把我们达晨撤销。

当时电广传媒的董事长就说，达晨这个团队我们养了5年，也花了不少钱，是不是再等几个月再撤？然后就迎来了2006年的股改，我们的第一个退出项目同洲电子在深圳中小板上市。

当时在深圳的同行，除了深创投，还有哪几家？

深港产学研（作者注：现在的松禾资本）、同创伟业、清华力合、招商局科技，主要这几家吧。

在这个艰难的起步过程中，你难道不会有动摇吗？

别人觉得你很艰苦，拿的钱也很少，看不到希望，我说不知道你们相不相信，我很乐观，我跟老刘说，我每天都是跳着舞步去上班的，每天都觉得很开心在那儿上班，很开心地去看项目。

为什么呢？

因为我们在实际的工作中，投的那些项目给了我们很大的信心。我原来在港中旅的时候，做的投资基本是控股型的，只是靠被投企业的业绩增长，然后分红，其实是没有从项目退出的。所以在达晨最艰苦的前几年，我投资项目也按做实业的心态，首先项目增长都还不错，我们支持的那些企业，都起来了，发展都很好，然后我们基本上按净资产，而不是按多少倍PE投进去的，所以在这个过程中，其实每一天都处于挺兴奋的状态。

比如，我们一个项目是和而泰（002402），现在市值80亿元左右（作者注：指3月20日访谈时），我们当时的投后估值是3000万元，投了600万元，占20%，当时我们是按净资产的估值进去的，那它后边增长得都不错，类似这样的公司，我们都投了不少，就是每一年投一两个，坚持到2006年股改全流通推出的时候，我们总共投了9个项目，一共投了6000万元。

如果投的企业确实有成长，而且你们的入股价格又有安全边际，那是可以理解你当时的状态会比较好。

对，都是有产品的实业，深圳当时的产业基础也是那些公司，都是稳稳当当的，每年增长都很不错，所以跟那些企业接触，我心里很有底，觉得我做的不是虚无缥缈的事，觉得总有一天会起来。后来这9个项目，其中7个IPO，回报30多倍。

为什么后来我们达晨心态要好很多，因为国内资本市场波动很大，IPO也是一下子停一下子开的，一下子热闹一下子冷清的，我们相对比较淡定，因为就在2006年之前，投资没有退出渠道，把自己练出来了。在2006年之前的那个经历特别宝贵。所以现在我常说：投资要回到那个时候。

当年你们可以按企业净资产的价格来投，但是现在，投一个好企业拿不到这么好的价格了吧？

对，但是你要保持这种心态，我就说那种熬出来的心态，对我们比较宝贵。我们整个创始团队的那种企业文化，和别人不太一样。当然，我们现在自己也要提升了，原来我们投制造业比较多，但现在我们也投很多TMT（Technology科技、Media媒体、Telecom通信这三个单词的首字母缩写）的公司，也投一些很性感的公司。

基金主要是做品牌、做影响力

2006年是达晨的一个转折点。

2006年以后，我们把公司的激励机制理得比较清楚了，然后开始招兵买马，包括我们现在的那些合伙人，好几个都是当时招进来的。因为我们公司那时很小，你招不到什么人，当时怎么找人呢？比如说我人大的同班同学晏小平，我就把他忽悠过来了；然后我们在广州看项目的时候，碰到广州市科技风险投资公司的一个投资经理傅忠红，是我们湖南人，觉得还不错，我又把他忽悠过来了，所以当时就有四个人嘛，就是梁国智、傅哲宽，加上晏小平和傅忠红，这就是我们达晨早期的“四大金刚”，后来都是达晨合伙人了。团队就这样开始组建了。

同洲电子是我们的第一个退出项目，我们大概赚了两个多亿，我们以前所有项目一共才投6000万元，大家不就信心十足了嘛，股东也信心十足，也有点小品牌了，有案例了，然后开始募集第一只基金，那时候募资非常艰难，都是我们身边的亲戚朋友，最后规模几千万元。没有销售渠道，都是自己身边的朋友，也有一些人不知道怎么找上门来的，可能同洲电子的上市给我们做了点宣传，有个福建做饲料贸易的，他知道了之后，给我们投了一点钱。就是在这种情况下，我们的前几期基金规模都不大。我们一直到2008年，才开始募集到比较大的基金，是碰到诺亚财富了。我们公司邵红霞邵总之前在一个会上，碰到诺亚的人，她们就交换了一个名片，后来我们去上海拜访，诺亚那时候也刚刚起步，我记得我第一次去诺亚见殷哲的时候，他们在一个相当简陋的办公室里，我们都不抱什么希望的。

诺亚的汪静波，2005年是从湘财荷银基金销售出来创办诺亚财富的。当时从我们公募从业者的角度看，这是个苦活累活，所以对她有点刮目相看。

那个时候，诺亚他们也慧眼识珠吧，因为它是红杉资本投的，所以它首先是给红杉募资；然后当时我们也没什么业绩，真没太多业绩，因为2008年的时候创业板还没开，他们挺相信我们团队的，挺支持我们的，就给我们募了基金，第一期就规模比较大了，4.5个亿。

因为这一期基金有点规模了，钱怎么投呢？以前投项目是乱撞的，没思路，那时候正好我们也摸索了一段时间，也交了一些学费，也有教训，差不多可以总结一点东西了。当时我们就确定一个系统性的打法。在这个时候，特别要感谢2008年金融危机，中国经济当时调整得很厉害，大家都很恐慌，特别是沿海这边。

那时候能募到那么多钱，应该是在金融危机之前吧？

是。我们那时候开始跟美元基金学很多，学他们的投资思路和理念，实际上在此之前，在所有排名里面，前面都是美元基金，人民币都在很后面。美元基金他们是“两头在外”的，资金在外，项目退出也在外，他们很牛，从国外的视角来看中国，所以投很多特别前沿的明星项目，回报率也很高；我们人民币基金主要是国内退出，实际上还是非常传统。这两个之间有个天然的鸿沟。

所以当我们好不容易募了个规模大点的基金，对这个基金投什么项目，我们是很较劲的，我当时很明确：我们不能投传统制造业，因为当时受金融危机冲击很大，我们一定要投“微笑曲线”两端的公司，投研发和营销强的公司，要投创新能力特别强的、新商业模式的公司，不要投那种简单加工制造的；然后要珍惜我们的子弹，要投精品，要投明星项目，要每一笔钱投出去之后，都能够为我们创造品牌。其实当时我已经意识到：基金主要是做品牌、做影响力，我投的项目要让人眼前一亮，而不光是简单赚点钱的事。传统的项目虽然也能上市，投的话也赚钱，但是对我们的基金品牌没有什么影响。其实那个时候创业板也没有出来，但我们就坚持创品牌。

对于这个创品牌，请具体讲一讲。

创品牌就是要跟别人不一样，而且必须是跟它所投项目有关系的，投一些让人意想不到的明星项目，这些明星项目不仅能赚很多钱，同时要赚很多的名，是要名利双收。我提出一个观点：我要投这样的行业和这样的公司，一定是这个行业之前没有人投过，A股市场上还没有这样的公司上市。是所谓“only one”的公司，我们当时用“外企的眼光，本土的手法”，走“中间路线”：基本上是人民币基金看不懂、不敢投的；同时美元基金看懂了，但又是对外资有限制的一些行业，或者有的时候是美元基金对入股价格特别敏感，价格谈不下来。我们走“中间路线”后，面前出现了一些什么机会呢？比如说爱尔眼科，这样的公司，人民币基金是肯定不投的。

为什么人民币基金不投？

因为按当时的政策，医院是不能上市的。到现在为止A股才有这家公司IPO上市。

做牙科的通策医疗呢，不算吗？

通策是借壳上的，IPO到现在还就爱尔一家。你说这个多难，在此之前我们在中小板上的项目基本上都是以制造业为主的。当时投爱尔，我们是它唯一的投资人。

那个时候即便知道它不能上市还投了它，为什么？

因为我们跟美元基金学了很多，我们已经知道这个公司会成为很大的公司。人民币基金不会投，很多美元基金很看好但投不了。

外资为什么投不了？

中国的医疗服务行业当时不允许外资成分，对外资不开放。

你们当时投下去，怎么考虑以后退出的问题呢？

我当时没有考虑马上退出。我就是猎手的心态，就是要养出一些长期的明星项目出来，要让人震撼。我投的时候已经知道了，它未来是一个很赢利的公司，上市是迟早的事情，只是时间问题。

你当时是如何判断爱尔未来会成为一个很赢利的企业呢？

两条：一是爱尔的商业模式可复制性；二是在中国，眼科市场巨大。

除了爱尔，第二个机会是蓝色光标。所有的人都想不到它会成为一个上市公司，也没有想到它能够被VC投资。我们就特别看好这个公司，并且是全力以赴地投这个公司，达晨也是唯一的投资人。

为什么？

当时我们研究过世界上最大的传播集团WPP，我们认为蓝色光标就是中国的WPP，我们有电广传媒的背景，比较懂这个商业模式和未来发展的逻辑，当时这个公司完全不缺钱，它是轻资产，我们就支持它并购，后来这个公司成为"并购之王"，这是我们和公司事先共同设定的发展战略，就是它可以做成一家巨型公司，这是第二个案例。

这次外资基金为什么没进呢？

外资是看好的，但外资对价格压得比较低，当时我没有还价，就等于抢到了这个项目。

我们对每个项目都很较劲的，包括尚品宅配，这是一个全新模式的定制家具公司。整个家具行业太传统了，特别是2008年是家具行业受影响很大的时候，很多人都不看好，而我们重仓投，占了30%。所以当时我们就布局了这样一批特别轻资产的、特别新的商业模式的项目，我就说投"微笑曲线"两端的，曲线一端就是做品牌，比如蓝色光标；投新的商业模式服务业，比如爱尔眼科、尚品宅配。每一个项目都很靓，整整齐齐的，弄了一批出来。我们当时也没有想到：因为2008年的金融危机，结果2009年创业板就出来了。

对，就像现在推科创板一样，背景是不是有一点相似？

有一个共同点，就是经济不行，政府想创造一个增长点。金融危机那个时候要新的模式出来，正好2009年创业板提出的标准与我们的投资理念高度一致，一下子我们报了很多公司上去，第一批上市28家一挂牌，发现有3个是我们投的；后来就几十家了，开始有很强的品牌影响力了，我们第二只基金就迅速地募到了十几个亿，第三只基金就三十个亿，公司的规模就起来了。所以，我跟他们讲第一只基金特别关键，第一只基金你一定要变成一只爆款的基金，你必须要创很大的品牌影响力，否则后面不好做。

谁都想爆款，真正做到爆款的少，你们是怎么做到的呢?

这里面有几个因素吧，第一个是能力，你要想到一些别人想不到的东西。

也就是提前5—10年发现并投资一个好项目的能力。

对，第二也有一定的运气成分，项目你要接触得到，要投得进去，这个有时候是有点靠运气吧；还有一个是要抵制一些诱惑，我们内部那个时候冲突很大的，好在我们那个时候就十几个人，外地没机构，我们每天都在一起，大家上班都是出去看项目，看完项目回来后大家统一思想，也比较好统一。很多项目马上要上市了，你如果不投，别人会说你傻，但是很多项目我就偏不投，因为那些项目是很平庸的，即使上市了对我们的品牌也没有什么影响，我投它干吗?我就很较劲，那个时候大家就比较齐心协力。回过头来看，那时其实也不容易，因为按照当时这个投法，有的公司的资产太轻了，风险看起来太大了，很多人就质疑，到时候上不了市怎么办?

这种质疑也不无道理，被投的公司万一搞不起来，你的投资就都打水漂了。

对，当时正值金融危机时期，为什么还要加大投资?我和老刘观点特别一致，后来效果特别好，第一只面向市场发行的基金很关键。第一只基金出来以后我们就轻松多了，爆款以后，包括募资都很容易了。在创业板出来以后的2011年、2012年开始全民PE了，有些同行野蛮生长，在这个时候我倒觉得比较关键的一点就是自律，因此我们有意识地控制了一下节奏。

因为同行有几家是后面起来的，规模很快超过了我们。到处和我们抢项目，然后他们募资特别厉害，同时管几十只基金，人也很多，上千人铺开了干，那个时候我们一度就感觉到压力挺大，想是不是跟他们同样地去弄，当时就很纠结，心态有些被干扰了，在经过一个短暂的全国扩张时期后，我们及时地冷静下来，后来主动收缩了，步伐放慢了。

当时这个“一放一收”的决策的背后，你们是怎么考虑的？

因为我们还是想给投资人挣钱，而不希望管理的规模超过我们的管理能力，对后面的结果不管了；对于那种先把基金规模迅速做大、先赚了管理费再说的打法，我们内心过不了这一关。实际上当时我们也有一段时间扩张得很好的，后来我们觉得我们自己的能力根本达不到，项目品质没有保障，就把外地的很多机构撤了。

特别关键的一点是，我们比较注重对标，我们对标的不是国内的机构，我们一直对标国外像红杉这些公司、硅谷的那些VC。我们经常去美国考察，去跟他们交流，他们那种心态就练得特别好。所以我们在国内特别浮躁、比较困惑的时候，就去沙丘路（作者注：是硅谷乃至全美颇为知名的一条道路，聚集了美国最重要的风险投资机构）跟美国的同行聊一聊，体会到他们那种特别淡定的长期的心态，这种投伟大企业的心态。

所以，2012年以后我们就控制了一下扩张速度，当时我就觉得，强大的内心世界很重要，不要浮躁，当时从美国转了一圈回来后，我跟同事们说，我们要做最好的，不做最大的。

但是这个肯定也有压力吧，包括股东的？

这个老刘跟我很一致，股东会给我们传导一定的压力，但是我们可以顶住。

做大规模，除了股东的压力，另外还会不会有一个做大规模之后带给你们的个人成就感这一因素？

是，所以我们还是跟硅谷的同行学了很多新东西，主要是投资的哲学。比如说投了谷歌的人，我去跟他们交流，然后我一看他们办公室太朴素了，其实我们达晨已经很自律了，但跟他们一比，我回来后内心又安静了很多，像我们公司办公室墙上贴那么多被投企业的logo，他们一个都没有。

一个都没有？

一个都没有，他们不允许，不贴这些，办公室很朴素。我们国内的人在赚了钱、分了钱以后，想都不用想，首先买一个豪车，办公室赶紧换一个豪华的，但他们的办公室还是很普通的，车还是很普通的车，很普通的生活。给我震撼的并不是奢侈和豪华，而是你有能力却不张扬，反而更震撼，冲击特别大，一下子让你清醒了。

特别是我记得当时乔布斯刚刚去世，我们去他的旧居看了一圈，非常朴素，感受到他内心特别强大。

除了收缩机构，你们还做了什么？

人民币基金基本都是全国范围布点，你看美元基金跟我们人民币基金不一样的，美元基金基本上是在北京、上海、香港这些地方设点，他们是在围绕一个行业而不是围绕一个区域去做一些投资的，你发现没有？他们投TMT，投电商的人，投互联网的人，投游戏的人，都是有专业的行业研究支持，通过行业研究、自上而下，然后去全国看一些项目，而我们都是自下而上的，自己负责的区域什么项目都看，什么项目都投，对行业没有研究，对公司研究也没有要求，我觉得这个可能没有长期的竞争力。那个时候我们意识到要转型。

我看你2013年设了7个行业部。

对，我们重塑我们的投资结构、组织架构。以前是以区域，我们也是跟人民币基金同行一样的，比如北京区域、华东区域、华南区域。

但我看你们现在也有北京总部、上海总部。

我知道，现在我们的投资是以行业线专业来引导投资，通过区域覆盖项目。

覆盖项目是什么意思？

比如我们在某些重点区域，包括北京、上海、江浙区域，也有一些在当地区域跑的人，但是他要和行业团队合作。通过自上而下、自下而上的结合，行业组去看觉得可以，行业组就推，行业组觉得不行就不推，行业组都是某个产业特别资深的人，这样一方面避免了盲目的投资冲动，另一方面也实现了对重点区域项目的覆盖，这两个就结合起来了，这就是走专业化路线，就是转型了。

转型之后，重新回到了我们在2006年以前的那种心态，就是回到一种比较长期、专业、冷静地去看项目的心态。2013年以后，我们进一步深化，包括专业化的，组成一些重度垂直的投资小组，逐渐把这个专业化程度提得更高，就是“三三制”，每三五个人组成一个很小的组，一个小组就看一个特别细分的行业，比如说三个人看教育，三个人看电商，三个人看人工智能，三个人看大数据，组成一个小组进一步深化这个专业化，后来在过程中淘汰了很多员工，也产生了很多年轻的、特别优秀的员工，80后的成长特别快。

达晨从2000年到现在也有19年了，你们的愿景是成为一家什么样的公司？

在中国因为跟美国还不太一样，当年我们就想做一个单纯的风投公司，就是中国的红杉。现在看起来在中国做股权投资，机会也比较多，我们在做好这个主业的同时，也在考虑能不能向一些其他领域稍微拓展一下。

比如什么领域？

变数还挺大，现在不确定。有可能是吸收一些新的团队，比如说做一些并购的业务、相对控股性的投资，或者是一级半市场的定增，这些相对往后端走一走的业务。因为我们主要是资源足够了，这些年投了这么多项目，在内部做一些延伸。但是核心主业股权投资这一块，我们觉得空间挺大，压力挑战也挺大，本身这一块我们一直在提升，如果你对标美国顶尖VC这样的公司，你越是往上走就会发现你知道的越多，同时你不知道的也就越多，越往上走越是这样的，平庸的人还觉得优哉游哉的。再比如说我们面临的挑战，即我们这一代人怎么传承到下一代，这个马上要提上日程。

你去年说股权基金募资难，我感觉现在还是很难募资。

现在募资很难，确实使行业发生极大的洗牌，行业的一个变化是现在没有人敢出去创业。前几年都是想出去搞基金，现在没有人敢了。原来那些出去单干的人，往往第一只基金就是最后一只基金。第一只基金的募集是靠以前的关系，第二只很快就碰到市场不好了，而前面基金的业绩又不是很快体现，所以现在他们过得挺艰难的。LP（有限合伙人）一般都不会把钱投给一个小的GP，因为你还没有经过市场验证。现在整个经济不好，就像我们投项目，都想投头部的项目，同样他们LP想投头部的基金，而不愿意投新的基金公司，不愿意冒那个风险，所以基金市场份额以后将进一步集中到少数的管理公司。

如果把基金公司从业务角度分为“大而全”和“小而专”，你觉得小公司在这个行业的发展空间在哪儿？

现在整个行业资金都特别紧张，市场化的募资很难了。在这个行业低潮的时候，小公司是很难的。今年以来虽然货币政策相对宽松，但放出来的钱不会到我们行业，因为我们要的是长线资金。以前有很多钱是通过短贷长投，投到我们这个行业，现在停掉就没了，长线资金来源少了很大一块，然后只能靠传统的资金渠道，比如政府的母基金，以及市场化的母基金，也都很少。另外，个人投资者愿意投到我们这个行业的很少，因为周期有些长。

目前你们的LP除了母基金之外，主要来自哪里？

一些大的产业集团，比如说做房地产的，还有做能源的，它有一些原始积累，现金流很好，它可能愿意投一点。上市公司现在大部分也没有钱。国外主要是保险的钱、慈善基金、大学的基金会，而中国的这类机构很少进入LP行列。

也就是说，在你看来，现在小一点的股权投资机构要做出来会很难。

有一条路，就和我们当年是一样的，就是赌命，因为你的心态是只能成功，而且还要大成功。一般的小基金，你投一些项目，哪怕它最后有项目退出，但如果不够突出，品牌还是创不出来，第二只基金还是募不到的。现在怎么能投到明星项目？现在信息都变得公开透明了，这么多人都在盯着，好公司都会过来找大的投资机构。所以小公司要做起来，真要看运气、看命了。

还有一条路，就是能够赚别人看不懂的钱。

这个很难了，比当年我们难多了。

你说现在个人做LP的也非常少了？

非常少，因为股权基金周期长，历史上出现过个人投资者参与股权基金，后来受了很多伤。

你们现在的基金一般是多少年？

我们一般是9年，挺长的。

你们产品的收益率怎么样？

我们的收益率肯定是行业比较前面的，当然每一期的收益率还是有差异的。像我们能够持续募到钱，肯定是业绩数据不错。

上次你说你们公司是发一只基金，投完以后再募下一只？

对。

这个做法在同行里只有你们是这么做的吧？

美元基金都是这样的。好处是某个阶段能够集中公司的资源把一只基金做好，就不会由于同时运作不同基金带来利益上的冲突。

你的性格里好像一直有一种忧患意识？

因为我们这个商业模式比较脆弱，就是说你要持续地融资，要每一期都做好，下一期才能融到钱，如果上一期做不好，下一期募资就比较难了。所以一直处于一个高度紧张的状态，还有一个是你不能规模越做越小，你只能越做越大。你不能说我现在募了40个亿，下一次才募了10个亿，感觉要走下坡路了，所以每一期要做好，但是每一期都做好挺考验人的。其实美国历史上能够业绩长青的股权基金非常少，很难。因为行业总是在变化，产业也在变化，每一期基金的投资能追得上是不容易的，我之所以焦虑正是因为这个，因为每一期基金投资的热点行业是不一样的。

也就是说，你们目前定的七个重点行业，也是需要更新的？

我们是组合投资，每一期基金重点投哪些行业，会根据那个时间段的特点有一些侧重。我们不限制只投一两个行业，因为这一两个行业有可能在当时不是最好的投资时点，而是在不同行业灵活配置，这对基金的稳定回报是有好处的。比如说我们去年底募集的新基金，可能把医疗健康变成第一大投资领域了，因为它比较抗周期，能够逆周期。

回报稳定是什么概念？

就是投的项目质量比较稳定一致，这又回到我们2008年的时候，每一期基金里面都有一些明星项目群来支撑，所以在这个时点上你来和我聊，我还是比较有信心，现在在科创板要推出的时候，我们基金里的项目储备还非常丰富，可能像创业板那个时候一样，有可能又会把公司的品牌带到一个新的高度，不排除这种可能性。所以，我们现在在紧张地筹备这个事情，就是推更多的公司去申报科创板。

这些项目是因为你们重度垂直，先发现、先投了这个企业，还是和同行大家一起投的？

大部分项目我们是挖掘出来的，因为我的基金是可以投早期的，不是说只投后端的。

你们现在的早期和后期的项目，各占多大的比例？

投早期的占基金的10%，但是项目数量上挺多的。比如我40亿的基金有4个亿投早期的，一个早期项目投1000万，那我可以投40个项目。也有一些相对后期的项目找过来，公司的品牌大了，也够得上一些相对后端的明星项目，如果我们觉得合适可能也会参与。我们在本土做进口替代的、科技创新方面布局挺多，一直扎根得比较深。这一次我看出台的很多关于科创板的政策，我们的项目和政策的精神还是比较吻合的，有一大批。

你怎么来缓解工作中的焦虑？

其实我是一个特别悲观的人，同时也是一个特别乐观的人，就是特别矛盾的人。这个焦虑它也是一阵一阵的。我是如何缓解焦虑呢，我会把自己以前的事情，包括一些基金的组合，拿过来进行复盘。复盘以后你就会有信心了，觉得我又可以活下去了。特别是看一看那些投资项目超预期的数据，或者像当年起步时期那样，跟被投企业的老板聊一聊，能缓解我很大的焦虑，就是说，每一次和企业家聊完，对方反过来给我很大的信心。

你作为执行合伙人和总裁，在公司这个团队里面的定位和发挥的作用是什么？

要制定一个好的策略，在某一个转折期的时候一定要想好这个。另外，除了子基金投的项目以外，其他的每一个项目投资我都会参与。

你怎么防止由于个人的判断失误给公司带来的风险？

首先，我没有一票赞成某个项目的权利，比如说我同意这个项目，但最后也不一定能投，因为我只是一票。然后我在里面发挥的作用可能就是：别人更信任我的判断，因为我更多是在一线。我看项目比较多，干这个时间比较长，所以相对准确度会高一点，但是肯定也会有失误的。但是总的来说，因为我们一直在提升自己，交的学费也足够多，可能成功率就越来越高，这是一方面；另一方面，团队很多人成长起来了，我们也就更多地相信他们年轻人。对我来说，信任是要传递下去的，所以现在是属于一个比较好的决策状态，长期在一起没有问题。

你前面说性格上比较较劲，比较喜欢做没有做过的事情，这个性格是怎么形成的？

我觉得跟基因有关系。每个人的基因是与生俱来的东西，本身我是特别内向的一个人，就是一个跟自己较劲的人，我就不怎么愿意在外面跟别人去说什么东西，交流什么东西，这是天生的，或者说这跟星座什么有关系，当然这么说也有点玄乎。

跟家庭有关系吧？

跟家庭没有什么关系，我小时候父母不怎么管。可能从小自己比较内向吧，不怎么愿意在外面的公众场合说什么东西，就是比较倾向于独立思考。

你这个“内向”的自我评价，倒是让我觉得反差有点大，因为你当年起步阶段带着同事在深圳的南山科技园挨栋楼去找项目，以及看你的公众演讲，我发现人的可塑性是很大的。

我见客户“一对一”的交流还是可以的，但是面对公众的时候，我就会产生一种恐惧感。实际上我是不愿意去的，这个对我有很大伤害的，我们公司的人都知道，他们认为我非去不可的时候，我才去一下。

你们公司是一个“湘军”背景，现在还是以湘军为主吗？非湘军怎么办？

公司早期的创始人来自湖南的成分多一点，湖南人可能韧劲强一点，就是不太容易服气。现在不是了，公司绝大部分不是来自湖南的。

湖南人真有这个共性？

有一点血性吧，不太容易会被打趴下。这种气质对做风险投资是比较有用的，为什么我们敢于投一些别人不看好的项目，有好多案例同行当时不以为然，或者说看不上的，比如当年我们投了一个养鸡的圣农发展，当时所有人都不看好，觉得很奇怪，我们就重仓了这个不一般的项目。

那你们是怎么做风控呢？这毕竟是一个生意，不能光是一个“赌”的概念。

这是一个决策的话题。我们敢于下重注，是建立在研究的基础上，而不是盲目地去赌。我觉得更多是独立地思考，独立地去研究，不要去听别人的。特斯拉的埃隆·马斯克就特别提到过“第一性原理”，即我做任何事情都是先想它的本质是什么东西，而不是考虑别人怎么想这个东西，或者说以前的人怎么弄的，否则干扰因素会特别多。

屏蔽噪声。

对，屏蔽噪声！比如说我们的项目经理要写一个投资建议书，里面不允许出现和这个决策本身无关的信息。比如说他们如果这么写：该项目红杉资本已经过会，并把这作为一个投资的重要依据，或者说该项目中介机构已经进场，预计在多少月份报申请上市的材料。这些跟项目本身的投资价值有什么关系呢？这个要删掉！因为不符合“第一性原理”。你应该告诉我这个行业怎么样，这个企业怎么样，竞争力怎么样，值不值得投。也就是说，投资经理对自己决策能力的自信很重要，要多一点独立思考。

这个可能跟投资经理过往的积累有关系，能力到了可以，能力没有到，投

资经理往往会拉上同行来壮胆。再问一个问题：从过去失败的投资项目中，你们学到的最大的教训是什么？

最高的风控就是专业性。所有失败的项目，都是因为自己的行业能力研究不够，没有知识准备，然后被人骗了。投资，我认为就是赚认知变现的钱。有一些很早期的项目，本身就预示它有很大的不确定性和风险，那种项目投失败了也没有关系。但有一些项目是被骗的，那你会刻骨铭心特别难受。我们在走专业化路线之前的某一个时期，交的学费还是比较多的，那一段时间，由于行业研究没跟上，我们投的项目，风险会集中暴露，所以后面我们及时踩了刹车。

人的判断是最复杂的。我们交学费最多的，就是那个企业的创始人可能就是一个坏人，往往他把这个事情包装出来，有意去骗你，这方面我们交了不少学费。这种项目一般是后期项目，数据很漂亮。但如果行业研究能力很强的话，你一看就知道那个是骗局。历史上我们也看过一些项目，各方面都没什么毛病，但最后还是没有投。因为我们投过它的上下游企业，问那些上下游的企业家就知道它是一个假的。当然，我们也碰到一些没识破的包装，因为要去识破人是很难的，人是会伪装的，我们又不是神仙，我觉得识破事还是有可能的，识破人则确实不容易。

从战争史中学习投资

平时你怎么学习的？

我觉得做投资，一定要从项目里面去学习，就是不断复盘，在战斗中学习打仗，这是最大的学习。另外就是跟一些高手交流，看别人成功的案例，我会经常看一些商业杂志上的案例，然后做一些思考。还有就是我比较喜欢看战争史。

看战争史和你的工作有什么关系？

是战争就会有决策，作为指挥官每次面对的形势都不一样，但是必须都要做出决策，而且要做正确的决策，成为一个常胜将军。每投一个项目就像打仗一样，你只有选择投或不投，不能有第三个选择。所以，我很喜欢看讲战争的书，特别是那些常胜将军的，比如像粟裕、林彪。

他们的传记。

尤其他们传记的每一个细节，就是面对那么错综复杂的情况，他是怎么决策的，是攻还是守，是进还是撤？这无疑让人很焦虑。还有看一些战争片，也包括那些很刺激的间谍片，看人家里面是怎么决策的，也能缓解我很多的焦虑。为什么有的人是常胜将军永远不打败仗，我们投资如何也能屡战屡胜，保持较高的成功率呢？

你总结出什么规律呢？

他们怎么决策呢？有一条首先是集思广益；第二，独断专行。这两条都要有，缺一不可。还有一条就是他是打有准备之仗，他每一次对战场的形势，各种资料都研究得很深了，他才决策，所以他把自己的指挥所尽量往前线靠。他们在决策时的那种焦虑、辗转反侧，怎么减少损失，打胜仗的时候怎么追击，还有一个是打败仗的时候怎么有秩序地撤退，这个也很重要。

这个如何用在投资上呢？

比如说投过的项目到后来发现不行了，你就是打败仗了，打败仗不能很盲目地撤，那怎么撤？比如说能不能在市场比较好的时候，想办法处置掉。另外，打仗时，往前冲是很容易的，但是要大家撤很难。我们现在的情况就是：很多人扑上去一个项目的时候，你要大家撤、踩刹车，这是不是也很难？

是。

在这里面，我反复思考战争战役的过程，这对我的决策影响特别大。我最推崇的粟裕，是以少胜多的，在处于不利的情况下还能够反败为胜，能屡战屡胜，这是战神！要做战神，就是说我每投一个项目都要成功率高，而且每个项目都变成经典案例。粟裕都是打的神仙仗，都是干的出其不意的事；干投资也是要做出其不意的事，这个项目在投的时候我已经想到将来会怎么样。

你总结粟裕的成功经验是什么？

他就是南征北战，比较机动灵活，因势而变，因为他永远是在敌后打仗，他没有在党中央周围打仗，而林彪打仗比较稳，他一定要所有的优势具备了才打。粟裕是大踏步前进和大踏步后退，南征北战就是讲的粟裕，他对对手了解得比较深，往往牵着敌人的鼻子走。即使在条件不具备的时候，他能把他的优势集中起来去攻别人一路，在局部形成优势。还有从林彪身上学到很多东西，他能够打必胜之仗。我们投资也是这样的，一般来说投资往往是收益和风险相对称的，但实践中我们有时候会碰到一些风险偏小而收益很大的机会，这个时候你敢不敢重兵出击，下重注？很多人就不敢。

我们的理想

对于想进入这个行业的年轻人，有什么建议？

这个话题我也经常说。简单说，就是长期心态，因为这个行业本身就是熬人的事。

成为一个卓越的股权投资专家，你觉得需要具备哪些核心能力？

一是独立思考能力；二是我们经常说的足够勤奋，这个肯定都足够勤奋，超级勤奋；三是要有一定的天分。

你说那个天分是什么概念？

悟性，其实人和人的差异还是挺大的，不一定是学历，不一定是你学什么专业，不一定是你学金融什么就能够做好这个，不一定的。我觉得还有一个重要因素，就是要有抱负。就是你不是仅仅为了赚点钱而去投资一个什么项目。抱负，说虚一点，就是改变世界。我们当年入行的时候，真的是被那些投了伟大的公司的VC所鼓舞的。

支持你这17年一路走来，最大的动力是什么？

就是通过我们的投资能改变世界，我其实是一个比较有理想主义情怀的人。

再回顾以前的事，我们当时高考的时候，去考人大，学国民经济管理，就是想去国家的机关部门，想通过这条道路去推动这个国家变得更好，但是后面自己没往那条路走。那能不能通过别的方式，对这个国家有所帮助、有所推动？我认为至少股权投资工作特别适合，这个行业其实很小，但是对国家的改变挺大的，因为我们投了企业，并改变了它们，通过它们改变了一些行业。所以我们这个行业的意义是特别大的，也鼓舞着我们这个行业的人。我相信很多人，你真正做到那个高度的时候，他不是为了钱。所以顶级的人再往上走，肯定是抱负，这个抱负肯定是比较高的境界去看这个事情，当然这么说好像挺玄乎的，挺虚的。但在人大读书，我们学的就是怎么管理国家的事，就想做点大事。

对，包括埃隆·马斯克，他为什么去做那个火箭？而且美国很多企业大佬都投他，就是说你在做改变我们人类命运的事情，我对你马斯克的投资，可能不考虑你的经济回报，因为你这个事情对我们人类有意义、有价值，这确实是和价值观有关了。

可能你越做大了，就会越有这种意识，就是说能力越大责任越大。而且你做得越大，你掌握的资源越多，你能推动的事情就越多。原始积累完成之前，人会焦虑，我们的运气比较好，现在没有经济压力了；又比较有幸，从事的工作正好能够结合以前的抱负，我们六七十年代出生的那代人，其实还是比较理想主义的，有点家国情怀。

而且另外就是，我看你们达晨主要投民营企业，这也是一个对国家有意义的事情。

尤其是别人不支持它们，没人支持它们的时候，我们来支持它们。这里面可能就是想做点大事，所以为什么说每天还挺开心地在这儿工作，可能跟这个有很大关系，要做别的工作可能早就厌倦了，因为我害怕做一个常规性的工作，陷入一些没有创造性的事务性的工作。而投资这个事特别适合我，老是有挑战，老是有新东西。

你们有这个理想能投出一个世界级的企业来吗？有没有这个抱负？

那肯定是我们的理想。

在你看来，现在中国民营企业里面，谁已经成为世界级企业了？

华为啊。

现在我们怎么能投到一个十年以后的华为？

还有机会，虽然不一定是我们手上，是吧？只要我们这个组织、这个机构，把这个精神传递下去，总有一天会投到那么一个公司。

好，咱们今天就先谈到这里，谢谢你接受我的访谈。

后记

由于冰哥和达晨肖冰同名同姓，又同样从事投资行业，因此经常沾他的光，比如我的微信会时不时收到一些朋友转过来的他公开演讲的文章，表示深受教益，然后我照例代表达晨肖冰向对方表示感谢。冰哥想：通过这个访谈，至少好多对冰哥半熟不熟的朋友，会把我和他区分开了吧。

其实冰哥和达晨肖冰第一次见面，要追溯到1995年的春天，一算已经24个年头了，那时的肖冰是暨大研三的学生，正在广州证券业协会实习，那时协会的秘书长就是后来创办了国信泰九的张定军，那时的冰哥作为《证券时报》一名年轻的记者被短暂地派往广州驻站，得以相识，也见证了他们后来在深圳一路成长的奇迹。

访谈那天3月20日下午，一见面肖冰就说因为前两天游泳感冒了，但将近两个小时的访谈，除了后面部分他是根据冰哥的提问作答之外，前面关于他读大学、到达晨之前的工作经历，以及在达晨的17年心得体会，基本是一口气讲下来，思路非常清晰。从访谈中，能够体会到他常年在投资一线“带兵打仗”的风格，体会到他“不走寻常路”的方式，也体会到他对工作的投入，就像在访谈中说的，要做好，一定要“足够勤奋，超级勤奋”！

第2章

东方富海陈玮：

我的20年投资心法

访谈时间：2019 年 4 月 16 日下午
访谈地点：深圳市东方富海投资管理有限公司会议室

深圳是本土创业投资机构的重镇，东方富海无疑是其中的佼佼者。这家创业投资管理公司成立于2006年，目前管理规模超过250亿元，已投资项目超过450个，其中近120个项目通过上市、并购等方式退出，东方富海创始人陈玮不无自豪地说："我们管理的每一只基金都是赚钱的。"

下海前长达十余年大学教授的背景，赋予了陈玮有别于其他投资人的学者型气质，他的投资理念、投资框架、投资风格是什么？在长达20年从事创业投资的过程中，他个人喜欢什么类型的项目？他印象最深的项目又有哪些？

在陈玮看来，要成功运作一家创业投资管理公司，最关键的要素是什么？曾任深创投总裁的陈玮如何评价他的第一位领导和老师阚治东，他从阚治东身上学到了什么？

在陈玮看来，在其个人成长的道路上，有哪些重要的契机和机缘？作为投资界的元老，陈玮对想从事股权投资行业的年轻人有什么忠告？对于个人LP，他又有哪些专业建议？

这篇访谈，主要包括三方面内容：一是陈玮20年投资心法的小结；二是他经营、管理东方富海的心得体会；三是关于个人成长的内容。

有一个东西没投对，就满盘皆输，就是人

从1999年到2019年，你从事股权投资20年了，也投了好多项目，能不能举一个自己印象比较深刻的项目？

投过的项目确实有很多，比如2002年，我那时还在深创投当总裁，当时实际上市场环境很差，深创投的负担也很重，我就换了一个思路，就想办法投了一些产业可能比较传统，但未来市场空间比较大的项目，所以我那时候投潍柴动力，潍柴动力后来给深创投挣了很多钱。

讲讲当时投潍柴动力的情况。

在深创投的时候，去看了谭旭光搞的潍柴动力，让我很震撼。那时候从中国重工里面，重组出来的一条生产线做潍柴动力，让大家来投资，就按原始成本来投资。为什么我们投了呢？第一个是我们看到中国高速公路建设里程快速增长，伴随未来物流的高速发展趋势，带来对重型卡车、重型船舶的大量需求。潍柴动力那条生产线亏了七八年，生产大马力的柴油发动机，中国那时候没有高速公路，基本跑的都是三吨、五吨的货车，跑十吨的车，路就压坏了，那时候我们看到高速公路起来这个拐点，时间选对了。第二个，谭旭光这个人选对了，当时我对他的管理水平非常认同：那时候去工厂看，我很震惊，一般工厂都是穿着工作服脏兮兮的，他的工厂那时候管理水平像实验室似的，进去都是换衣服、换鞋、换帽子，非常漂亮，整齐干净，管理水平挺好。

这个项目的投资收益率是多少？

在很长一段时间，潍柴动力都是深创投最挣钱的项目。2002年12月，深创投投了2150万元，占了它10%的股份，后来上市后市值最高的时候涨了差不多200多倍，两千多万投资就是40多个亿的回报。核心还是成长加创新，什么产业并不重要，什么风口并不重要，核心是项目本身。2002年那个时候环境完全不一样，投资也很便宜。

另外，请举一个投资不成功的例子，然后说说失败的原因在哪里。

我做投资这么多年，当然也有让我比较痛的项目。有一个项目我特别遗憾，是我2010年在深圳投的。我在清华上课，有个学生，他是温州人，他课下跟我说："陈老师，听你的课以后我很振奋，我觉得我的公司也能上市。"我说你做什么的，他做精密轴承，手机、手表、照相机里面的精密轴承，产品很小，但单位价值很高，前十大客户大部分是国外的，毛利率也不错，他跟我讲了一句话：我这一个塑料袋，里面提了几千个上万个微小轴承，因为手表里面的轴承非常小，单位价值很高，这一袋如果卖钢材卖不了多少钱，但是那袋轴承可能要卖几万块钱。后来我们领投，投了他两轮，其他机构也投了很多钱。

这是我的学生，他见我的时候，客气得要命，但是我当时不知道他的另外一面：第一，他所有的总经理跟他合作都超不过一年，他是家族式企业，没有管理逻辑，都是想管就一竿子插到底，想一出是一出。第二，也没有管理的方法，把管理领导和管理工人混为一谈。第三，随意性，个人变化很快。最后这个公司搞得非常惨，我们不仅给他投了钱，我们还给他借了钱，然后全军覆没。所以总结出来，一是人如果投错了，什么都会错，第二，千万不能救被投公司。我经常跟我们的团队讲，我们老讲投后服务，如果这个公司真的不好了，就算我们跳进去救，换我当董事长、你当总经理都不行。深创投有一次请我去讲课，讲投后管理，我说最好的服务就是不服务，投到好人很重要。做投资时间长了，你会发现人的因素最重要，即使我们投对了赛道，投对了行业，投对了技术，但如果有一个东西没投对就会满盘皆输，那就是人。

企业的带头人确实重要。

我们会把人放在一个非常重要的权重砝码。失败的项目里面，我们回头看，百分之八十几都是人的问题。

成功的企业家有什么特质，第一个是格局比较大，站得高，看得远，有很大的胸怀。第二个是专注，就干一件事，把这件事干好。所以开玩笑讲，我不投那些"名片打折"的人，你不知道这个钱他拿去干吗了。第三个是有责任心，说话算数，能做到我就做，做不到我就不做。第四个是学习能力特别强。

第五个是非常强的韧性，打不倒的，因为创业是九死一生的活。第六个是会整合资源。最后一个，会带团队，很多人愿意跟着他干活，这是特别重要的。

人年纪越大，越不容易改变，年轻人更有优势。

所以还有两条，第一个身体要好，第二个年轻，我们不投资年龄太大的人，尤其老江湖，我们投老江湖结果都不好，老江湖特别老于世故。想法太多的人不能投。格局太小的人不能投。视野狭窄，胸怀狭窄，自私的人不能投。如果觉得这个人自私，连爹妈都不孝顺，他怎么可能对你负责，不可能的。

我们讲下一个问题，你考察公司会比较重视什么指标？

实际上一个项目就看三个东西，第一个是行业，必须是成长型的行业。行业本身空间大，最好是双位数成长，10%—20%这样子，成长空间巨大。第二个就是领先的技术和创新的商业模式，看技术是不是得了什么奖。技术核心就两个。一个是功能改善，从效率和功能上有所提升；另一个是价格优势，具备竞争力。这个世界打败竞争对手最好的方法就是价格。中国改革开放四十多年，我们为什么在全世界领先，就是便宜。第三个是团队，最牛的团队，让人放心的团队，这是最核心的。

在这个里面，你会有什么个人偏好吗？作为一个投资人，你个人会比较偏好什么项目，或者偏好什么样的企业？

我会喜欢早一点的项目，我喜欢天使、A轮的项目。

这是为什么呢？

我觉得中国未来的机会就在这些年轻人身上，他们身上的专业能力、创新能力和朝气蓬勃的东西是中国的机会。很多学校经常请我去讲课，尤其去年。各个阶层我都看过了，大家都有纠结、有茫然甚至恐慌，但中国有一个阶层是最具生命力和活力的，也是政府特别支持的，就是创业者，我喜欢找新项目，而且是现场体验，现场体验太重要了，你在现场看到了他的技术，他的新产品，改善世界的这种产品，你会很激动的，所以这个行业会让你一直做下去。投资这个行业为什么进来之后很难离开呢，赚钱是一码事，你和最聪明的人打交道，你和最成功的人打交道才是这个行业的魅力所在。

而且和最有前途的这些人，代表未来的这些人在一起。

你会觉得特别愉悦。

看项目能占你多少时间？

现在少了，三分之一。

那也很厉害。什么项目你一听就会淘汰掉呢？

我们公司一个月进来300个项目，我们大概立项率不到10%，大概每个月会投5到6个项目。被我们淘汰的，一是大众化的平庸的项目；二是商业模式过于复杂，这种项目也不行；三是在传统产业折腾的项目，大部分也不会好。只有升级才有机会，只有互联网去改造才有机会。如果这个产业中国已经做了很多年，国际上已经做得很成熟，这种产业大多不行。创新是行业选择的标准。所以我经常跟我的团队说，要把每一笔钱都当作最后一笔，如果只有3000万，到底投给谁，十个项目，自动就出来了，有的项目就该杀掉，要敢于杀项目，虽然是很痛苦的事。我现在引以为豪的就是我的团队成长很快，我们是靠经验判断看项目的，现在越来越难了。现在的知识积累方式变了，过去是越老越值钱，现在不一定，也可能是越年轻越值钱。

我觉得你是一个学者型的投资专家，请总结一下自己的投资风格。

可能东方富海的基因就是我的基因，大家觉得我们身上还有一些所谓儒雅、学者的气质，但同时也要警惕这种东西变成另外一端。

什么意思？

就是我们也投资了由大学老师、科学家创办的企业，但成功率并不高，秀才造反成功率不高的，企业有企业的特殊性。其次跟我这么多年还在大学讲课有关系。我为什么愿意讲课，第一个这是我的老本行，本来就靠这个吃饭的；第二个我既有理论的东西又有实践的东西，学生喜欢听；第三个我讲课讲出了很多LP，讲出了很多被投资企业和上市公司，这都是我的资源，变成了东方富海独特的文化视角。所以这可能是我们比较独到的一点东西。另外，我们总结东方富海的价值观，其中有一条，很多人评价东方富海这个机构比较正派。

我们的价值观有六个，其中一个就是做正派的人，做正确的事。对那些很奇葩的项目，奇奇怪怪、争论很大的项目，再有名，我们也是不碰的。在公司10周年的时候我有一个总结：我们不是最赚钱的，但我们是一直赚钱的，我们追求的就是这个。我跟我的LP讲，我求的是稳定的收益，可持续、可预测、安全的收益。

你讲的这个，也是个复利增长的概念。

你看我们中国做民营企业为什么难呢，隔三五年就有一次所谓的危机，每次危机淘汰掉一大批人，所以你会发现活得长久太重要了。活得长久是什么，就是要赚钱，但是不在风口浪尖上赚钱，是赚安全稳定的钱、可持续的钱。要赚这部分钱，就必须找到一种可以帮你长期持续创造价值的模式。你不能追所谓的风口。雷军讲风口来了猪都上天。为什么要投一只猪等风来呢，你直接投个雄鹰啊，没有风它也自己翱翔。所以慢慢地，我们现在，特别是我，很少激动，再好的项目也很难让我激动。我们原来很容易激动，这个项目好，如果投不了那可不行。现在我会更理性地看待所有的项目，我们天天跟风险打交道，我们也知道没有完美无缺的项目，因为当这个项目没有风险的时候，它也就不赚钱了。

所以我们要投的项目就是投两端：一个是我们的早期项目就是以创新为主，就是和别人不一样。要么轰轰烈烈地在冲锋中倒下，要么就是一战成名。早期项目就是投“新奇特”。当然我们也不是随便投，你要有逻辑，不能光讲故事。另一个就是投Pre-IPO和并购，成长、安全、规范。企业小的时候可以不规范，规范是个过程。

为什么你只投两头、不投中间呢?

因为中间竞争很激烈。两头呢，早期成本低，风险大，但是要求专业能力比较强，后端跟品牌有关系，还跟资金量有关系，一个项目要放10个亿一般人放不了，这方面能体现我们的优势。

你比较欣赏的一个投资大家是谁？作为一个卓越的投资家，你觉得他具备哪些核心能力？

大家都觉得巴菲特不错了，我在想巴菲特赢在什么地方？巴菲特以前投的东西都很传统，等年龄大了，他就说找到了一个积雪比较厚的斜坡，可以滚雪球，持续滚下去。现在在中国价值投资，可能慢慢开始变得有价值，实际上我挺欣赏（高瓴）张磊的，你会发现这个行业最后拼的是智商。关于投资家，我有时候课上讲什么样的人适合做投资。我觉得真正的投资家是天生的，后天的“一万小时”“一亿美金”，可能有机会培养出来，但如果天生不是这块料，即使做到了，也成不了大家。（达晨）肖冰那哥们有点天生的气质，商业感觉特别好，他有自己的逻辑。（松禾资本）厉伟他们的天使投资做得也好。我们这个行业最终是靠逻辑赚钱的，是靠一个理念赚钱的，我们也是走了很多弯路，才慢慢总结出东方富海的投资逻辑。

所谓投资家，都有一套系统的打法。

他要有一个极强的商业嗅觉。然后这个人还有一个很成熟的、契合他们公司打法的投资逻辑。投资大家都差不多，不都是给钱吗，但是现在的玩法不一样了，过去的玩法是投完了等企业IPO。现在你要真帮它，我们的方法就是建一个生态，建一个服务平台，通过这样的方式来帮助企业。我们现在的各个基金都有自己的投资逻辑，通过逻辑赚钱。东方富海有十个投资逻辑。第一，我们找准赛道看清方向，把方向选对了。方向错什么都错。第二，只拿市场化的长钱，我要的钱就是“5+2”的（作者注：指基金的投资期为5年，退出期为2年），我们是全国第一个做“5+2”的。第三，我们只赚趋势的钱，即我不依靠单一客户，比如政府、某个官员、某个地域，我们只靠市场挣钱。第四，基金专业化、服务平台化。第五，把投资重点放在两头，要么投早要么投晚。早期项目对专业能力要求比较高，属于风险比较大的，我投C轮以前，天使、A轮、B轮；要么我就靠后，就是Pre-IPO，这种项目对资金要求高，对品牌要求高，最后到并购，我们两个单一项目并购都放了差不多20个亿，一般机构投不了。

第六，把正确的人放在正确的位置上，谁做这个基金主管合伙人很重要。那时候我们七个合伙人都是老同志了，有的人游戏都不玩，有的人连电脑都不太清楚，怎么能投互联网呢，让适合的人干，年轻人干，所以我们各个专业基金主管合伙人是我们公司最大的财富。第七，建立一个每个人都清楚的赚钱机制，就是赚钱了怎么分，我们说得很清楚，管理费怎么分，团队怎么分，后台怎么分，每个人都知道做完这个我能赚多少钱。第八，让听见炮声的人做决策，所有的投资合伙人必须自己去现场，要现场判断项目。因为我们是专业基金，专业基金合伙人的责权利是对等的，因为他到现场考察过，他也跟投了，基金也参与募集了，项目也是这个团队全程尽调的，所以我作为投委会主任委员虽然有一票否决权，但原则上以专业基金合伙人的意见为准。

你什么情况下会一票否决呢？

比如我觉得不太适合公司战略的项目，你要正派的人做正确的事，不能投奇奇怪怪的东西。第九，帮忙、帮忙、只帮忙，我们的原则是不和被投资企业做生意，只提供增值服务，我们的经验是不要和被投企业捆得很紧，不能有实际的生意往来，保持一个健康理性、各守其分的股东关系。比如说企业的那个产品不错，我们投资团队也弄个分公司、开一个分店，跟他一起来干，这种事我们不能做。第十，就是保持勤奋和认真。

做好风控的关键是什么？

做好风控关键就是“投资即风控”。东方富海的风控体系是双重风控体系，第一层是各个专业基金自己有风控，是由专业基金的合伙人来安排这个法律和财务尽调的，风控人员同时也是基金业务人员，要去现场尽调。第二层风控在公司层面，做形式审查，形式风控管什么，就是按照公司的流程，你这个项目的风控有没有做完所有的规定动作，包括你这个投资项目符不符合公司战略，你要上会项目的要件是不是全部齐备，公司风控就是做超然独立的形式审查。这样就把投资和风控两张皮捏在一起，下面的专业基金是实质风控，实质判断在下面，上面的公司是形式风控。

你们风控和业务部门是如何分工合作的？

我们东方富海的风控和业务两块业务是一张皮，这个和同行不太一样，我们是连在一起的，我经常讲投资即风控，投资即决策，投资即服务，投资即品牌，投资过程就是风控过程，当然我们有专门的风控人员，风控必须到现场，必须去一线，不能光坐在后面说“No”。只要可以改善的都不是绝对的风险，比如这个公司有法律问题，有财务问题，但是我们投资是看业务的，业务是核心，只要业务增长好，其他都可以想办法改善，业务优先，除非那个企业老板不愿意改变。如果原来那个主体有太多法律瑕疵的话，大不了我们还可以重新注册公司。

而且我们现在做投资，逐步取消对赌，不对赌。东方富海价值观里第二条，每一笔投资都带着创业基因，我和你是一起来创业的，不是高高在上给你写一个严苛的合同，你做不到就要补偿我多少。我不要对赌，要两个东西。第一个，估值要便宜，价格是核心；第二个，企业回购。我经常讲如果他能成功，我何必在意他早一天晚一天呢，如果他不成功，对赌又有什么用处呢。

但是要回购，他不成功怎么回购呢？

如果在这两个选项中选，我选回购，不选对赌，回购是对我投资的基本保障，因为我们回购逻辑特别简单，你失败了就算了。有的企业成长到一定阶段，虽然上不了市但是公司还可以，我们投资要回购，一般回购利息就是8%到10%，相当于我给你一个三年五年的无抵押无担保的贷款，你没有任何压力，当然最后企业真的没能力还不了了，我还能把你告了吗？我就认了，你只要是往前走，轰轰烈烈倒下，我认了，我和你一起创业的，如果什么都讲安全，那我不是变成保险投资了吗？

你觉得从这个意义上讲，对赌和回购有本质的差别，是吗？

中国人最爱对赌，对赌今年多少，明年多少，后年多少利润，我们经常会看到企业由于为了完成对赌而动作变形的。公司有张力，明明是一个持续的过程，但为了实现今年的对赌，被迫拼了命地做。

比如我也是一家投资机构，我们一起投某个企业，你不要求他对赌，我要求他对赌，企业的行为会受到我的影响，这个时候怎么办?

如果我们领投，我们可以决定这个事；如果不领投，我们跟投，那我不会刻意强调，人家要对赌，我们说不对赌，那没意思了。

"一半定量，一半定性"评估，才能反映企业的价值

现在咱们谈谈投后管理，这块你做了很多这种梳理和总结，例如企业动态分类估值法（Valuation of Dynamic Classification, VDC），就是每年对被投资企业估值一次，针对不同的类别，采用不同的投后管理策略。

这个是我自己发明创造的。

关于这块，有什么例子说一说?

首先讲我怎么发明VDC。VDC又叫Valuation of David Chen，"陈氏估值法"的英文，这个是我在2013年自己琢磨出来的，因为我学会计财务，现在市面上有很多种对企业的估值方法，但都不足以说明企业的价值，因为那些方法都是定量的。但是衡量一个企业的价值，由于我是投资人，我知道这里面人的因素最重要，但是估值方法反映不了人这个因素，所以我最后用"一半定量，一半定性"，从行业地位、成长性、管理团队和退出方式这四个维度来判断企业。

凡是好项目归到A类，一般项目就归到B类，早期项目或者普通项目归到C类，D类就是很烂的项目，我每年来评估一次。另外，我定出的投资策略是："确保A、强化B、提升C、处理D"。只要是D类项目就想办法处理掉。如果我们分类，把我们投资的企业分成这几类，你就知道该干什么了，最好的企业多赚钱，差的企业赶紧清理掉，哪怕打折卖掉，把早期项目放到C类，这样对我们投后管理提出一个清晰的策略，而且我这个估值法很容易让LP满意：第一我很保守，A类项目才挣4倍，最好的项目的估值我只按挣5倍来估值，B类项目挣2倍，C类项目收回成本，D类项目就是处理掉，投资人觉得我对自己所投的项

目的这个估值不高，因为只要项目上市起码挣5倍以上。我用这样的估值方法，投资人觉得心里有底。而且我每年是动态修正的，我要求我们对基金的估值和最后变现差距不能超过20%。

有个问题，四个维度里面既有定量也有定性，定量还好办，定性打分怎么打？

我是投资人、是股东，我和这个企业的管理团队天天在一起，跟着他们走了四五年，这个团队的优点、缺点、性格好坏、能干程度我都知道，如果是行业最优秀的团队，我给它的分值就高。

是由下面的专业基金二级合伙人来打分吧？

是由项目小组来打的，大家讨论来打，相对准确，他们最了解情况。

你们一个投资经理，一般管多少家被投企业？

原则上以五家为好，但是现在很多人超过了。

而且你两头，早期和后期项目，投后管理花的精力也不一样。

后期的项目投一个，需要一个团队好多人折腾几年。

接下来咱们谈一下：除了给钱之外，创投公司给企业带来的最大价值是什么？

所谓的投资方和被投资企业之间的关系，最早我理解的是夫妻关系，现在发现这个观念是错的。夫妻关系是什么关系呢？这个家丈夫多做一点，还是太太多做一点，都不应该计较的，不可能搞个规则，来管理夫妻互相之间的界限。但我们投资机构和被投资企业之间是一个商业利益，是伙伴，不是夫妻。伙伴关系就有规则，是合作关系，你应该干什么，我应该干什么，叫各行其是，各守其分，不能交叉。我作为投资方，可以给你提供增值服务，可以帮你出主意。我经常讲，我只能告诉你什么不能做，而不能告诉你什么能做。什么能做是你公司的事，是你团队的事情。我的经验就是，我知道成功的企业走的路径大概是什么样的，所以我们现在在给被投企业建立一个创业生态。

2012年以后东方富海有个重大的战略调整，叫“基金专业化、服务平台化”。一个是，在深圳的股权投资基金行业，我们是最早做专业基金的；另一个是，把我们同事个人平时给客户提供的服务，通过平台来做，让客户接受到我们的“机构化服务”。

平台化是什么意思？

“服务平台化”，指的是我们为创业者打造的增值服务平台，这些平台是面向所有我们被投企业提供服务的。比如，第一个，我们参投的厦门天健咨询，给被投企业提供专业财务咨询服务。我是厦大博士毕业的，我们那些同学原来在监管部门、会计师事务所工作，都有二十年左右的审计经验，我们当时商量在一起成立一个新的公司，名字叫会计管理咨询公司，和审计不一样。审计是审计你账务处理合适不合适，是从对立面的角度查你。而会计管理咨询公司就不是，我和你站在同一边，帮你做管理咨询、会计咨询，你什么地方做得不好，你告诉我，我来帮你做好，是站在企业角度帮助企业从内控、财务角度规范。是这样的逻辑：边发展边规范，不是上来就规范。一上来就规范，企业就死了，我搞这样一个平台，很有特色，水平也不错。

第二个，我们在厦门国家会计学院办了一个东方富海“OFC企业战略与财务管理1+1提升班”，那个班里的学员，全是我投的企业，每期50家左右，为什么叫1+1呢？CEO加CFO两个人去上课，让CEO懂财务，让CFO懂战略。民营企业出事经常是这样的：会计不同意，说老板这个钱不能付、这个事不能干；老板说我的公司我说了算，然后一付就出事，钱收不回来，或者捅娄子，因为老板不懂财务。我们把他们弄到一块儿去，一期上18个月，11次课左右，现在已经办了第三期了，办得还比较火。老师全是实务界的，比如讲企业在上市过程中需要注意的会计问题，比如企业预算怎么做，税收怎么筹划，都特别具体。

第三个，我们和远致有一个并购基金（作者注：远致富海），也管了170多亿规模，帮助企业做并购，企业是“买”大的，不是做大的，世界五百强的公司都是进行大量并购。你把主业做好，围绕主业进行上下游的整合，用并购的方式来做，我们也帮助企业做这个。

第四个，我们在深圳湾科技生态园，租了四千多平方米的房子，搞了一个OFC plus——东方富海加速器。我和别人都不一样，首先，装修很漂亮，比我们公司总部的办公室还漂亮，里面开了咖啡厅、酒吧，还有一座钟，你要新一轮融资成功了，还可以敲钟。所有入驻企业必须有两个条件，第一必须是我们投资的，只能容纳25到30家企业，小的就五六个人，大的五十个人左右，初创期项目；第二，我不收租金，三年为限。企业规模大了，最后如果员工到200个人了，我这就装不下了，就要搬走了。我还给这些企业提供财务、法律、工商注册、政府补贴申请、税收等后台服务，让创业者专心干活，成功了就搬出去。当然我也不是白干，我挣什么钱呢，除了基金投了有股权以外，我还拿企业3%左右的股权，创业者对现金流很在意，对股权不在意，因为他早期股权多一点少一点无所谓。这30家企业里面，我赌成功三分之一，6家到10家能够成功。我们自己有天使基金，我们天使基金投资的企业大概70%拿到了下一轮融资，50%拿到了B轮融资，我们天使基金投的50家企业里面，有将近10家估值涨了10倍，我们最多一家企业的估值四年已经涨了350倍，我就赌这个。为什么现在很多孵化器做不好呢？因为孵化器大多是二房东的概念，但创业者能接受的月租金就是30块到50块，多了我就不要。我现在拿最好的地段、月租200块钱的标准，配套设施都给你弄好了，并且提供专业化服务。

这样对你有好处，因为能够提升你孵化项目的成功率。

我已经投了400多家企业，快60家上市，这些企业互相帮助，构建了一个企业生态，初创企业在这样的生态里能够更好地发展，这是我们打造的一种全新的孵化器模式。

你有几个专业基金？

按照专业分有TMT、节能环保、医疗健康、新材料先进制造、文化消费，比如今天下午开的是新材料二期基金的LP大会，我们也请了五个被投资企业来讲，都是新材料先进制造领域的，它们之间建立一个生态，互相之间做成很多生意。

东方富海现在创办12年了，这也可看作是你用心打造的一个作品，0到10分你打多少分，比较满意的地方在哪儿，同时你觉得什么地方还有待提升？

我大概打6.5分。

东方富海也是国内人民币基金的佼佼者之一了，为什么会给自己这么一个不是很高的分数？

我之所以只给一个比及格高一点的分数，是我觉得还有很多东西值得总结。回过头来看，我们东方富海的价值观里面，第三条就是不断反思与创新，我每年都在复盘我们过去投得怎么样，过去大多是靠运气来赚钱，而不是靠逻辑。中国未来十年才是决定一个GP卡位的十年，我一直说，我们第一阶段重要的是什么，走过了生死线，活下来；第二阶段就要把这些东西好好总结起来，比如我想总结一下，这十二年投了这么多钱，投的企业也上市了快60家，但客观地说，像阿里、腾讯这样伟大的企业我还没投到。

所以我跟我的团队说，我一定要做一个投资变现挣一百倍的项目。这个标准不高吧？我说的所谓伟大的企业，市值要做到千亿以上，这辈子一定要干一个这个出来，要不然死不瞑目。要投到一个伟大的企业，能够持续创造价值，并不是投资到IPO就算成功了，有的企业IPO了但最后还退市呢，你要投资一个伟大的企业，不仅我能吹牛，我儿子能吹牛，连我孙子都能吹牛的企业，当然也很难。为什么我们东方富海没投到马云、马化腾，我说对不起，马云、马化腾几百年才出一个，我们根本没有那个福报，我们还正在修炼，我们希望以后投到下一个马云、马化腾。

现在我们在做什么样的修炼，使我们投到一个伟大的企业？

往早走，往技术走，靠逻辑赚钱，靠服务赚钱，靠生态赚钱，未来东方富海就会变成一个非常平稳的投资机构。我们东方富海有个特点，挺有意思的，我们在外面的社会形象不错，觉得我们比较正面，到现在为止我们已经管了三只国家级的基金：第一只是皖江物流产业基金，2011年成立的；第二只是中日节能环保基金，这个中日两国政府发起设立的基金是东方富海在管理的，这只基金的管理人是全国海选的，比我们牛的人很多，能拿下很不容易，从目前LP的反馈来看，对我们的管理能力还是比较满意的；第三只就是财政部的中小企业发展基金，目前也是由东方富海委派的专职团队来管理。在中国民营GP里面，能管三只国家级基金的并不多。

但我为什么给自己打6.5分，我认为我们还有很大的提升空间，当然我们每年都在进步。现在是东方富海这12年里最好的时候，我原来讲课时经常说一个理论，我自己总结的，两个基金周期才决定一个GP的基因，美国要20年，中国就是5+2、就是14年，你必须管够两个基金周期，你才能说自己怎么样，这个行业最高的门槛是时间。

为什么不是一个，而是要两个周期呢？

一个周期决定不了，有运气的成分，有的人管基金，第一期挣10倍，第二期就亏钱了，美国四分之一的机构，一辈子只募过一只基金，第一只基金同时也是最后一只基金，中国市场同样也是容不下几万家GP的。

现在东方富海在同行的定位是什么？志向是什么？

稳定、长久，我们现在求这个，不大起大落，安全稳定特别重要，尤其在中国这个环境中稳定比什么都重要。这个行业残酷在什么地方？这个行业残酷在：一旦你做坏一只基金你就出局了，没有第二次机会。

怎么能够防止做坏一只基金呢？

不能按照运气投资，要有自己的逻辑，要基于研究，要基于趋势判断，要把自己投资的逻辑和市场的逻辑结合起来做。就每个股权投资公司来说，虽然从项目看大家可能都投的差不多，但是每个公司一定要有自己的基因，否则你就会变成撞运气，撞上了就好了，撞不上就死了。

在你看来要成功运作一家GP，最关键的是什么？

两个，一是团队，有经验、志同道合的团队特别重要。有经验表明有专业优势，志同道合表明价值观一致。二是机制。我们这个行业就是人和机制，没有机制大家不会为情怀干活的，而且老板的情怀和员工的情怀理想根本不可能一致。我当年到深创投的时候，我的标准是这样，谁给我钱多我就去哪儿，哪个地方轻松我就去哪儿，我是这样的逻辑；等当了老板我就不一样了，我就看到未来了，我要做长久。你现在想想，国有企业在全世界都不容易干好，中国国有创投企业有两家干得比较好，深圳创新投和毅达资本，后者是由江苏高科技投资集团改制来的。深创投也来跟我交流过意见，毅达也来跟我聊，我干过国有，现在又做民营的。深创投有今天就是机制好、品牌好、待遇高，做事有成就感，说白了不就是这个问题吗，核心就是团队加机制。东方富海让我最满意的，就是这么多年我们这些老同志都在，我们团队流失率很低，人民币基金中我们号称流失率最低的。

这好像是你们的特色，你们合伙人的机制，是吧？

我们的特色就是，我们合伙人没有人数限制，成熟一个就提一个，当然我们也有标准。我们是三级合伙人制度，公司层面一级，每个基金里面的主管合伙人是二级，每个基金里面还有合伙人叫三级合伙人。一级就是享受全公司的待遇，二级就享受所管理基金的待遇，三级合伙人在基金里面体现待遇。我经常讲一句话，钱不是我发给你的，是你自己赚出来的。东方富海有七条军规，最后一条是先赚工资后赚利润，什么意思，先为自己赚工资，后为公司赚利润。公司一年给你五十万，你要先看你干的这个活值不值五十万。所以我们这个平台是什么，每个人都清楚我做这个项目成功了我能分多少钱，项目一投完了就确定的，大家都签字画押，不会到最后拿不到这个钱。

阚治东是我从事股权投资的第一个老师

今年（2019年）是你在创投行业从业二十年。1999年，你从荷兰做访问学者回来，到了深圳这块热土，那年35岁，身份是大学老师，在你的书里面，你说当年深创投的老总阚治东只面试了十多分钟就把你招进来了，在你看来当时是什么因素，让阚总在这么多应聘者之中这么快做出录用决定？

1999年之前，我一直在当老师，十几年了。在荷兰商学院做访问学者，学习一年以后，1999年我回国。荷兰那一年的学习给了我很多震撼和启发。原来我在大学做老师，也去厦大读了博士，我在荷兰读商学院才发现，这里的教学跟我们原来见的不一样，案例教学，而且那里给我们上课的很多老师都是既有博士学位，又在企业当过高管的人，讲的东西让我耳目一新，我就觉得我们在国内高校天天讲课，纸上谈兵，看有没有机会去实践操练一把，所以这个时候我下了比较大的决心，离开学校干脆下海就到深圳来。

那个时候深圳创新投刚成立不久，我不是深创投集中招聘进去的，我是投了一个简历，大概在1999年底，就通知我来面试，我记得那个时候是李万寿（当时在深创投担任副总裁）负责面试我，跟我聊了大概一个小时，聊聊我的经历，看看我的背景，他们觉得我背景可能还不错，因为当过大学老师。

而且还是毕业于厦大的会计学博士。

然后又在国外待了一年，李万寿就问我想做什么，我说想做投资，但当时投资没位置啊。他们可能觉得还得给我安排个领导职务，那时候程厚博（现在也是东方富海的合伙人）在投资部当总经理，我就说要不然去会计部干财务算了，李万寿说应该去研究部，但我其实不想去研究部，因为当时换个环境，就是想搞点实务，不想做大学那样的研究工作了。李万寿说研究部也挺好的，我就想反正来一个新单位先待下，就答应了去研究部，刚好我也对这个行业不了解，当时搞不清楚股权投资是怎么回事，通过研究了解清楚也挺好。李万寿说阚总刚好也在，你要不要见一下。就这样见到阚总，时间很短，第一个感觉是当时阚总比我想象的年轻，因为阚总已经是有很大名气的人了，第二个感觉是他这个人也很简明扼要，他跟我聊了一些，觉得我的经历还不错，欢迎我来，大概就十来分钟，所以就非常顺利地进入到这个行业。

你说阚治东是你从事股权投资的第一个老师，能不能说说你眼中的阚治东？

那个时候中国本土的创投刚刚开始，实际上创投也就是1995年、1996年引进中国，个别公司在做，真正的开始是在1998年、1999年，全国开始做，当时的大背景是创业板要开。我跟老阚共事就从2000年开始，一直到2002年，他2002年底就离开深创投了，去了南方证券。我觉得老阚这个人身上有三个特别的优点：第一个，这个人非常正直，也很廉洁，因为那时候经常来人给你送个茶叶送个小礼品，他把所有的礼品全部交到办公室，年底的时候给大家抽奖。第二，特别讲究程序，公司有一套程序，不是说他自己说了算，而是自下而上有一套严格且透明的程序，必须走完所有的程序。第三个，他是有大智慧的人，他在方向性的判断、战略性的判断上是很有眼光的，这和他过去的经历有关，很年轻就是大公司的老总了，所以他在金融行业具备战略性的眼光。

我们东方富海有一句话叫“没有秘密，只有原则”，你看我们的装修，所有地方都是通透简洁，这是我追求的，做投资也是这样，你知道我在干什么，我知道你在干什么，程序是透明的，很简洁。老阚是我第一个启蒙老师，我到现在依然很感谢他。

你在过去职业生涯里面，碰到最大的挑战是什么？

我经常讲，东方富海离倒闭只有6个月，每次金融危机都对我们产生很大影响，我是2006年出来的，我2007年募第一只基金，9个亿，当时中国最大，2008年美国次贷危机，我们的基金规模立马缩到3.26亿。

怎么回事？

LP不给钱了，金融危机后，没钱给了。

也就是说这9个亿并没有一次到位。

分期的，原来准备分五期到位。到了二期以后，LP说我们自己的日子都过不下去了，没法给你。LP全是民营企业，基金成立的时候说好给我9个亿，在那个时候很不容易的，我按9个亿收管理费，一年1800万。三期的时候就没钱了，对方说给不了钱了，在外国是很严重的事，要赔管理费的，但在中国咱们还能干这个事吗？人家LP是帮我们的人。但基金规模立马减少到3.26个亿，一年才拿700万不到的管理费，我们一年要花1200万。有可能养不了这么多人，但你一旦裁员，对公司的口碑和未来发展会非常不利。

你是怎么应对那次危机的？

我去外面借钱给公司运转和投资，前后一共借了8000万。包括我们在基金里面还放了钱，所以我很感谢我们的一个境外投资人，前后给我们借了将近四年，国内谁给你借啊，这不是小钱。我们公司正是靠这8000万，熬过了那一关。

说明你确实人品好，口碑好。

还有另外一次危机，2012年，我们东方富海刚刚募完三期基金，三期的资金刚刚投了一大半，那时候市场很差，2012年欧洲主权债务危机爆发，太阳能行业全面崩盘，我们投了4个太阳能项目，投了2.9亿，全面崩盘，占了我们25亿基金规模的差不多10%还多一点，所以《21世纪经济报道》写了一篇报道《东方富海光伏产业投资危机》，其实不是我一家，很多机构都投了，但就专写我，这个对我是一个很大的历练。为什么2012年以后我把基金改成专业化了，就是因为当时我们有投机心理，当初我们已经知道太阳能发展到顶峰了，但是我们觉得那家企业利润太好，我们就赌了它IPO，没想到不到一年整个行业垮了。那个时候才痛定思痛，这一篇文章对我们的影响极大，LP把我们骂得狗血喷头，当然最后我们把资金全救回来了。

你通过什么办法把资金救回来的？

四个项目死了两个，后来太阳能这个行业又起来了，熬了五年起来了，通过并购重组借壳上市，把资金收回来了。我觉得这件事情对我们影响很大，所以为什么搞专业基金，专业的人做专业的事，不能去投机。

把一个坏事变成了好事，这其实也是一种能力。

不能因为这个把自己陷进去了，最后我们从中总结出经验教训，投资人反而更认可我们，你总结教训吸取经验，才能做得越来越好。

我想做成一个走得长久的投资机构

你的人生使命是什么？

投资这条路一直走下去，我想做成一个走得长久的投资机构，我希望在未来，别人评价我和东方富海时说“这个机构还可以”，那就行了。

我用人，我提我们公司合伙人，或者我们公司部门老总，我都会说一句话，这个机会是我给你的，但评价不是我给你的，评价是大家给你的，过两年大家觉得陈玮用这个人还可以就行了。

你有没有退休的打算，还是一直做下去？

我不会像巴菲特那样，我从来没想过，我的梦想是在60岁之前退休。

为什么有这个想法，因为你今年是55，你五年之后退休？

我以前说过55岁退休，没实现，实际上60岁不一定能退，比如我们新的一期基金又签了十年，我是GP董事长和基金关键人，这是我的理想，我内心就是想干这个事。当然，这个世界上有很多事可干的，我是三年前开始学画画，画油画，我说我要干一件从来没干过的事情，我又不想从基础开始学，我就直接画，当然别人也很给面子，我的画都拍卖了，给我们关爱基金募了1000万。人这一生有很多事情可以做，你要做自己喜欢的、有意义的事情，而且张弛有道，殊途同归，做投资，画画，做人，最后都是一样的。

这个我同意。

既远又近，放下就是提起来，当我真的在画画上有成就的时候，可能我在投资上的成就也是自然而然的，我所谓退休可能不是完全离开这个产业链，我可以培养年轻人，比如我们现在搞了一个基金特别有意思，叫“9000基金”，90后加00后，加起来就是“9000基金”，我们这个基金LP就是一共9个深圳小孩的家庭，都是国外回来的小孩，主要是90后，这些人每家必须用孩子的名义出900万我们再出一份900万，一期刚好凑成9000万，就做天使投资。我们现在在深圳已经开始做第二期了。

这九个小孩也参与？

也参与，我们大量的线下活动让他们参与，让他们家长也参与，让孩子了解股权投资，学习看项目，很多线下活动搞得很有意思。

也就是说，不管是60岁退休，还是慢慢地把更多精力放在东方富海之外，到时你想去干什么？

我真正想干的是去做天使和教书。投早期项目，教创业者如何创业，但是我这个老师和别的老师不一样，我还带着钱去的，我希望让年轻人创业的时候少走弯路，把我二十年的所学能够传下去。

我退休以后可能会办一个东方富海的创业班，我会带着基金去，我会专门围绕这个班来做一只基金，实际上我们现在已经开始布局了，班上的学员就是创业的人，我们再通过大家互相交流培训学习，然后帮助他，同时给钱。

你这个老师情怀非常重。

因为已经习惯于做老师了。

以教来引资，以教来投项目。对于年轻人想从事这个行业，你有什么样的建议或者做什么准备？你刚才说天分很重要。

所有年轻人应该从别的行业开始干起，先别干投资这个行业，先从别的行业做完了再回来。

这是为什么呢？

不要直接进入投资这个行业，因为这个行业是一个经验积累、资源整合的行业，老外都是在别的行业干成功以后才干这个行业的，所以年轻人如果一开始就进入这个行业当然不错，但是我建议他们最好在工厂待过，在其他行业待过，至少干几年。

什么样的人不太适合做这个行业？

心理比较强大的人才能做这个行业，这个行业很纠结的，钱投出去不归你管了，好坏就是别人的了，你要和企业家有共同语言才能干这个行业，你只有自己变成企业家，才有可能做这个行业，所以对自身的要求实际上是比较高的，综合能力要求比较高。

如果个人投资者想去投股权基金做LP，你觉得适合个人的投资方式是什么？

个人LP去投母基金，母基金再投GP，比如你个人1000万想投给红杉，很难的，但如果你投到一个母基金，这个基金规模10个亿，再投红杉不就很容易了吗？到时条件也很容易谈，就这个道理。所以中国缺机构LP，缺母基金，母基金空间也很大。

个人投母基金，比直接投GP好在哪儿？

第一个，你个人不能够对GP做尽调，也没有专业能力，GP也不理你。第二个，每只基金对LP都有认购的起点金额，如果是上千万起，那你只有500万怎么投啊，所以你就通过母基金来投，母基金是专业机构，它有话语权，可以选择GP、审查GP。

对于股权投资行业，你还有什么想表达的吗？

这个行业方兴未艾，中国的股权投资的好日子还没真正到来。

谢谢你接受我的访谈。

后记

虽然在访谈中，陈玮自称“目前对自己最不满意的就是对自己时间的分配安排”，但肖冰能感受到他是一个虽已功成名就，但依然非常勤奋的人；在谈到投资的话题时，他对达晨肖冰、松禾厉伟这些同行的赞美与欣赏，是自然流露的，在肖冰看来，陈玮是个真诚坦荡的人；他对自己一手打造的东方富海只给出了6.5分的评价，将“东方富海离倒闭只有6个月”常常挂在嘴边，以及将自己的成功主要归因于“运气好”+“与人为善”，可以看出陈玮又是一个追求极致、谦逊内省的人。

陈玮把退休年龄一推再推，原来是55岁，现在是60岁以后，正如他所说：“我现在坚持看项目，现场体验太重要了，你在现场看到了他的技术，他带来的产品，改善世界的这种产品，你会很激动的，所以这个行业会让你一直做下去。”所以，在肖冰看来，这种来自精神方面的巨大激励，会让陈玮在投资这条路上一直乐此不疲地走下去。

第3章

基石资本张维：

“撒胡椒面”没意义，看准了要敢于重仓

访谈时间：2019 年 5 月 22 日

访谈地点：基石资产管理股份有限公司茶室

深圳无疑是国内人民币基金的重镇——深创投、基石、达晨、东方富海、松禾、同创伟业等，可谓群星闪烁。其中资产管理规模已逾500亿元的基石资本，已然成为国内人民币基金中的佼佼者。成立至今，基石资本一如既往地贯彻了“轻易不出手，一出手必下重仓”的鲜明投资风格，持续为投资者创造财富回报。数据说话：基石资本累计投资120余个项目，退出成功率超过40%，其中超过一半是通过上市方式退出。

作为基石资本的创始人、组织者和管理者，同时也是一个专业的投资经理，张维的投资从2001年开始到2019年有18年了。张维的投资经历了哪些阶段，有过怎样的心路历程，是怎样形成现在的投资理念，又是如何在企业发展壮大过程中践行和坚守的呢？

通过这次访谈，冰哥就带大家走近基石资本，揭开基石资本董事长、创始人张维及基石资本为投资者赚取高额回报方法的神秘面纱。

本期访谈主要介绍张维及基石资本过去18年投资的三段发展历程、重仓投资理念的形成及贯彻，张维在“华为六君子”、德鲁克和被投项目的优秀企业家的影响下，他的“企业观”的形成过程及在投资中的应用举例，以及张维给自己的最后一份职业规划——天使投资，又是怎么做的。

第一阶段：基石资本投资理念的形成

张总，很高兴你今天接受我的访谈。刚才你说自己18年的投资生涯，大致可分为三个阶段。那咱们就先从第一个阶段说起吧。

我也很高兴，以前接受的都是记者的采访，但像今天这样接受投资界同行的访谈，对我来说还是第一次。

我们投资的第一个阶段是从2001年到2007年，可以把它理解成：从深交所提出要推创业板，到开通了中小企业板，以及《合伙企业法》诞生的这个阶段，全国创投公司都处于摸索阶段。

自《合伙企业法》2007年6月1日颁布实施之后，国内的创投公司在组织形式上得到了保证，无论是GP还是LP的利益都得到了保证，它清晰地界定了GP和LP，也就是管理者和出资者的责权利，使得股权投资开始在全国风风火火开展起来。《合伙企业法》可以说是我们行业发展真正的转折点。

在这个阶段，你印象最深刻的投资案例是？

2004年的时候，我们看好湖南的一家工程机械企业——山河智能（002097），这是中南大学机械研究所的所长何清华教授创办的。顺便说一句：我的贵人很多都是教授。

山河智能是一个做工程机械的企业，当时很多人看了之后没有投，因为当年有宏观经济调控，大家看不到企业的上市前景。

说实话，当时我们也看不清宏观调控什么时候结束。虽然事后看，2004年的宏观经济调控很快就结束了。但是和其他投资人不同的是，我们能够看到所投企业的特点。这是一个技术研发实力非常雄厚的企业，当时它的一款主导产品叫液压静力压桩机。通常我们过去打桩，要么是用动力打，就是打进去，硬打，所以你看有的地方打桩，“咚咚咚”吵死了；要么就要旋挖，一边注水一边挖，挖出一个洞来，然后把桩子埋进去。旋挖会导致城市污水横流，因为你必须注水才能把泥浆挖出来带走。但它做的是液压静力压桩机，它可以抱着一个桩，用液压的力量把它压进去，它获得了国家科技进步二等奖。这款产品当时卖得特别好，现款现货的，不赊账。

所以我们可以看到，第一，有过硬的产品兜底；第二，研发实力雄厚；第三，何清华教授有科技和产业报国的雄心，带领了他的一批博士生、硕士生在企业里面干，重要的骨干都持有股权。有胸怀的企业，创始人愿意和大家分享，凝聚人才最直观的表达就是股权，需要通过股权对人才表达激励赞赏和共同创业的决心。就像华为轮值董事长徐直军所说，如果只用一句话总结华为的成功，就是："任正非把股权分给我们，我们心里爽。"

这三点都是一个值得投资的优秀企业的重要标志。山河智能满足这几个特点，我们就决定投了。

我们决定投之后，我们出资人看了之后也同意投，但最后一直也没有给钱到位。我心里非常想投这个项目，于是找到了老朋友、某化妆品企业的老板老李，老李表示："我不看项目，你个人投，我就投。"本来我个人并没有计划投资，但这样一来我也就都投了进去。当时的期望是三五年后投资回报能有两三倍就可以了。

没有想到的是，2004年中小板推出，2006年山河智能就上市了，2007年等到我们股票解禁的时候是一个疯狂的牛市，这笔投资在解禁的那一刻是120倍的回报。所以我和老李是互相成就。

山河智能肯定是我们投资人生的一个成功案例，而且也有一定的传奇性。更重要的，对于我的人生来讲，也是在这个阶段完成了最重要的一个财富积累。

从两三倍的预期，到120倍的回报，你当时的心路历程是什么？

这次的财富积累说明了一个道理：时代和命运，在投资中也是很重要的影响因素。在这个故事中，最终能实现财富的原始积累，是完全因为我们的能力吗？不是的。我们最初只指望三五年有个两三倍的回报，根本没有想到最后回报这么高，其实更多是时代和命运的安排。没有人能够料事如神，能够预测未来的结果，大部分料事如神其实都是吹。

俗话说：机会青睐有准备的头脑。自己的勤奋和准备是必须的。所不同的是不同的命运开出不同的花来。如果个人没有行动，那当然是什么也成不了。个人的理性判断当然是基础，也是具有一定的准确度的。

但是问题在于：你从来没有想到过这是一个2—3倍和120倍的差别。这是天壤之别。天壤之别的差别就不是个人能够预测的了，很多时候真的是依赖于时代与命运。

通过这个投资案例，对于投资决策中的“宏观经济调控”这个因素，你们现在是如何看待的？

在山河智能这个案例中，大家能看到的宏观经济调控风险，我们也看到了，大家都没有看懂的，我们也没有看懂。那我们看懂的是什么？是企业的产品和技术研发实力不错，是这位教授带着整个团队，都有股权，满腔抱负。我觉得这些东西是最重要的因素。企业家精神、组织体系比宏观经济重要，比财务报表重要。这也是我从对华为早期发展的观察，倒推过来的结论。

所以我们投资的第一阶段，2001年到2007年的摸索阶段，投资回报其实是很高的：山东六和以30倍回报退出，回天新材（300041）也是二三十倍的回报退出。这些项目，当时无一例外都是我们的出资人反对的。所以成功的投资不是投票能投出来的，如果你靠投票就死了，因为大部分人的认知是错的。我们应该逆向思维，但是逆向思维好难。

这件事也奠定了我们公司后来另外的一个风格，我们管理者在基金产品里面大比例跟投。因为受益于早期的山河智能、山东六和等项目，我们团队较早就实现了财务自由，所以有能力在募集管理的基金中大比例跟投。我们的大比例跟投，跟同行不一样的地方在于两点：首先，大部分股权投资公司的跟投比例很小，比如说投1%、2%，我们是投10%。其次，我们不是选择性挑项目跟投，而是在基金里跟投。我们个人把钱投到基金里面去，跟LP一样都是出资人，占了这个基金10%的规模，这样导致我们的利益跟出资人完全一致。就像耶鲁大学首席投资官大卫·史文森在《机构投资的创新之路》中所说的，资产管理者必须进行大比例的投入，这样才能保证其从投资人的角度行事。

你刚才说过，企业家精神、组织体系比宏观经济重要，比财务报表重要。对企业家精神，你是怎么理解的？

四个字，“胸怀、抱负”。所谓胸怀，就是齐创共享，与大家分享；所谓抱负，是不单纯以盈利为导向，而是以事业为导向，是妥善、长期、坚定不移地处理好产业链上下游关系，不是赚一把钱就走。

第二阶段：基石资本敢于重仓的勇气及背后逻辑

接下来说说咱们投资的第二个发展阶段。

第二阶段是2008—2016年，8年时间。公司开始发基金产品，开始有组织、成体系地工作，建立起自己的投研和内核的组织体系，形成了我们基本的投资逻辑。

投资的核心要素是要看明白企业两点：把握企业的成长性和估值。成长性是投资成功的必要条件，而估值是实现超额收益的必要条件。不同的估值体系和退出方式，对投资决策有相当大的影响，其中，在A股市场独立IPO是回报最为丰厚的退出方式。

第一个是对企业成长性的判断。无论看企业的产品还是财务报表，看它的研发系统还是它的组织体系，企业家精神也好，公司治理也好，最后都要画一条线：就是这个企业还有多大的成长性？因为这个成长性和所谓经济周期及行业周期有关。成长性不是一个孤立的判断，还要完成对组织体系性的判断；不仅仅是看它现有的产品和渠道，还要看它综合的研发、企业的组织体系。用迈克尔·波特的话来讲，好的企业体现出一个战略对称，也就是说它的组织体系支持战略，而不是单兵突破。单兵突破的企业没有办法形成一个组织体系的力量去寻求突破。但是，单兵突破，这是中国大部分企业在做的，他们以单个产品为营销体系，没有一个组织体系的支撑，不能建立起大规模成体系的创新和多产品、多地区销售。

第二个是估值。大部分人都认为估值就是所谓的市盈率，市盈率的背后就是成长性，成长性的背后是不同行业的比较。比如说新兴产业就比这些传统产业估值高，成长性高的企业应该比成长性低的企业的市盈率高。但是估值还远不止这一点。

估值还与什么有关？与退出方式有关。IPO、换股上市和被大股东收购，这三个方式都叫退出，所带来回报的差别是巨大的。打个比方，IPO如果是5倍回报的话，换股上市只有2—3倍，被大股东收购的回报则不到50%。

除了退出方式之外，估值还与在不同的市场退出有关。如果在内地、美国、香港退出，在A股回报是3倍的话，到美国只有2倍，在香港只有1倍。既然回报的差别如此巨大，那么退出方式从一开始就应该影响投资决策，就不应该是含糊的，而是尖锐的，是深刻的，而不是模棱两可的。

所以基于这个思考，你们在这方面的做法是？

在我们的历史上，我们投的项目中，到目前为止只有一家企业在香港上市，就是同程旅游（股票简称：同程艺龙，代码00780）。

我们更多的是在香港买资产，不管它是中概股还是非中概股，有成功的，有不成功的。像最早的鹰牌陶瓷，还有杜军红的龙旗控股，徐航的迈瑞医疗（300760），这都是中概股；海外资产包括意大利的机器人企业W.F.C，我们也买了。还有豪威科技，现在被韦尔半导体并购了。也就是说，要从内地以外地区买资产，而不是上市。

举一个你们第二阶段有代表性的投资案例。

那就说说我们管理的“珠峰基石基金”，较好地体现了我们这个阶段的投资特点。

2011年，“珠峰基石”完成募集，实缴规模14.05亿元。当时的背景是：由于2009年创业板的推出，全民PE大潮泛起，2011年PE募资相对容易，投资则备受考验。从最后结果看，我们一共投了19个企业，最后11个A股上市，7个实现回购或转让退出，1个定增类项目，达成100%的退出率及63%的上市公司形成率，投资项目无一亏损。

这里小结一下：

一是集中投资。珠峰基石基金单个项目平均投资额超过7000万元，其中有2个项目超过2亿元；在持股比例上，有超过一半的项目经稀释之后仍然持股5%以上甚至超过10%。当然收益也不错：在退出收益上，收益最高的3个项目贡献了48%的利润，收益最高的8个项目则贡献了85%的利润。另外，珠峰基石在医药类投资金额高达6亿元，接近基金规模的一半，凯莱英（002821）、开封制药、嘉林药业、康恩贝4个项目都是重仓项目。

二是重点服务。以珠峰基石投资的嘉林药业为例，其前身是一家国有医药研究所，我们进入后首先帮助其改制为民营企业，但是它最初的研发走入了死胡同，我们又积极帮助企业调整方向，成功首仿辉瑞的心血管药阿乐（通用名为阿托伐他汀钙片），同时帮助企业引进职业经理人，并协调处理好大股东与管理层的关系。2016年，嘉林药业借壳天山纺织并更名为德展健康（000813），成为中国医药行业最大的并购案。从调整研发方向、改善营销团队、股权激励及借壳上市等各方面，我们都为之付出了诸多努力，最后在这个投资长跑中也取得了丰厚的回报。

三是在考察和投资项目时，追求的目标是在A股市场独立IPO。珠峰基石投的19个企业，最后11个上A股，正是这个思路的最好体现。

四是在珠峰基石，GP跟投的比例达到了15%，同时明令合伙人不得选择性跟投单个项目。

也就是说，基石资本的整体退出的比例高达百分之四十几，它不是偶然的，它来自我们的深刻理解和思考。跟我们的同行比，我们的退出比例应该是比较高的，同时投资集中度也是相对较高的。基本上同行中，投资总金额和我们差不多的，投资企业的数量都大大超过我们。

投资集中度高，无疑是咱们公司最有特色的投资风格之一，请你说说背后的思考。

我们的逻辑思考其实是很清晰的：

第一，我们的同行可能在投赛道，他们在一个赛道上会投多家企业，而我是不投赛道的，因为我是投赛手的。用我的话来讲，不看宏观经济，要回到“微观中的微观”：要回到行业中的个体企业。除此之外的我们都不管。仅仅说行业有机会是不够的，我们一定要回到个体企业。个体企业的情况我们能搞明白，但行业中的事情，个人是永远搞不明白的。人工智能热，你可能投了很多人工智能，过两天区块链热你又投了区块链，再过几天大数据、云计算，然后最新流行的现在又已经不流行了，去年年初流行的是新能源汽车。如果不回到个体企业，就很有可能被行业热点带偏了。

第二，用芒格的话来讲，如果把我们最成功的10笔投资去掉，我们就是一个笑话。其实从投资来讲，有时候是二八定律，但是更多的时候是一九定律，少数企业决定了回报，而不是多数企业。所以我觉得应该是重仓。

第三，从你的投资服务和风险控制来讲，项目过多会导致什么？既没有精力，也没有意愿去跟踪和服务。一次性投几百家企业，即使再有能力也看不过来。但如果说投资比较集中，相对来说你在每家企业持有的权益比较高，那意味着你有意愿去跟踪和服务。投后的服务和风险控制是重要的，你盯得不牢根本退不出来。

以上三点大概就是我们重仓风格形成的深层原因。

这个“集中投资”的风格在我们创办这个公司的时候就已经形成了。如果说我们发现了好标的，为什么要分散使用自己的资金和力量呢？就应该倾其所有把它拿下。从我创办这个公司开始，我们从来没有想过“撒胡椒面”，这儿投点，那儿投点，我们就重仓。

这种大开大合的做法，还是挺需要勇气的。

主要还是取决于投资者自身对行业的理解和认知。像1992年，索罗斯在做空英镑的时候，他的基金经理叫德鲁·肯米勒，他分析完了以后说这是个非常好的机会，我们可以投20亿美元。索罗斯说："错了，如果你相信自己是正确的，为什么只投入这么少。我们应该重磅加仓，再加杠杆。"最后投了100亿美元。是这么玩的。行为来自你的认知。只有认知深刻你才敢下重仓，否则你就是赌。

我把企业分成财务性投资和控股性投资。我们在这一阶段财务性投资比较多，总的来讲是看好了它原有的产品体系和经营者。投资最重要的是你能够看清楚它未来三年的成长性，如果你看不清楚是大问题。因为谁也不知道证监会是什么发行节奏，谁也搞不清楚宏观经济、行业周期怎么调整。如果你通过产业周期、产业结构、技术进步、企业家精神、公司治理和组织系统这六个维度，能够看明白企业的成长性，那么你就可以投资。所以未来这几年的不确定性，从你投资的那一刻你就应该分析到。投资最核心的基本功，就是投资者能够预测企业未来几年的成长性，投资者必须理解它的产业，理解它在产业竞争结构中的位置，理解它现有的产品和研发体系，理解它的渠道。更重要的还要理解它的组织体系，理解它的公司使命和企业家精神，这些东西构成一条线。而现在大部分的投资尽调，主要是看看行业，看看产品的财务报表就完了，它看不到这个深度。

有研发体系和没有研发体系的企业不一样，有组织体系来支持研发系统和市场销售系统，做产品销售也是不一样的。举个例子来讲，大部分做医药产品，也就是一款产品、建立一条灰色的营销渠道就够了。就像某药业公司，我经常举的例子，做一款中药，卖1个多亿的销售收入，2000万的利润就上市了。如果你没有研发，你的组织体系不支持这一点，你再做一款产品你就销售不了。大部分药谁都能做，那为什么医生开处方时就开你们家药厂生产的？这些东西都表明了背后企业的竞争实力，是一体化来进行思考的。

我们还有一个风格：不追风口、不追热点。我们不追逐大众情人，大众情人很贵。我们只在自己能够理解的领域做投资。所以你没有看到基石资本投过什么大热项目，共享经济、百团大战（作者注：指包括美团等在内的各家团购公司曾经以价格补贴大战，来争夺市场份额）、区块链、P2P，我们都没有投过。

那你们的组织架构是如何搭建的？

在这个阶段，我们将投资团队从原来的地域划分改为行业划分，组建了六个行业小组，包括消费、传媒、医药、农业产业化、新材料、节能环保领域，改变了原有的扫街式走访、挖掘企业的做法，改为先做行业调研，走访协会、龙头企业，参加展会，然后树观点、建人脉，最终挖掘出投资机会。而经过调研后，又相继撤销了农业、新材料、节能环保三个行业组。背后的原因是：农业企业容易存在财务造假，新材料则是专业知识无法有效积累，而环保行业与政府资源及地方债联系太紧密，投资人难以把控其中的风险。最终，基石形成了消费（生活得更有品质）、文娱（生活得更快乐）、医疗健康（生活得更健康）、科技（生活得更便利、更智能）四大行业小组。

介绍一下你们的投后服务都有什么特色。

我们给企业提供投后的增值服务有很多，比如管理咨询服务。管理咨询服务有时候是我们建议企业请的，有时候是我们帮助企业采购的，如果我们认为被投企业需要这些东西的话。我们在第二阶段投的企业，大部分都接受了华夏基石管理咨询的服务。这家公司跟我们基石资本很有渊源，就是起草《华为基本法》的“人大华为六君子”创办的，叫华夏基石管理咨询集团。我们之间没有股权关系，但互相是朋友。

再比如投资银行服务，我们基石整个团队过去就是从投资银行出来的，有些企业，例如山河智能，在退出几年后，我们仍然在为他们提供收购尽调方面的服务。

基于以行业为导向的投资逻辑，我们也有意识向产业链龙头资源的组织者进发。比如2013年，珠峰基石准备投资贵州拜特，但尽调发现其由于历史原因无法独立IPO，因此，珠峰基石联合康恩贝，通过参与后者定向增发实现对贵州拜特的并购。最终，贵州拜特实现资产证券化，珠峰基石参与投资，康恩贝则收购了优质资产，三方实现共赢。这种交易撮合者、价值发现者的身份定位，受益于我们团队早年的投行经历，也是在不同经济周期中挖掘项目投资价值的体现。

第三阶段：重仓理念升级——控股式投资

第三阶段，也就是从2017年到现在，这一阶段你们投资的特色做法是？

第三阶段从投资来讲，开始有更大规模的投资了，出现大规模的控股性投资，例如组织了几十亿资金投资了全亿健康，大概收购了全国近2000家连锁药房。在此之前我们虽然也有控股性投资，例如鹰牌陶瓷、回天新材等，但不是我们的核心策略。现在的控股性投资更多是出于策略性的计划和安排。

同时我们可以看到，第三阶段有了更多产品，产品线更立体化了。过去我们还是典型的VC、PE公司。现在除了VC还有天使，在PE之后有并购，在并购之外有一级半市场、定向增发和上市公司的股权受让，再有纯二级市场的产品。但即使产品链条拉长，我们的投资方法依然是坚持重仓投的策略。

我们有的天使项目已经投到了3500万元，投资部分主要集中在科学研发的创业企业。这样的企业研发成本极高，估值起步都是上亿元。对于这样的企业，看好后就需要从天使阶段重仓。当然，我们天使也有500万的项目，但是它不是我们的主流风格。我们的主流风格是什么？看好这个企业下重仓。

我们在现阶段的投资风格除了天使投资、重仓投之外，还有两点较为突出：一是大规模并购，二是重仓硬科技。近些年我们投资迈瑞、商汤、柔宇都是重仓的。

投资风格背后的逻辑依然是：不应该均匀使用力量，而应该集中力量出击重点项目。

在创立基石资本之前，你曾经在深圳宝安集团和券商工作过，所以请介绍

一下自己与投资相关的学习、工作经历。

我在南京大学读研究生的时候开始接触管理学理论，那时候国内高校的管理学科缺乏体系化。大部分管理学教材，用的是美国哈罗德·孔茨的教材，认为所谓管理就是计划、组织、实施、控制这几个环节。后来我们开始接触到一些所谓的经典的欧美管理学家的观点，最核心的是两个人：一个是写《新教伦理与资本主义精神》的马克斯·韦伯，韦伯对组织学是有贡献的；还有一个是法国的管理学家亨利·法约尔。整个20世纪几乎所有重要的管理学家都集中在美国，比如斯隆、钱德勒、迈克尔·波特。但当时的中国人很少去认真推敲这些美国的管理学理论，更多是仍然停留在欧洲的韦伯和法约尔时代，以及一些更浅显的理论，例如明茨伯格的XY理论。

为什么？因为在90年代中国的企业家无比弱小，还用不上美国的大集团企业制的管理理念。管理学是门应用科学，你有需求才会激发对它的研究或者应用。

事情的转机发生在1995年，那时候，深圳的这些大企业都面临着类似的困境：无节制地扩张并发展多元化经营，缺乏清晰明确的战略定位。大家都在比各行各业如何抓住机会，如何更快赚钱。在宝安集团工作的我，请了中国人民大学六位老师给宝安集团做了一个咨询，包括彭剑锋、包政、黄卫伟、吴春波、杨杜和孙健敏——这六位教授就是后来写《华为基本法》的“华为六君子”。任正非也是在这个期间第一次接触到这几位老师，同时认识到华为需要系统梳理它的战略愿景和价值观体系以及它的组织体系，从而诞生了《华为基本法》，这是中国企业界第一次有这样清晰界定自己的愿景、战略和组织体系的行为。

插一句，你在宝安集团工作的时候，给宝安集团请来了“华为六君子”做咨询，然后“华为六君子”这朵花最后盛开在了华为？

可以这么讲。因为宝安集团是“华为六君子”所做的第一个正式的管理咨询项目，华为就是他们第二个项目。同时，这也是我个人的管理学积累和理念打通的重要时期：当时能够请来“华为六君子”，首先是基于我个人对于管理学的思考，但这个思考没有答案，于是我旁听了大量“华为六君子”为华为设计的管理学课程，也观摩了IBM为华为进行的组织和研发系统的咨询工作。

整个实践过程结合“华为六君子”推荐我阅读的德鲁克的《管理：使命、责任、实践》，打通了我纠结良久的管理学思维，开始真正理解企业是什么、管理是什么。

其实德鲁克这本书全是大白话，没什么图表也没有太多数据，全套三本加起来不超过800页。与读者娓娓道来，跟你谈企业是什么、组织是什么、管理是什么。

德鲁克认为他最重要的贡献是发现了管理。德鲁克相信企业的利润并不是目标，只是一个结果。作为组织，企业必须妥善处理好客户、员工、股东三者之间的关系，必须处理好产业链上下游的关系。

你个人的管理学理念厘清之后，对基石资本带来了什么影响？

用在今天，就是我们基石资本的一个重要价值观：百年企业秘而不宣的一个秘密——它不是基于一个产品成为生产者，它是基于一个产业链成为组织者。

这句话可能要读几遍才能明白：企业并不是一个孤立的产品的生产者；要想把问题处理好，企业必须是一个产业链上的组织者。妥善处理各方面的关系，是一个长期的行为，需要跟大家交换资源或者进行博弈，而不是一锤子买卖。如果把你定义成你就是一个产品生产者，哪个产品赚钱你就干什么，而不是系统研究自己的布局、定位和组织资源，那这个企业就是有限的，这样的企业家就仅仅是一个机会主义者。所以，德鲁克讲利润不是企业的目标，它仅仅是一个结果。

所有的组织，无论是医院、交响乐团，还是企业，都需要通过有效地组织来达成它的目标和效益。为了进行有效的管理，就需要目标管理。关于目标管理的问题，德鲁克在1954年出版的《管理的实践》中进行了解决：组织必须有自己清晰的目标，然后围绕它进行组织实施、考核和反馈，否则很多组织就变成了多目标、无目标和漫无目的。

这么说来，华为今天的成功，也与通过“华为六君子”受到德鲁克的思想的影响不无关系。

《华为基本法》就有着浓厚的德鲁克的影子，在第一条就建立了华为的目标、愿景与核心价值观，第二条则是强调员工是企业最大的财富和可持续发展的动力，这就是德鲁克的风格，让企业明确任务、使命和目标。

德鲁克讲：任何一个有前途的组织它必须统一于道义，而不是金钱，因为金钱使你短视，使你过于追逐热点。用我今天的话讲，任何一个有前途的组织都需要有战略定力，才能通过长期矢志不渝的努力建立起它的行业优势。你需要有战略定力，而不是什么热就干什么。

华为就是阐述这个观点的最佳案例。华为坚守主业表现在什么方面？表现在对于自己定位的清晰和明确。过热的互联网、共享经济、区块链，它都不会干。所有布局完全基于它的主业，包括我们讲的云计算、大数据、人工智能，华为对它们的定义很清晰：所有这些热点应该首先被用来解决华为的问题。如果它不能解决华为服务于全球100多个国家、几十亿人口中的研发、技术升级、客户服务、设备升级的响应问题，它都是没有意义的。就是你不能做跟华为主业不相关的东西，所有不相关的研究都是没有用的。

这种定义清晰看起来貌似容易，实际上里面蕴含着一个清晰的思维和定力，大多数人都没有做到。

你看中国无数的通信设备运营商和制药企业就明白了。其中95%的企业，或者99%的企业不做研发，而是在整个中国经济高速发展的福利上随处捞鱼。那么大部分企业死在过多的机会上面，过多的机会分散了它的精力。这就是德鲁克所说的：我们要把有限的金钱资源和时间资源集中在我们行业最重要的目标上面，而不是分散使用。

德鲁克的理论体系对于90年代的我来说，就像黑暗中的光明，让我彻底明白了观察企业的根本角度，打通了我对于管理学多年的纠结思考，让我豁然开朗。

从管理学的思维视角来评估企业

你的管理学框架比较完整地建立起来之后，给你日常的投资工作带来了什么影响？请举个例子。

我对企业完整的认知观的建立，要感谢“华为六君子”以及在早期遇到的一批优秀的企业家，比如山东六和、山河智能的创始人。他们从理论和实践全方位帮助我实现了过去对于管理学学习、认知和思考的梳理，建立了我自己的“企业观”。一旦完成这种认识，看企业的眼光就不一样了，就不是就财务报表看财务报表，就产品论产品，而是用管理学的思维和视野来整体看待。所以，我们基石对企业的理解，并不是像今天很多人做投资时讲的主要是理解企业的产品和财务。比这更重要的是：要从企业家精神和组织体系两个维度去理解企业。没有企业家精神持续牵引，企业成功不了；没有建立良好的组织体系，企业做不大。

以山东六和为例。这是一家饲料企业，2003年我们刚接触的时候，其他人觉得这个行业毛利率低，行业周期波动也大，缺少技术门槛，投资价值不高。但我们不这样认为。

我们从管理学的思维视角，整体来看这家企业，会发现这么四点：第一，在2003年的时候它就已经开始建立起服务营销理念。那时人们对服务营销的理解远没有今天深刻，怎么理解它的服务营销理念呢？创办山东六和的三位大学老师发现养殖户对于如何进行科学养殖感到非常困扰，于是招募他们的学生做销售人员，帮助和指导养殖户科学养殖。从一开始的选种、育苗，到不同的阶段吃什么不同的饲料，如何使用兽药，如何进行现场的清洁管理和繁育管理，全方位进行指导管理。第二，它围绕养殖户建立了一套服务体系。为了使成本得到控制，能够响应客户需求，它几乎在山东每个县都建立了饲料厂，使它的运输半径变得更小，更能响应客户的需求。同时它觉得养殖户太难了，只要有钱赚，就对它的饲料降价，这是它的主观愿望。客观上就导致它越来越便宜，就把其他的竞争对手赶出去了。而且它付出了高额的成本去给养殖户做长期的免费培训，有一种为这个行业的发展贡献自身力量的抱负。第三，它建立了一套围绕养殖户的产业链。这个产业链包括什么？如果你买我的饲料，或者说需要资金建鸡舍和猪舍，那么你找银行贷款是贷不到的，我可以给你提供担保，结果它在山东做了将近30家担保公司，为养殖户提供担保。同时还建了食品加工厂，你养好的鸡、养好的猪可以卖给我，我加工成食品我来卖。这才是围绕着一个产业链的服务。第四，它妥善处理了企业内部的组织关系。它在2000年初，只有2000多万利润的时候，优秀的片区经理年薪已经可以达到100万。团队大部分骨干都持有股权，说明它是一个共同创业的群体，它妥善解决了员工激励问题。

也就是说，第一步，六和解决了客户问题，第二步解决了员工问题，更重要的是它是一个有理想、有抱负的企业。那个年代，全世界几乎所有在管理学领域有建树的华人教授都到这个公司来讲过课，它出钱让所有的中层以上干部读完了EMBA或MBA。在那个年代，中国的大企业，像华为、万科这样的企业都不曾出现过这种情况。这种有远见的企业特别能引起我的兴趣，对这样的企业家我也是看高一眼。

在我们投资的那一年，六和的销售额才14亿，大概8年后被换股到新希望（000876）的时候，已经是600亿的销售额。我们当初的6700万元原始投资，退出金额超过20亿元，回报约30倍。

华为也好，山东六和也好，伟大的企业家最重要的就是理解企业是为了什么。利润不是你企业的目标，利润仅仅是个结果。任何一个有前途的企业必须要有它的使命。正是因为它的使命和抱负，向很多员工揭示了它现在存在的意义，否则六和就是一个天天卖饲料的企业，有多大的意义呢？

为何做了基石资本？为何投身股权投资行业？

我进入这个行业是偶然的。人之常情，开玩笑地说就是都希望做的工作能够“人傻钱多”。证券公司当时基本满足这样的条件，所在行业比较容易理解，给的薪水也比较高。

其实证券投资行业还是容易理解的。在任何一个行业你要花1万小时成为行家，大概要用5年的时间。你的职业生涯以7个5年来算，从理论上来讲你可以理解7个专业。当然，你的时间是投入在专业工作学习，还是吃喝玩乐上，最后的效果肯定不同。我认为凡事最重要的是用心。

从这个角度来讲，你最初的本科教育背景其实没有那么重要。用任正非的话讲，他是学建筑的，因为无知进入通信这个领域。人生的道理就是这样，像任正非这样的人，哪怕他去做房地产，他肯定也是全国最大的。

我进入投资行业主要是行业因素，2000年有一波“创业板即将推出”的期待，有了这个期待就催生了一批券商做直投，我最初就是券商的直投部门，做投资银行，然后转向做投资。2002年的时候证监会开始对金融机构做投资持谨慎态度，不支持金融机构去搞实业，因此发文要求业务剥离，于是我就从券商直投分离出来了。后来我们就自己做了。

进入金融行业、进入证券公司，是我最初的个人选择，但是进入股权投资行业，确实是经过一番摸索的：做投资银行的时候我已经看到了重要的机会：如果承销的是一个优秀的企业，应该分享它的成长性，而不是就收那点投行佣金。如果这是一个有成长性的企业，我跟着你服务几年，为什么我不投你的企业，而是等你最后上市了之后收1.5%的承销费用？我赚你最后公司升值的差价，既分享到了你的成长性，还有市盈率差价，就是上市和不上市的市盈率差价。这是我看好并进入股权投资行业的最初动力。

虽然你现在常年在一线看项目、跑客户，但从你身上还是让人感受到一个勤于思考的学者气息。

我在年轻的时候遇到了“华为六君子”，学习到了德鲁克，见证了华为的成长管理。在各种命运契机的作用下，有思考的能力，有实践的机会，是非常幸运的事情。

其实今天大家看到基石的文化特点非常鲜明。我们是一个典型的学习型组织。例如，我们经常搞大讲堂，国内一些有名的经济学家、历史学家，甚至哲学家，无论是西方哲学还是东方哲学，都到我们公司讲过课。给员工讲，给客户讲，通过荐书等多种形式向客户展示我们的价值观。

关于人生使命，我知道你工作很拼，你为什么一直这么勤奋，而且拼到目前都比较成功，你人生的原动力在哪儿？

关于人生原动力的思考，可能余英时的观点和我比较相近："从历史角度观察，我对于中国前途既不悲观，也不乐观，而是冷眼旁观，看中国究竟要走向何处去"，因为"我们负有更大的使命"。

德鲁克说："在一个由多元的组织所构成的社会中，使我们的各种组织机构负责任地、独立自治地、高绩效地运作，是自由和尊严的唯一保障。有绩效的、负责任的管理就是对抗和替代极权专制的唯一选择。"这句话在德鲁克的纪念馆前面，这句话代表了我们做企业的意义。

我们作为一个微不足道的企业，最终会被时代洪流裹挟着走，你的沉和浮、升和落都是这样。在一个时代背景下你不能完全自主，但是你个体的努力究竟有什么意义呢？德鲁克的想法就是我的回答。

如果你退休了，你会做什么？

我最后的职业就是做天使投资。因为天使投资本质上是一种公益。在美国出现一种公益叫新公益。新公益是指什么？它用商业化、可持续的道路、有效率的运营，把它的公益范围做大，而不是简单地撒银子。传统公益基本上是无偿捐赠，新公益是从传统的"授人以鱼"到"授人以渔"，不再限定为非营利，而是通过营利的方式去做。

你必须用商业化的眼光来做，才能把这个公益品牌做大，因为你不希望你自己有限的资金投完就没有了，而是它一旦做成一个可持续的事情，你可以利用更多的资金帮助更多的人实现他的想法。

这件事我们已经在做了，因为它根植于我们过去的经验和能力。所以，我们希望以后人生的第二程把天使投资做成一个有规模、成体系的事业，而不是凭着个人的心血来潮，东一榔头、西一棒子地偶尔做一次，是变成一个事业，也就是说它必须有组织、有体系、有目标、有愿景。

公益事业也需要商业化的专业人才，你才能把它做起来，而不是大家都来做志愿者和打义工，这样你并不能凝聚人才。公益也需要有效率的组织方式。有效率的组织方式就包括了有目标、有效率、雇用专业人才，给他们市场上相当的激励机制这些多重因素。

后记

对于基石资本的创始人张维，冰哥可谓神交已久，直接原因是：冰哥的大学同班同学张信东90年代早期和张维在深圳的宝安集团共事，后来张信东创办《新财富》杂志，张维也鼎力相助，所以肖冰时不时会听张信东说起张维。

等到冰哥和张维打照面，是二十多年之后的事情了：2017年1月22日“吉大通信”（300597）在深交所上市前的酒会上，因为“吉大通信”是冰哥母校的上市公司，所以前去捧场；张维出席酒会，是因为他们公司管理的“芜湖领先基石”基金，是唯一的一家在上市前入股“吉大通信”的基金。冰哥当时半开玩笑地说：我们吉大做投资的，都没投到母校的上市公司，要向你们基石学习呀！这次做访谈，得知张维研究生毕业于南京大学，而南大和吉大，都是在各自校史的发展上，把匡亚明校长放到了无比重要的位置，所以肖冰心里又得以释怀了一下下。

此次访谈之前，张维已经持续发表了一系列文章，引发各方热议，比如：《为什么没有任何一家造车新势力值得投资——2019年将是造车新势力的倒闭年》《深圳的成功在于官不欺民，民不媚官》《华为的成功比阿里、腾讯更有意义》《2019年或是资本市场的“洗澡年”》等。由此看出他是个勤于思考，也愿意分享的人。

访谈的过程中，冰哥切身体会到张维的理论素养：无论对德鲁克著作中的原话，还是对《华为基本法》的条款内容，他都是朗朗上口、信手拈来。除了对管理学理论的潜心积累，更让肖冰钦佩的是他在投资中的长期践行，可谓“知行合一”。苏格拉底的那句“没经过思考的生活是不值得过的”，在张维的身上，得到了很好的体现。

第4章

深创投李守宇：

如何成为赚钱的投资经理

访谈时间：2019年7月6日

访谈地点：前海宜涛资产管理公司

2019年8月，是深创投成立20年。他既是深创投的筹备组成员之一，也是深创投创始员工，他一步一个脚印，先从募资做起，再做投资经理，到投资部门负责人，到深创投河南区域负责人，再到公司整体的风控管理负责人，到深创投集团副总。

2007年5月，他受命组建了深创投的河南区域公司。在经济总量并不靠前的河南省，4年期间他投资的企业最后有5家A股上市。当时河南上市的公司差不多三分之一让他投了，成为深创投的明星投资区域，他是怎么做到的？

回到深圳总部后，他又推动深创投控股了中新赛克，并成功运作在中小板上市，创造了国内创投机构首个控股子公司在深交所中小板独立IPO的案例，这背后又有什么样的故事和考虑？

除了他到深创投前在高新投做的项目大族激光后来成功上市之外，这20年他在深创投担任投资经理总共投过23个项目，其中多氟多、郑煤机、好想你、明泰铝业、光力科技、五洲新春、特尔佳、中新赛克8家已经A股上市，1家已经申报创业板正在排队，2家已经转让退出，他也是为深创投赚取投资收益最多的投资经理之一。曾荣获清科评选的“2016年中国创业投资人10强”等奖项。他的投资心法是什么？

对于想进入这个行业的年轻人，他又有什么建议？

他，就是现任深圳市创新投资集团有限公司副总裁、兼任深圳市中新赛克科技股份有限公司董事长李守宇，同事朋友一般都称呼他为“守总”。

守总，作为国内创投界资深人士，你是1999年初参与筹办深创投，然后在深创投一干就是20年，请先介绍一下你来深创投之前的经历。

深创投是“深圳市创新投资集团有限公司”的简称，它在深圳被叫作“创新投”，在全国又被叫作“深创投”。

我本科是理工男，山东大学81级光学系激光专业，1985年毕业之后到河南大学物理系当了教师，当时本科毕业是可以到大学当老师的；1989年就转型考了南开大学管理系的研究生，主要研究方向是市场学。现在看来，我的本科理工底子和经济管理研究生知识结构，是非常适合做创投的。

从工作经历来讲，1992年研究生毕业后，我当时是很想来深圳闯一下的，但因为家庭原因就回河南了。在郑州市外经贸委的外商投资服务中心干了两年后，外商投资服务中心被合并到了郑州市外资办，任职升职论资排辈，待遇和我去南方的同学差了很多。我老家在开封，在郑州靠租房，单位的分房又遥遥无期，所以我又动了到深圳找工作的念头。这时候遇到了我一个很好的朋友，原来河南大学的同事，他从海南回来，说海南是中国面积最大的经济特区，你去深圳有点晚了，新的地方会更有前途，结果我就停薪留职去海南了。到海南先去了一家房地产公司待了一年多，后面去了海南赛格国际信托有限公司，在赛格信托的投资银行总部。除了做信托投资之外，还有证券方面的一些业务，包括投资银行业务。

在外商投资服务中心、信托投资及投资银行的工作经历，也为我以后从事创业投资工作打下了比较好的基础，特别是对投资机会和风险的判断有深刻的体会。海南经济不断下行，感觉在那待下去没什么意思了，我又想起了当时经济生机勃勃的深圳。

在深圳高新投开始了我的投资生涯

你那个时候到深圳好找工作吗?

1998年我从赛格信托辞职来到深圳，当时属于裸辞，因为在深圳的工作也没有提前找好。深圳有深交所，证券公司比较多，有很多朋友同学从事这个行业，所以主要向证券公司投行部投了简历。那两年证券市场也在调整，证券公司投行部招聘新人不多，应聘都在等消息的状态。这时我听说深圳高新投（即“深圳市高新投集团有限公司”，以下简称“高新投”）在招人，高新投是深圳市政府于1995年在深圳市投资管理公司下面成立的一家做贷款担保的平台公司，为中小企业增信、解决融资难问题。我对照了招聘条件后赶紧投了简历，参加了笔试，成绩还不错，但最后到面试环节出了问题，高新投作为贷款担保机构公司，有一定金融功能，要求员工一定是深圳户口。

那时候你的户口还在内地吧，那最后是怎么解决的?

是在内地。而当时要把户口从内地调进深圳，首先要有户口指标，同时还要交两万元的城市基础设施增容费。高新投那时的员工都是有深圳户口的，公司招收新员工就没有增容费这个额外的费用支出的。后来怎么解决的呢？当时高新投的总经理李百泉，他是从先科调来的，招聘时候非常欣赏我，就征求我的意见：如果用高新投的户口指标把我调到深圳，增容费由我自己交的话，高新投就可以录用我。我想了下就欣然同意了，不就是几个月的工资嘛，来了就是深圳人！那是高新投第三批招收员工，招了我们六个人，两个进了高新投的主业部门担保部，两个去了管理部，我和另外一个就到了投资部，投资部也是才成立不久，一个部门经理，一个文员，加上我们两个投资经理。1998年5月我荣幸地成为深圳人，也正式开始了我的投资生涯。

你在高新投干了多久?

实质上算待了两个年头，1998年、1999年，其间做了两个项目，一个是大族激光，另一个是汽车电子项目，后来被航盛电子并购了。

下面就讲讲你在高新投做投资的故事。

高新投当时主要是给深圳的高新技术企业做贷款担保的，但公司也有一些资金的沉淀，当时刚刚听说国外尤其美国有创业投资这个概念，公司就琢磨是不是也可以开拓一下股权投资业务，也可以对高新技术企业进行支持。我们投资部就是利用公司的担保资源，利用公司闲余的资金进行投资。在进一步支持企业的同时，开辟担保之外的新盈利模式。

在高新投经过几个月的工作摸索后，第一个真正走进我视野的项目就是大族激光，在1998年下半年，当时大族激光的前身——大族实业的董事长高云峰想到银行贷款，然后寻求高新投贷款担保，但是他当年创业并没有太多的资产，公司规模也小，最后不符合高新投担保的条件。当时我们担保部的同事可能也是安慰他，就推荐他到我们投资部，看看我们能不能给他做点股权投资。我们投资部经理让我跟他聊聊，这个事就比较巧了，为什么巧了，因为我本科学激光的，也有当教师的工作经历，我对这个项目就非常感兴趣。高云峰，1967年生，北京航空航天大学飞行器设计专业毕业，曾在南京航空航天大学任教，1995年被借调到香港，其间帮朋友维修激光打标机，当时也叫激光雕刻机。当时有客户想要激光打标机，但机器基本都是外国制造的，订货时间长，价格也贵。高云峰来到深圳华强北租了个公寓，几个月的摸索，自己造出来了，1996年在深圳注册了大族激光的前身大族实业。1998年高云峰来找高新投时已经卖出了几十台，累计不到1000万的销售收入，产品主要应用于在电子元器件如电阻、电容、IC上面打编码，给纽扣、皮革、玩具、礼品等打标识。早些年激光主要是研究的多，实质上应用少，民用少。我经过尽调，认为激光打标机与深圳电子产业的契合度非常高，我们部门经理带我汇报给总经理李百泉，他也非常支持，因为他在先科激光干过，懂专业懂企业，认为是一个比较有前途的产品，就鼓励我设计投资方案。因为高新投国有企业的性质，就想让这笔投资做得更保险一点，要对企业能够控制，最后谈的方案就是以大族实业的净资产为基础估值，大族实业的净资产也就不到300万，加上技术估了100来万，但是高云峰也想多融点钱，把自己一个小房子也作价几十万算进去了。最后新成立的大族激光注册资本860万元，高新投出资438.6万元现金，占股51%，高云峰及大族实业占股49%，也就是说高云峰把全部身家都押上去了。同时，高云峰也不想放弃控股权，我们也创新性地设置了一个回购条款：如果高云峰能把公司净资产做到2000万元，他可以从高新投买回2%的股份，拿回控股权，也就是这个条款把高云峰给救了，在后来拿回了公司的控制权。

这是不是高新投第一笔股权投资呢？我看报道，高云峰说高新投在大族激光上的投资回报超过62倍。

这应该是高新投实质上的第一笔股权投资，1999年3月完成的出资和工商变更。后来，我被高新投派去支援筹备深创投了。高新投这笔资金为大族激光注入了活力，大族激光经过两年的快速增长，2000年收入超过5000万元，净资产也达到了3000多万元。高云峰2001年启动了回购条款，高新投经过考虑决定出让46%的股权。当时46%的净资产评估价1350万元，但大族激光当时是高新投控股，作为国企股权转让按规定必须招拍挂，挂牌价1765万元，最后杀出几个搅局的参与竞标，高云峰最后以2500万的高价从高新投手里买回46%的股权，但高出挂牌价这么多受让，一直让高云峰耿耿于怀。高云峰与高新投的合作对大族激光的发展具有重要的作用，但国有体制对民营企业这个基因也是很难管的。大族激光持续发展，在2004年成为中小板最早八家上市公司之一。高新投剩余5%的股权，据说最后上市退出了2个多亿。今年5月份，是中小板开板15周年，高云峰作为大族激光董事长到深交所分享，我作为当年的投资经理，同时也是中小板上市公司中新赛克董事长，被邀请去做点评嘉宾。回想当年投资情形，真是感慨良多。

这个项目非常成功，现在来看，当时是哪里做对了？

我最大的一个体会是：我们做投资还是要做价值投资，项目公司的产品必须切合市场需求，有广大的市场前途。大族激光的打标机当时国内很少人做，产品有先发优势，因为我学过激光，我很清楚这些应用是有市场的。大族激光通过做打标机，最后发展成为产业集团，沿产品链扩大到激光切割、数控机床，还有机器人、电池设备，成为激光产业集团。再一个就是高云峰这个人，他当时也是北航的高材生，在南航做过老师，聪明，对市场很敏感，自己捣鼓捣鼓几个月就把机器造出来了。另外，当时我看中他这个人有那种执着和创业家的气质，敢把身家押上去创业。

接下来说说你在深创投的故事，今年8月正好是深创投成立20周年。

成思危在1998年全国政协会上提出关于推动我国风险投资事业的一号提案，深交所也准备适时推出创业板。1999年的时候，深圳市政府要推进两件事，一是要举办高交会，另一件事是准备成立一只风险投资基金。在深圳市领导的指示下，市科技局和计划局联合牵头成立了一个基金工作筹备小组，初期有五六个人，我从高新投借调过去。两边都要上班。当时深圳市市长李子彬非常重视成立风险投资基金的事，让分管金融的副市长庄心一亲自抓，庄心一做过深交所总经理，就在老深交所的办公地址——上步工业区203栋给我们借了一间办公室，作为筹备组平时开会用。1999年4、5月份我们形成研究报告，建议成立公司制的投资公司来做风险投资基金，然后市政府决定拿出5个亿资金来启动。这就涉及一个公司选帅的问题，当时市里很多副局级领导都想来做总经理，市领导经过慎重考虑最后选择了具有市场化经验的阚治东。李子彬市长希望这个公司规模更大一点，最好能到10个亿，更市场化一点，要有其他经济主体成分参与进来。在庄心一副市长的指导下，阚总带着我在全市的上市公司和国企到处募资，最后募到了2个亿，可见从一开始，募资都是比较难的事情，深创投成立的时候是7亿元整注册资本金。1999年8月26日，深创投正式成立，第一任董事长由当时的深圳市投资管理公司总裁王穗明兼任，她后来曾任深圳市副市长，阚治东是第一任总经理。当时李子彬市长代表市领导给我们公司四句话："政府引导，市场化运作，按经济规律办事，向国际管理靠拢。"

你也就从借调，到成为深创投的创始员工。

深创投和高新投都属于深圳市投资管理公司管理的企业，王穗明董事长给高新投打个招呼，高新投就把我放过来了。感谢高新投把我调入深圳给我机会，感谢深创投让我成为创始员工！

在深创投的20年

接下来就讲一讲在深创投这20年间你从事投资工作的故事。

深创投1999年成立后，到2002年这三年，我没从事投资这方面的工作。因为公司成立的时候两个亿的对外募资，就是我和阚总一块募过来的。然后从1999年到2001年，阚总让我继续负责公司股权管理和增资扩股工作，相当于募资这块。到2002年的时候我们股本从7个亿扩大到16个亿，又引进了一些新的股东，包括新增了深圳市的一些股东，还有上海的大众公用、粤电力、重庆隆鑫集团等深圳市以外的股东，也就是在深圳市以外扩大了我们的影响。

那你在深创投是哪年开始做投资的？

到2002年公司增资扩股完成之后，阚总才开始让我做投资。当时公司除了原来的投资部之外，又新成立了基金管理部，还有国际部，一共三个投资部门，我负责基金管理部，开始带着团队做投资。当时是投资经理负责制，部门负责人不直接参与项目，包括后来成为深创投经典案例的潍柴动力（000338），就是我部门同事投的，还有做射频的公司远望谷（002161）等几家上市公司。到2004年我们基金管理部跟投资部合并了，我先后担任投资部的副总和总经理，这期间我主导投资了特尔佳（002213）（现更名为大为股份），这是我在深创投主导投资的项目中第一家上市公司。

2007年深创投就开始在全国范围进行区域发展，在全国各地设政府引导基金，这是深创投第一任专职董事长靳海涛最早提出的，当时首先在苏州设了苏州基金。然后就动员我们深创投的投资经理或者是部门老总，到自己熟悉的区域创业，这期间我也是在集团的动员下，在靳海涛董事长的鼓励下，回到我的家乡河南创业，开疆拓土去了。2007年5月份到河南建立了我们深创投的河南区域公司。第一个动作，就是我们深创投和郑州市政府、百瑞信托成立了百瑞创新投资公司。由郑州市政府和百瑞信托出资，我们来管理。我到河南待了四年，到2011年回来，这四年我们在河南投的项目中，后来有五家上市，包括2010年多氟多（002407）、郑煤机（601717）两家上市，然后2011年明泰铝业（601677）、好想你（002582）两家上市，到后来2015年7月光力科技（300480）上市，我在郑州待了四年，在河南培育了五家企业上市，约占当时河南公司上市IPO差不多三分之一吧，在河南取得了比较好的成绩，当时在深创投各区域中算是明星区域吧。在经济总量并不靠前的河南区域，我们深创投成绩是非常显著的。

讲一讲你这些成功案例。在投资这些项目过程中，哪些情节你感受比较深？

印象比较深的就是多氟多。我到河南之后，多氟多是刚刚上市申请被否，企业团队非常郁闷，也非常迷茫。当时我通过我们另外一个投资经理联系去了多氟多，经过调研发现多氟多的产品非常优秀，这家企业是做冰晶石氟化铝的，作为电解铝的添加剂，可以降低电解铝的熔点，熔点降低了，电解铝就容易熔化，属于节能环保产业。企业在上发审会的时候没有把公司的产品优势展现出来，加上这个产业相对来说稍微传统一点，所以第一次上市申请没有成功。我们投资进去之后，给多氟多在产品的梳理、公司的治理规范、公司管理团队重拾信心等方面，做了很多工作。比如和多氟多的团队分析产品结构，又鼓励他们开发新产品，就是六氟磷酸锂。六氟磷酸锂是锂离子电池电解液主要物质，这个当时在中国没有，日本、德国还有一些国家有。

再比如，我们和证券公司、会计师事务所一起对公司上市不成功的原因进行会诊，按照上市公司的规范要求，围绕企业的管理制度、“三会”的决策、公司财务的规范，对公司的成长性、规范经营提出了很多建议。

这样，公司原来的产品经过降低成本，提高质量，达到了一个比较好的经济效益，同时六氟磷酸锂这种新产品的推出，为企业的后续发展奠定了基础。

到了2010年，多氟多再次申请上市并成功登陆资本市场。2007年我们在多氟多投了5000多万，最后退出为本金的6倍多。

多氟多的这个新产品六氟磷酸锂，和老产品冰晶石氟化铝有没有什么关联？

都是氟产业链上的，只不过应用领域不一样而已，一个应用于电解铝，一个应用于新能源电池。企业的老产品现在由于铝工业下滑而有所萎缩，但新能源的业务增加了，多氟多的六氟磷酸锂现在是全国老大。

投好想你有什么故事？

好想你是河南一个做红枣的企业，最早的发家在新郑有一些枣树，开一些连锁店、直营店，做红枣的粗加工和连锁服务。我们是在企业的成长阶段进去的，当时好想你只有1000多万的利润，网点的销售规模也就是一两个亿吧，也就几百个网点。当时我们总共投进去了4000万左右，两个亿左右的估值，我还做过他们的副董事长。

当时为什么决定投这个企业？

当时我觉得这个企业在河南当地消费品市场还是有一定基础的。当时做红枣深加工、在全国连锁开店的企业不是很多，而且企业对红枣原来做的是粗加工，我们进去之后让它不断提高工艺，做了一些红枣的深加工，把枣做成枣片这些东西，在全国扩大开店，提高整体的规模和效益。我们是2008年进去的，2011年上市，在这个项目上的退出为本金的5倍多。

这两个企业投资成功的经验是什么呢？

成功的经验就是：一有适合市场的产品，二是团队优秀。

团队优秀你会用什么指标来衡量，还是感性地把握？

首先就是团队的带头人，有干事业这种激情和冲劲，另外就是做大做强的精神、对产品研发执着的精神。

另外，企业是不是有着持续经营能力，产品将来在市场上能不能不断地得到用户认可。所以，投资一个企业，它的持续经营能力是非常重要的。

这个怎么来判断?

比如好想你这个大枣，中国的大枣是很优秀的品种，是中国人很喜欢的传统食品，枣的深加工还是有前途的，它要把这个优秀的品种经过深加工之后，利用连锁经营这个模式推广到市场上去，所以在当时那个阶段这个模式相对来说还是比较有竞争力的。

首创国内创投机构控股子公司IPO的案例

你是2011年调回了深圳，回到集团做管理的同时，还做过什么投资项目?

深创投集团规定：经过批准，做管理岗位的同事每年可以参与两个投资项目。2012年初，一个合作伙伴给我推荐了五洲新春这个项目，想和我们一起联合投资。五洲新春是做高端轴承的，我看了资料后感到技术很有特色，就请我们浙江团队的投资经理参与项目一起尽调，2012年上半年完成了投资。五洲新春于2016年在上交所上市，股票代码603667。

中新赛克也是你们那年投资的吧?

是的，2012年我投资的另一个项目就是中新赛克，当时叫中兴特种。2012年中期我听说中兴通讯准备将一个做信息安全的控股子公司剥离转让，这引起了我的兴趣。当时我感觉这个企业从价值投资来说，它生产的是信息安全产品，信息安全包括通讯信息的安全、网络信息的安全等，而信息安全对国家和企业都特别重要。当时可能大家感觉还没那么重要，我们入股之后这几年，信息安全越来越重要了，而且提高到国家战略。这个企业的团队也非常优秀，总经理凌东胜从中兴通讯的基层做起，然后做到一个产品线的总经理，主动要求到这个子公司任总经理，2003年公司成立时注册资本100万元，当时中兴通讯仅投资了50多万元，到2011年，用了不到9年时间，公司销售收入就达到1.5亿多，净利润5000多万。

深创投集团用自有资金和管理的基金合计投资了4.54亿元，占股55%，另外一些投资人投资了10%，一起收购了这个公司65%的股份，其中深创投集团占股45%，成了这个公司的大股东。公司也更名为“中新赛克”，把“中兴特种”名字里面的“中”留下了，“新”就是深圳创新投的“新”，“赛克”就是希望公司越来越好，越走越远的意思。

中新赛克的管理团队没有变？

团队没有变，还是原来的团队，我们也没有派人到经营团队中。在董事会五席我们占了三席，最开始是靳海涛亲自担任中新赛克的董事长，我担任董事，兼任控股子公司南京中新赛克的董事长，我具体负责对中新赛克的日常管理。我们和管理团队约定，如果团队将来做得好了，净利润达到约定目标，可以让团队按净资产的价格再增资一部分股份，这对团队也是很大的激励。我们进去两年后，团队果然就完成了利润目标，我们履约让团队入股了一部分。为了公司持续发展，我们同意公司引进了战略投资人。经过管理团队和我们的持续努力，中新赛克在业内的影响力不断加强，收入和利润不断增长，在2017年11月，中新赛克成功登陆了中小板，股票代码002912。

创投公司控股上市公司，这种情况还是不多的。

是的，这是首个创投公司所控股的公司在中小板上市的案例。我们这个投资，还是践行的价值投资的理念，看好产品方向、管理团队和持续经营能力；同时我们通过投资成为大股东，锻炼了我们的并购能力和管理能力，也可以通过控股上市公司获得更多的社会资源。

除上面两个项目外，你回到集团后还投过什么项目？

2012年投过上述两个项目后，集团要求我集中精力搞好管理，就没有时间多做项目了。不过在2015年，我们集团一个投资经理接触到河南科隆新能源项目，我原来就和企业控制人非常熟，为了能争取到这个项目，在投资经理的一再要求下，经过集团领导批准，我参加了这个项目的投资经理团队。这个项目以后就再也没有做过投资经理直接参与项目了，特别是我2016年提拔为集团副总裁，公司也不允许高管直接担任投资经理。

价值投资=价值发现+价值提升

当时河南那四年上市的公司很多让你投了，你觉得这背后的原因是什么？如何成为赚钱的投资经理？我想这不光是运气好吧。

我一直说做投资，是一个技术活，这个技术包括：一是你对企业的经营指标要有综合判断，要建立模型，对产品、技术、市场、研发、财务、发展战略、上市的可行性等进行综合分析。你要会分析企业的技术水平如何，会分析企业的财务指标，你还要掌握法律知识，所以投资是一门技术。但同时，投资还包括你对团队的感觉，对企业发展的整体判断，对资本市场形势的理解，这些全部要靠个人去体会，靠长时间案例的积累，靠灵感，这又是一门艺术。

就像老艺术家、老工匠，靠长期积累，要有心灵的互动。

总结得太好了！投资的技术功底和艺术灵感很关键。这里我还要强调一下投资的理念：我主张对企业要坚持价值投资，价值投资是什么呢？我理解的价值投资，就是价值发现+价值提升。价值发现就是挖掘出这个企业，对这个企业进行价值分析，判断是否可以进行投资；然后在投资之后，就要坚持提升企业的价值，加强对企业持续的增值服务，包括对企业生产管理的提升，产品升级换代的支持，企业规范化运作的坚持，以及上市理念、资本运作理念的提升等等。这样下来，我们投资的成功概率就会大很多，投资经理不就赚钱了吗。

说到专业化投资，你擅长的专业是什么，你对什么行业比较感兴趣？

因为我本身是学激光专业的，所以我投资的项目领域当中高端装备制造多一些，我也是负责高端装备行业小组立项的高管。除大族激光外，盘点我这些年在深创投担任投资经理投过的项目总共有23个，其中高端装备行业项目占一半多，其中包括郑煤机、明泰铝业、光力科技、五洲新春、特尔佳等上市公司；其他就是与装备制造相近的新材料化工的多氟多、信息通讯的中新赛克，还有医疗器械的微点生物、新能源行业的科隆新能源等，好想你是一个例外，主要看到了它的产品与连锁价值。这些项目的技术我能看得懂，行业的发展也能找人问得到。有人说装备制造行业的项目技术比较简单，不需要特别深厚的知识，其实不然。这个行业需要非常丰富的专业知识和技术知识，需要很广泛的行业人脉资源，这个行业的项目比较适合在中国的A股市场上市。虽然上市的市盈率不算太高，但可能需要上市准备的年限短，投资的年化收益率还是比较高的。

你对互联网等其他行业怎么看？

我对互联网、生物医药、信息行业中的芯片技术还是非常感兴趣的，这些行业的项目虽然我没有花精力亲自去做，但评审这些行业的项目我还是比较在行的，很多成功的项目是我在投委会上坚决支持投资的，我跟投的项目收益都不错。

互联网项目有些人说没有机会了，我不这么认为。我认为互联网的应用空间还是有很多新的应用可以去挖掘的。互联网购物平台有阿里这个巨头了，还是跑出了拼多多；社交方面微信够强大了吧，还是冒出了抖音；百度很厉害了吧，还是出现了今日头条等竞争对手。在互联网领域，我们深创投也投资了腾讯音乐、斗鱼等项目。

当然，互联网产业的项目，相对来说外资创投还是更有优势的，因为它更适合境外资本市场上市规则，中国互联网公司境内上市的很少，深创投也是以人民币基金绝对为主的。现在，随着科创板的开通，生物医药企业在还没有盈利的情况下也可以上市，创业板也面临改革。随着资本市场的分层和完善，互联网企业在没有盈利的情况下在A股上市将来也是可能的，人民币基金投资互联网企业还会有新的机会。

你对项目投资的区域有什么选择，是不是经济发达区域的项目成功率就高点？

长三角、珠三角、北京周边等经济发达地区的项目数量多，项目质量相对也好，但投资机构也多，竞争也比较激烈，但项目整体的成功率还是高一些。我认为还是要特别关注自己所在的地区和基金所在区域的项目，这些地方的投资环境和企业你更熟悉一些。

我这些年投资的项目深圳4个、河南14个，其他区域的项目都请了深创投当地投资经理参加了项目团队。其实这几年我负责的投资区域，大部分集中在深圳、河南两个区域。对于离自己太远的地方，尽调和管理都很麻烦，成功率就会降低一些，也不容易做增值服务。深创投这些年在各地建了不少当地政府参与的政府引导子基金，在全国各地都分布有一些投资经理，做股权投资一定要对当地有所了解，如果只是匆匆忙忙飞过去把项目看完就走了，是容易尽调不清楚的，还有可能上当受骗。参考硅谷的很多创投，基本都是做自己周边一百公里之内的投资。

我的个人体会：投资一定要专业化，要投自己熟悉的区域、熟悉的行业。

你投的项目基本上是偏中后期多，好像没听你说投早期项目？

我上面介绍的都是在A股上市的比较有影响力的成功案例，好像大部分都是中后期的，但大族激光在我1999年投资时，应该是算早期项目吧。

我算算自己在深创投投了五个偏早期的项目，第一个是在集团投资发展部做的，是一个海外留学生回国创业、做银行支付安全中间件的项目，投了小几百万，企业早就破产停业了；第二个是在投资发展部时投的广州科密制动，是中国最早做卡车大巴ABS系统的，大股东以后变更为瑞立集团，我们的股份还在里面，目前年净利润达到1亿以上，但由于股权架构问题还没有上市；第三个是山东金泓高分子项目，已经转让退出了；第四个是郑州光力科技项目，在公司很早时我就关注过，并在2010年投资的，已经在2015年上市退出；第五个是2011年投资的微点生物项目，是利用微流控技术研发生产的体外快速诊断平台，该企业初创产品还没出来时我们进行了首轮投资，我们首轮投资本金现在已经退出，所留股份估值增长近10倍，企业最近年份已经有1亿收入，也正在进行上市准备工作。早期项目退出时间长，退出赚钱的项目少，所以我刚才讲的少，但早期项目一旦成功，赚取的投资收益倍数会高很多。

深创投的激励机制是项目赚到钱了、退出变现才算最后成功，项目仅仅估值增加还拿不到奖金，目前深创投已经出台了鼓励投资天使项目的政策，我还兼任天使投资基金的董事长。

我们深创投在企业的成长期投的项目比较多一些，因为我们资金规模还是比较大，如果大部分投资早期项目，投资资金也花不出去，人员和管理都顾不过来。我还是坚持要善于自己挖掘企业，而不是看那个企业别人投资了，想方设法去跟投，虽然这也是一个方法，但投得没有技术含量，投资价格也比较高。这些年我投资的这些企业大部分都是A轮、B轮，不管是企业发展早期阶段还是中后期阶段。

你作为投资经理有没有投得不成功的项目，你印象比较深刻的？

可以举一个例子，有一家做包装材料的企业，当时有大客户，而且都是一些比较好的客户，比如像伊利、蒙牛，当时看企业发展还是比较稳定的，对包装材料、新材料的研发也有一定的储备，公司很有希望将来上市。但是这个企业在发展过程中，没有充分考虑自己的资金能力，冒进上新的项目、新的设备，公司平时应收账款也比较大，赶上收缩银根，银行抽贷，导致资金链断裂，这个企业现在处于破产边缘，当时研发的新材料也没有成功。企业资金紧张时一开始还很傲气觉得没问题，也不愿意接受新的低价融资，出现严重信用危机时股东想救也不敢救了。

还有一个做猪肉加工的企业，当时我手下一个投资经理牵头投资的，我是投资团队成员，企业老板发生了一个个人私生活的黑天鹅事件，导致个人信用缺失，银行抽贷，加之企业应收账款比较大，企业最后支撑不住破产了。

另外，我们很早以前投的一个企业，就是刚才说的那个海外留学生回国创业项目，引进来一个服务于银行的信息安全的产品，做银行信息验证的，但是这个团队不接地气，引进来的这个产品，对中国的银行不是特别适用，团队也水土不服，也没有踏踏实实地做市场，研发跟市场对接不起来，这都是教训。

这几个不成功的项目，对你的投资有什么启示？

这几个项目都不是我比较了解的行业，产品竞争力不强，团队也不够优秀。前两个项目的应收账款都比较大，都是资金链上出了问题，遇到经济形势发生变化或紧急情况就出现风险，持续经营能力就受到影响。另一个项目对产品市场应用没把握好，团队不接地气，总之还是对人没有把握好。

总结你在深创投投过的项目企业，成功率怎样，失败率怎样？

我这些年在深创投担任投资经理总共投过的23个项目，其中8家已经上市，1家已经申报创业板正在排队，3家已经转让退出，3家已经停业破产，还有1家经营非常困难，另外5家企业微点生物、平原非标装备、涧光石化设备、科隆新能源、瑞立科密制动近两年还有上市或并购的机会。创业投资有成功也有失败，有一些企业比较快地冲击了上市，也有一些企业需要比较长时间运作，也有企业坚持不下去了。

总结几句话：价值投资是根本，持续经营很重要，增值服务比能力，企业上市有收获。

深创投集团提拔高管也是不容易的，谈谈你担任副总裁与担任投资经理的不同感受。

通过选拔，2016年我被聘任为深创投集团副总裁，非常感谢国资委、各个股东，特别是倪泽望董事长的信任。我分工负责公司董事会秘书处、投委会秘书处、项目管理总部及一些投资部门及区域的管理工作。

为了适应专业化、多元化、国际化发展战略，我带领投委会秘书处和董事会秘书处研究修改公司章程、投资决策管理办法、投资决策管理办法实施细则，不断优化投资决策流程，建立投委会分级决策机制，对华北总部、华东总部下放一定金额的决策权限，把投委会委员按专业分组参加决策，对不同类型的多元化项目制定不同的评审程序。深创投这些年管理的资金规模不断扩大，投资项目上数量越来越多，投委会评审任务特别大，每年要召开100多次投委会，每次投委会基本半天，我作为主管投资决策部门的公司副总裁，参加了大部分投委会，通过参加投委会评审项目，使我的专业能力有很大提升，对项目的认识和判断也达到了新的高度。今年把我分管的项目管理总部调整为投资发展研究中心，我们深创投研究中心现有40多个博士后，负责七大新兴行业的研究。和这些博士们在一起，在专业上也让我有很大提高，感觉自己年轻很多。

同时我还担任我主管业务部门所管理的管理公司和基金的董事长、执行董事、董事、执行事务合伙人，今年整理填表时一看，达到了60多个，包括上市公司中新赛克的董事长（公司上市前为靳海涛，上市后就换成了我），还有深创投并购基金的董事长、天使基金的董事长、军民融合基金的董事长等。作为副总裁承担的压力更大，需要视野更宽，执行能力更强。

你过去20多年的工作经历，不光取得了显著的业绩，更让我印象深刻的是你一直奋斗的正能量，请问支持你一路拼搏的动力是什么？在你看来，人生的价值是什么？

太过奖了。说起成功，我真的很羡慕那些作为上市公司实际控制人的老总们，他们付出的更多，我们创投行业比我做得好的人有很多。我们创投可以比喻为培养世界冠军的教练，不管他拿了金牌、银牌、铜牌，还是没有拿到奖牌，我们都付出了努力，一起和运动员经历成功和失败。教练要能发现好的运动员苗子，要有好的执教能力；而运动员要有天分，还要肯吃苦。

我认为成功有三个要素，一是能力，二是坚持，还有是运气。有能力不能坚持不行，有能力坚持了没有运气也不灵。天时、地利、人和，这是成功的基础。成功总是眷顾有准备的人，没有准备，机遇来了你也把握不住，这可能是支持我一直努力奋斗的能量吧。

还有一点，我觉得只要发挥自己能力了，努力了，坚持了，就是成功，就实现了自己的人生价值。机会和运气不是平均分配的，不可强求，健康、快乐最重要！

对于现在年轻人想进入股权投资行业你有什么样的建议，或者他们进入这个行业前学什么专业合适，是否像你一样要复合学历，理工科的背景加上财经的背景？

我觉得这只是一个方面，有很多现在做投资经理的是纯理工科的，也有纯经济的，学文科的也有，关键我觉得自己起码要懂一个专业。

首先你要善于学习，进入投资这个行当，不管是学什么专业的，投资尽调的方法理念，比如怎么进行投资尽调，包括财务知识、法务知识，通常的投资知识你是要明白的。

更重要的是你自己不要做“万金油”，要选择一个自己擅长及喜欢的行业，比如说你是学文科的，不太懂技术，你可能就要判断对哪些项目比较感兴趣，比如说互联网、大消费，可能不需要像投医药的项目对专业有那么高的要求，但是你要对这个行业的一些头部企业有哪些，情况怎样，这个行业的一些术语，一些业态，一些运作模式，做到心中有数，另外还要会在这个行业建立人脉圈子。

你觉得哪些行业你有兴趣，适合你，你就要以这个专业为主，但是你遇到了其他感觉很好的项目也可以顺便做，但是一定要有自己擅长的行业，做专业化的投资，起码要大部分投资你熟悉的行业。年轻人容易这山看着那山高，一定要坚守自己的投资理念。

对于现在从事创投行业的年轻投资经理，你有什么想说的?

作为一名年轻的投资经理，一上来就管这么多的钱，一开始就和企业老板打交道，起点是很高的，可能心情会有些紧张，但同时会有些骄傲，要不卑不亢，尽调时发挥自己的专业性，全面细致，谈条款时虚心应对，坚持原则。

首先，PE主要赚资本市场流动性溢价的钱，创投VC主要赚商业模式及持续经营能力的钱，天使主要赚认知能力及成长性的钱，所以，投资经理需要不断地学习知识、积累经验和锤炼能力，才能持续做出优秀的投资项目。其次，年轻投资经理容易急于求成，要知道，创投是一个长期投资，要沉下心来认真做，不要急于去跟风抢项目，要认真研究技术，投资有潜力的头部技术，要善于研究团队，追有能力、有活力、有潜力的团队。另外，投资经理要有狼性，发现好的有潜力的项目要能勇敢地扑上去；要有狼的耐力，持续地去追求，只要有一点希望就坚持下去；要有狼的团队作战能力，发挥团队成员不同优点。

希望有更多年轻投资经理成长起来，只要有科技创新，只要有资本市场，创业投资是不断有机会的。

20岁的深创投成功背后的原因是什么

深创投现在是全国创投业的一面旗帜，作为一家国有控股的创投企业，是非常少见的。在你看来，背后的原因是什么？

深创投作为国内创投业领头羊，到现在还能够做得比较成功，这和我们公司所处的天时、地利、人和以及良好的机制是分不开的。深创投成立的时候，虽然是政府出资，却没有按国有独资公司设计，而是吸收了一些上市公司成分，市政府也鼓励我们市场化运作。

当时是没有“有限合伙”这个概念的，市政府就给了我们一个机制，深创投利润的8%用于全体员工的浮动工资和业绩奖励，就像华为一样全体员工有股份分享公司利润，多劳多得。所以，我们的基本工资是一部分收入，与市场上比不算特别高，但因为有这个8%的利润分配机制，做得好了会远远大于基本工资，这个机制有效地激励了员工为公司的发展做好投资多赚利润，是一个非常好的激励约束机制。这是当年深创投第一任总经理阚治东，经过董事会同意建立了这个机制。

靳海涛董事长2004年过来上任以后，完善了投资经理业绩提成制度和投资经理跟投机制，鼓励投资经理团队把项目投成、投好，规定单个项目投资如果赚了钱，扣除资金成本和项目成本以上部分，按项目净收益的2%提成给投资经理团队，但项目失败了要按损失金额的1%扣减业绩提成，这个机制培育了深创投一大批优秀投资经理。但是近些年社会上成立了很多创投和PE机构，包括民营的、国有的、混合所有制的，以及外资机构人民币基金，对有经验的中层干部和投资经理吸引力很大，人员有些流失。

倪泽望董事长上任后，经过充分调研，与各类创投机构分析对比，向国资委汇报，召开股东会、董事会将公司净利润8%的全员业绩奖励提高到10%，将投资经理团队项目净收益的业绩提成提高到4%，投资损失扣减比例提高到2%，同时在下属基金管理公司中试行团队持股，此招很好留住了人才，也吸引了新人加盟，深创投的投资收益逐年上升。

深创投虽然不是有限合伙公司，但根据我们的机制，其实我们的管理层、我们的中层骨干、我们的投资经理、我们的全体员工，都是合伙人，都和公司的利润和项目投资收益挂钩。

深创投能这么多年在国内创投界领先，还跟深创投股权架构是分不开的。在深圳国资委领导下，深创投股权结构不断优化，现在是国有占49%，上市公司占20%多，民营企业占20%多，形成了国有主导，又有民企和上市公司这种混合性股权结构，形成了非常好的治理结构，深得各家股东的支持。我这几年一直兼任公司董事会秘书，是深有感触的。

你们的业绩奖励和业绩提成能拿到吗？

当然能啊，但我们规定一定要在项目退出收到现金后，经过算账才能拿到，但有些项目的退出时机不是投资经理能够说了算的，股票市场涨跌不断变化，减持新规又很严格，所以投资项目上市后，要过较长一段时间，投资经理才能拿到业绩奖励，但投资经理一旦离职，没变现的业绩提成就没有了，这也是一些业绩突出的投资经理即使被人挖墙脚也舍不得走的原因。

现在整个行业无论募资和投资都比较困难，深创投目前经营情况怎样，今后的发展战略是什么？

深创投目前管理基金规模约3500亿元，其中集团母公司自有资金近400亿元，私募股权投资基金近600亿元，管理各类母基金约1900亿元，管理其他各类专项基金和公募基金约600亿元。私募股权投资基金包括规模均在20亿元左右的人才基金、军民融合基金、生物医药大健康基金和互联网基金，还包括规模50亿元的并购基金、规模5亿元的天使基金、规模3亿美元的美元基金。

深创投累计投资项目达到1000多个，在全球资本市场上市150个（作者注：

截至目前，由于微芯生物2019年8月12日上市，达到151个），在2017年创造了在境内A股上市23家的新纪录。近两年权威机构对全国创投的排名中，深创投稳居内资创投第一，有时还在内外资创投的综合排名中名列第一。

深创投这个月成立20年了，你有什么想说的吗？

我们新总结的深创投的使命就是：发现并成就伟大企业！这是我20年创投生涯努力做的，也是我今后继续奋斗的目标。作为深创投20年的老员工，我非常自豪，感谢深创投集团给我提供的机遇。以前我换过四次工作，进入深创投以来就没有动过。创投是我一辈子的工作，如果将来老了退休了，我希望自己能去做天使投资，天天和创业者泡在一起，兴许还能抱个大金娃娃，就是抱不着，也是给社会做贡献了。

在美丽的深圳后海滨，深创投大厦正在建设，高55层，明年就可以盖好了，后年初就可以使用了，深创投员工终于可以有一个比较好的办公环境了，希望深创投越来越好，发现并成就更多伟大企业！

非常感谢你的分享，谢谢你接受我的访谈。

后记

这篇访谈的时间是2019年7月6日。2019年7月底，守总当年投资的大族激光，因为7月13日发布的2019年中期业绩预告净利润同比下降60%—65%，以及公司“欧洲研发运营中心”疑似酒店的争议，董事长高云峰在回应媒体问题过程中发表了不当言论，成为舆论的焦点。8月1日晚间，大族激光发布公告称，公司董事长近期在回应相关媒体过程中，因情绪激动发表了不当言论，公司及相关当事人对此深表歉意；未来，公司仍将专注于先进装备制造业务，以更优秀的业绩回馈投资者。肖冰问守总对大族激光怎么看，他表示，现在距他当年投资大族，时间已过去了二十年有余；投资一家公司之后，在你持有期间，关键还是要持续地进行跟踪，看公司产品到底怎么样，有没有市场，有多少销售收入，公司还有没有盈利前景。平实的语言背后，再一次凸显了他基于企业基本面投资的扎实投资风格。

访谈结束后，深创投在8月25日和26日分别举行了投资年会和20年司庆，提出“雄关漫道二十载，扬帆破浪再起航”。祝愿深创投在未来的日子里成长为全球领先的、以创业投资为核心的综合性投资集团！祝愿守总团队能发现并成就更多的伟大企业！

第5章

同创伟业丁宝玉：如何投到有爆发力的项目

访谈时间：2019 年 9 月 3 日下午

访谈地点：深圳同创伟业资产管理股份有限公司会议室

作为深圳人民币基金的优秀代表之一，同创伟业成立于2000年6月26日，管理资产规模超200亿元人民币，累计投资企业达400余家，已实现退出企业150余家，培育的上市企业65家。2007年6月1日，我国新《合伙企业法》正式实施，增加了有限合伙制度，当年成立的全国首个有限合伙制创投基金——南海成长基金一期，即出自同创伟业。

在和同创伟业分管投资的管理合伙人丁宝玉访谈之前，冰哥做前期资料收集时，看到了他身上的一系列“光环”，比如，他名校出身，清华大学化工系本科、生物化学专业硕士，毕业后南下深圳，参与了康泰生物的筹建；比如，他早在1997年便开始从事创投行业，是国内最早的风险投资人之一，成功投资了10多家公司上市；比如，他还是深圳市人民政府科技专家委员会委员，并热心校友工作，担任了深圳市清华大学校友会金融投资协会会长。我曾访谈的汪思波也是本硕毕业于清华，汪思波对这位校友称赞有加，也使得我对这次访谈多了一份期待。

清华理工男从实业转型投资

丁总，你好。我们就从第一个问题开始，请你先介绍一下自己和投资相关的经历。

我简单介绍一下自己，我老家是安徽铜陵，1984年上的清华，也是当时我们那里唯一的一个大学生，更是唯一一个上重点大学的大学生，上的是化工系，在我们那个年代有一句话叫作“学好数理化，走遍天下都不怕”。因为当年高考化学考了99分，满分是100分，当时也不懂，我报的第一志愿是化工系，第二志愿报的是计算机系，后来学校的老师开玩笑说：真是山区里来的孩子，如果化工系你录不了，计算机系是肯定上不了的，因为计算机系录取的分数是比化工系要高的。我本科是应用化学专业，研究生是生物化工专业。

本硕是同一个系吗？

一个系的，清华的生物化工也一样在化工系里面，不在生物系里面，各大学校基本都是这样的，生物化工专业都在化工系里面。

你当时在清华毕业后，怎么想到来深圳康泰生物工作？

第一，深圳是改革开放的城市，我1991年来的时候，内地很多人对深圳这个改革开放窗口还是有很好的印象。第二，创立康泰公司的是当年的广信生物工程公司，康泰当时定位目标非常高，准备要搞一整套生物工程，也刚好跟我的专业相关，当时广信生物的李董事长到北京高校招人，也到了我们清华，我觉得这个公司非常值得去做，就应聘。当时我和另外一个同学就是从众多人当中PK出来的，如愿来到了康泰。我1991年到那儿，1997年离开，其间做过工程部经理、设备部经理，以及销售部经理，当时也是公司的核心骨干了。

当年深圳市科技局和国家科技部去美国调研风险投资，调研回来以后形成一个结论：风险投资是高科技的助推器，这件事对我们国家发展高科技非常有必要，深圳作为特区，先行先试。深圳就开始搭建自己的风险投资体系，由三家新成立的机构组成。第一个就是1994年12月成立的深圳市高新投，这是市发改委、科技局、经发局三个局联合成立的为高科技企业融资做担保的公司；1997年把这个体系继续完善，成立了第二家机构——深圳市国成科技投资公司，这是深圳市第一家风险投资公司，也是我离开康泰去的公司。

成立时间确实比深创投（后者成立于1999年8月）还早。

对，国成比深创投还早，实际上当时深圳市政府最早有一个方案是把国成改造成现在的深创投，很多人不知道这一段。然后在1998年成立了第三家机构——深圳市中科融投资顾问有限公司，作为深圳市风险投资体系的最后一块。

这是给初创科技企业提供投融资服务的？

对，中科融也可以理解为一家FA（财务顾问，financial advisor的缩写）公司。深圳市政府通过成立一家担保公司、一家投资公司和一家财务顾问公司，在国内较早地搭建了自己的风险投资体系。国成就是这么来的，我1997年就到了这家公司工作，我是国成对外招聘的第一位员工。

你当时在康泰做到核心骨干了，怎么想到离开去做投资？这也是一个很大的转型。

对，我觉得人生有些东西是很奇妙的，有些是规划出来的，有些是由一些机缘所促成的。坦白说，因为一开始在康泰，无论做工程部经理还是设备部经理，或是销售部经理都是跟实业相关联的，跟投资是八竿子打不着的。我进入投资界，是这么个机缘：康泰总工程师当时跟我说，小丁，外面有一家投资公司正在成立，是我几个朋友在那儿负责，他们希望在高科技的企业中寻找一些人才，因为投资公司既需要金融人才，也需要懂科技的人才，他问我有没有兴趣，愿不愿意尝试。我觉得可以，所以就去了这家公司面试。结果一去对方非常欢迎，为什么欢迎？我懂技术，干过工程、设备、销售，相当于把企业很多环节都干过了。他们就喜欢要么是金融背景，要么是科技背景，当然两个背景都有的更好。

当时你没考虑过个人的机会成本吗？你去国成可以说是从零开始，而康泰

这边已经有六年积累了。

这个肯定是要考虑的因素，因为在这边已经干到一定程度。当时我是康泰在几个业务部门都做过经理的为数不多的一两个人之一，再去选择另外一个从零开始的工作，首先你要想新的领域对你有没有挑战，有没有吸引力。我觉得是肯定的。我那时候在实业已经工作了六七年，对社会有了相当的了解，而金融领域是一个新的、能做得更大的领域，那时候金融业也比实业挣钱更容易。挣钱的想法本身是很纯朴的，再说去搞股权投资，和我以前所学、所从事的工作也有关联。

然后你就到了国成公司。

从1997年到2003年，在国成干了七年时间，在国成从投资经理做到高级投资经理，做到总经理助理，再做到副总。2003年我们国成公司和香港中信国际资产管理公司，后者是中信集团在香港的窗口公司，双方合资成立了国成世纪投资公司，国成公司占30%股份，香港中信国际资产管理公司占70%的股份，我被派到那儿做总经理，香港中信国际资产管理公司派人兼任公司的董事长。

也是做股权投资吗？

也是做股权投资。那个公司做了不少项目。当时新经济是国成世纪投资公司的投资重点之一，这在当时整个人民币基金里凤毛麟角。当年我们是酷狗音乐的天使投资人，后来酷狗音乐成为中国最大的音乐APP之一。我做过酷狗的董事，后来和腾讯合并一起，打包在境外上市了。当时整个APP音乐播放软件里面有三家公司做得最好，一家是酷狗，一家是腾讯，还有一家是千千静听，后来百度音乐也起来了，千千静听慢慢落伍了。腾讯音乐现在有220多亿美元的市值，这也是国成世纪最成功的一个投资案例。

我们当时还投资了深圳的网域公司，后来卖给了腾讯，这是腾讯总裁刘炽平到腾讯后做的第一个项目。

投资新经济公司，这在人民币基金不多见。对于人民币基金集体错失了腾讯这个话题，请问怎么看待？

人民币基金集体错过了腾讯，就像错过了阿里、百度一样，主要原因是在那个年代，由于人民币基金成立时间都不太长，投资团队的经验不足，尤其是对于互联网这样的一个舶来品，缺少深刻的认知和判断力。

后来怎么加盟了同创伟业呢？

是这样，在2007年，我觉得中国的创投行业发展进入了新阶段。我跟郑董（作者注：指同创伟业的创始人郑伟鹤）早在2000年就认识了，也是安徽老乡，都是1984年入学的大学生，我们两个经常在一起交流，我们两个都认为随着创业板的即将开设（作者注：创业板2009年10月正式开市），创投行业要进入一个新的洗牌阶段。一家股权投资公司如果没有一定的规模，没有一支专业的团队，是很难在新形势下打拼的。本来2008年我们就准备合作了，但因为碰到全球经济危机，当时的大环境也不好，而且我们要新募集基金，所以合作就推迟到了2009年。

到今天，实践证明了当时我们两个人的判断是对的，行业确实进入了新阶段，没有这种想法的机构就被逐步地边缘化。2009年，我们在同创伟业搞了新的合伙制，发了新基金——南海成长三期，到现在已经发行南海成长七期了，公司管理规模由原来10个亿左右，到现在已经200亿了，公司人数也从7个壮大到现在110多人。

从个人来讲，你当时为什么对行业会有这么一个判断呢？

我1997年就进入创投这个行业，在深圳应该是最早的一个。当年所有的股权投资公司，规模都不够大，也不够市场化。一般都说中国风险投资元年是2000年，但实际上中国最早的风险投资公司是1986年成立的中创公司（中国新技术创业投资公司），最高时候总资产达到90多亿元人民币，但是最终还是挂掉了，为什么？因为中创公司当年成立时，它本身的商业模式就不成立。为什么这么说呢？首先在那个年代没什么可选的投资项目，因为那个时候民营企业还没有发展起来，巧妇难为无米之炊。其次，好不容易投了项目，没有变现途径。我们深交所、上交所都是1990年以后才成立的，当时也不可能去境外上市。即使有了A股之后，法人股的流动性和变现价格都不好。

2005年开始的股权分置改革，真正分置改完的时候大概就在2007年这个时间段，另一个是创业板要开市，这几件事的叠加，会给人民币基金提供一个很好的退出渠道，会把行业整体带上一个台阶，如果要抓住这个市场机会，就需要一批人才、公司要有品牌，才能在市场上取得先机。而事实也是这样：从2000年到2007年是人民币基金的低谷，那一段时间风险投资是美元基金一骑绝尘，但是人民币基金从2007年左右开始起来了，到2009年开始超越了美元基金。从2009年到现在，无论从募资金额、投资金额，还是退出项目的数量，人民币基金占据了整个中国风险投资市场的70%左右，这说明了2007年、2008年我们的预判是对的。

如何投到有爆发力或者大成功的项目

你是从理工男转投资。

没错，1997年转到这个创投行业，原来只做实业没有做过金融，刚开始很多东西不懂，我们刚才前面也聊到，要学习很多金融领域的知识，我向同行、同事学习。无论是法律、财务、投行都需要去学习，不仅要跟人交流，还要看一些书，同时理论加实践，才能学到位。我总共花了将近两年时间去拓展金融领域的知识。当然，你要成为顶尖高手，还要持续去学习，人要活到老学到老就是这样一个道理。

经常有人问我，如何投到有爆发力或者大成功的项目。首先投到大成功的项目本身是可遇不可求的事情，但是机会都是给有准备的人。所谓“天时”就是你想取得大成功一定要抓住大趋势，比如你抓住了互联网大发展的背景，或者你抓住了人工智能这样一个大背景，或者你抓住大健康领域爆发这样一个大背景，即使运气不好没有抓到大项目，也能提高你的成功率。因为你的势好，在这种势下你就容易取得成功，同样如果你选择不好的势，事倍功半。为什么说倾巢之下，焉有完卵，就是势不好的时候。

举个例子吧。

我觉得从大势的情况来说，就举我在国成世纪公司投的酷狗这个例子，就是抓住了互联网发展的大趋势。我们那时候投了700万元，在酷狗占了20%的股份。投资酷狗如果一直不出来，我们要获得多少倍的回报呢？我算一下，200倍的回报。

同行其他机构投京东、阿里，也是一样的案例。没有互联网这样一个大趋势，不可能有这么大成功的项目，势大，你这个项目空间才能大。

怎样才能提前看到这个势呢？

这是一个非常难的问题，我认为这个问题本身就没有答案，因为如果大家都能够发现一个方法，有个通用的答案，最后大家一窝蜂去搞，最终就没有那么成功了。所以一定是没有标准答案，但一定有先知先觉者，因为事实是存在的。

如何成为一个先知先觉者呢？

首先你自己要大胆，要敢想敢干，有乐观的心态，“相信相信的力量”，你才能够投到这种大成功的项目，这是我关于投资的一个思考。你如果自己都不相信，那就自我设限，就前怕狼后怕虎，认为这玩意儿早着呢，等你觉得行、没什么风险的时候，那时大家也都发现了，大势已经过去了，利益已经平均化了。

我1997年做投资以后，也比较幸运，第一个成功的项目就是生物医药行业，也是我本专业的行业。现在大家去医院体检，其中有一项呼气诊断幽门螺杆菌，就是我投资的第一个项目，目前这家公司是全国最大的呼气诊断试剂生产商。

叫什么公司？

海得威生物，后来卖给上市公司了，我1998年投资，2000年卖出，当时投资了大概是700万元，拿回来将近4000万元，两年时间挣了近5倍，是深圳市风险投资第一个成功变现的项目。4000万元在当年是一个比较大的数字，那时候我们国成公司整个注册资本才5000万元。

现在请对这个项目做一下剖析。

坦白说那时候我还是一个新兵，如果说那次投资还算成功，事后找原因的话，关键在于在做投资时，第一个就是刚才说的要乐观、相信，要敢想敢干；第二个就是做你非常熟悉的行业，这个项目是我的专业，是我的强项，我很能够对它形成一个精准的分析，比如它的市场前景、项目痛点，以及商业模式是否能够成立，这就是做了你非常专长的事情，所以你就容易取得成功。

看资料介绍，你本人直接做过的项目很多，已经上市的有十来家了，能不能复盘一下你觉得很有意思，或对你有启发的项目？

那我先说说奥克股份（300082），这是我们同创伟业投资决策时间最短、上市速度最快的一个项目。我们行业里面投资一个项目，正常的时间是要两个月左右，而这个项目我们从跟项目方接触，到完成投资，只花了15天的时间，而且投完之后企业11个月就上市了。

哪年的事情？

2009年。为什么15天能做成？按说这是违反常规的，这是冒了风险的。而我们能够15天把这个项目投下来，是基于对奥克公司所在的太阳能行业的积累，也就是要做你熟悉的事情。奥克公司当时做两块，一个是太阳能切割液，另外一个产品是水泥的减水剂，加入混凝土拌合物后，可以更好地减少水的使用量，这是现在还在用的一个技术。公司当时最主要的收入来源于切割液，其次来源于减水剂。而我们当时对整个的太阳能产业链已经进行了将近两年的研究和跟踪，对行业的上下游非常熟悉，对切割液本来就了解，只是没有跟奥克这家企业联络上。当这个项目通过朋友介绍过来后，我们对奥克所在的行业以及它在行业的地位，已经不需要再花时间去验证了，我们唯独需要核实的是：它的行业龙头是否有数据支撑？因为以前没有奥克的数据。

我们对它进行了三方面的评判，第一，业务评判，需要了解企业所在的细分行业，即太阳能切割液和减水剂领域的竞争力，为什么它能做得这么好，你要跟公司的高管和主要的核心人员交流，要跟它的竞争对手和客户交流。第二，对公司财务进行尽调，因为企业要上市的话，财务规范是非常重要的一块，现在企业在上市审核中容易产生问题的反而出在财务这个层面。第三，你要对企业的法务问题进行核实，这是我们的强项。我们就组建了一个团队，有对财务的，有对法务的，有对业务的，现场办公。经过15天加班加点，连轴转，也相当于平时25天的工作量了，我们认为这个项目可以投。实际的结果也是，我们6月份完成投资的，第二年5月就在创业板上市了。在企业配合的情况下，实际上你会发现，你对行业分析积累足够的话，15天的尽调时间也是够的。

奥克这么快就能够上市啊？

因为它当时急着申报上市申请材料，这样就必须要有一个截止日，一般券商喜欢选择季度末，那次就是卡在6月30日，这个时间要投不进来，就不接受投资了，这就是为什么我们只有15天时间做决定的原因。

经过15天的紧张调研，你们决定投资奥克股份。请问你们当时对这个项目的投资逻辑是什么？

投资奥克的逻辑很简单。第一，行业发展前景好，奥克是行业龙头；第二，奥克的成长性非常好；第三，奥克的团队非常优秀；第四，公司制定了非常切实可行的、远大的战略规划；第五，公司运作非常规范。

复盘奥克股份这个项目，还有什么心得体会？

现在我们行业对好的投资项目的竞争很激烈，要想先人一步，你必须要专业，才能够形成更早更准确的评判，甚至在别人不敢下手的时候你敢下手。

剖析了奥克股份这个速战速决的项目后，还有什么项目可以在这里进行分享的？

我们刚才讲了，做好投资一要专业，二要沉淀，这个沉淀包括专业的沉淀，包括人脉的沉淀，因为你再能干，没有项目资源也没有用，第三，把投资做好，还需要一些运气。

为什么这么说呢？欧菲光我们投资它的时候，它只专注红外截止滤光片，一般用在相机镜头里面，当时不仅是中国最大，也是世界最大的红外截止滤光片生产商，全世界市场占有率达到了70%，但销售规模也就是一个亿出头，利润也就是三四千万，虽然能上市，但是行业空间有天花板，它再继续做，最大也就是个销售收入十几亿的公司。

但是大家现在也看到了，现在欧菲光已经基本放弃了红外截止滤光片，在上市之后，利用镀膜这块技术，发展成为中国最大的触摸屏生产商。这在上市前不可能想到，因为那时候连触摸屏都没有。它拓展到一个新的领域并成为一个大公司，现在不仅是触摸屏最大的生产商，还是相机镜头镀膜的最大生产商，现在公司收入达到四百多亿。它变成了一个更优秀的公司，但并没有沿用你原来的逻辑，你是原来怎么分析也分析不到的。最后这个项目给我们带来了20倍的回报，属于意外之喜，这个意外是需要运气的。

你们投前，既然看到了红外截止滤光片这个市场的天花板，当时为什么还要投欧菲光呢？

这是一个非常好的问题。第一，我们投资追求的目标是一定要追求行业天花板高的，市场空间广阔的，但是这样的好公司数量是有限的。做一家股权投资公司，公司一要有远大的梦想、愿景，但同时公司也要生存。作为一家风投公司，如果我们投资这个项目能上市能赚钱，即使它不能成为一家伟大的公司，那也是可以投资的。之所以投资欧菲光是因为它已经是红外截止滤光片这个细分行业的龙头，满足证监会上市的要求，大概率能够挣到钱的，属于中规中矩的投资。诗和远方是要的，但是米饭、牛奶也是需要的，是必须要都有。当时投的欧菲光就是米饭和牛奶，没想到它后面又成了诗和远方。

以更加谨慎的方式应对重大事件

这20多年的投资，有没有投资失手的项目，在这里剖析一下？

我觉得每个人都有投资失败的项目。投资失败肯定是难免的，源于你当时在某些方面出现了判断上的错误，虽然当时是有逻辑的，是有决策理由的，但是只要事后失败了一定是有原因，要么是你对团队判断错误了，要么你对这个产品的技术方向判断错误了，要么你对市场判断错误了，一定有个原因。

我举一个例子，2012年、2013年，在我们同创伟业非常熟悉的太阳能行业，我们投资了一个项目，这说明即使你熟悉的行业同样有可能失手，因为行业也在不断地变化，你的判断有可能也会产生偏颇。太阳能行业在我们中国几起几伏，第一个周期成就了无锡尚德，因为在第一次太阳能行业因为2008年美国金融危机跌到低谷的时候，无锡尚德认为金融危机是短暂的，就在低位囤积大量的产能，然后到了高潮的时候，尚德的创始人施正荣变成了中国的首富。

我们投的这家太阳能切割片切割企业，是当时行业的前二，我们从接触到了解这个项目持续的过程有三到六个月，这个行业开始从高景气期往下走，正是这个行业第二个周期，我们对这个行业很了解。我们也分析到了这个行业要走下坡路。一般行业走下坡路的时候，往往投资人是不会再投资了，因为会担心出现更大的风险。

第二个周期是什么原因形成的？是欧洲“双反”，因为欧洲当时是那一波的最主要的太阳能市场，它一反倾销，需求不够，市场就开始下来了，当时我们就要研判了：第一，欧洲“双反”的时间会不会持续？第二，欧洲“双反”造成的市场缺口会不会比美国金融危机还要严重？我们当时形成了事后看来是一个错误的评判：我们认为欧洲“双反”这件事挺严重，但是还没有严重到能够超过2008年金融危机，产品价格再跌，市场再萎靡，也不会低于当时美国金融危机。2008年金融危机时，产品最低价格跌到15块钱，我们投的那家企业的产品成本是12块钱，当时的卖价是23块钱。只要欧洲“双反”的影响没有超越美国金融危机，那我们的胜算还是非常大的。而且那个时候向企业投资，会提高我们所投项目在行业里的龙头地位，产品价格上我们还有一个安全垫，形势再严峻一点，我们还能够成功，只要熬过去就行了，但是没想到最终的结果证明我们这个评判是错误的。大约一年后，产品的价格最低甚至到了8—9块钱，虽然那时候企业的产品成本也不是12块钱了，因为原材料也同步下跌了，我们那时候成本也降到了9块钱左右，但是你没钱挣了；而且在这个过程中，原来很多的材料投资就废掉了，都要计提损失，所以陷入恶性循环当中，最终这种坏的程度比你想象的要大很多。

后来这个项目最终投资失败了，这个项目有一堆创投，我们也投了不少钱，6000万元，也是一笔大的投资，当时我们是这家企业的并列第三大投资人。

这个项目告诉我们一件事，即使在你熟悉的行业，在出现一些重大事件的时候，你可能要采取一个更加谨慎的方式去应对，不要去赌一些概率事件，因为你的认知往往会有非常大的偏差。这就像在二级市场炒股票一样，涨的时候它超过你的想象，跌的时候比你想象的还要深，你认为怎么可能见到的低价，最后都能让你见到，是一样的道理。

这些钱都打水漂了。

对，最终所有的投资机构在这个项目上都打水漂了，而且这个企业团队非常认真，是兄弟俩经营的，后面出现进一步困难的时候因为企业要继续融资，我们投资人不可能再投了，那个弟弟有一次到银行申请贷款的时候，银行的信贷经理跟他说：老总，你说话怎么现在口吃啊？弟弟说：我口吃了吗？他自己都不知道，后面到医院一检查，轻度中风。创业也非常不容易！

未来你比较看好的行业或者产业，都有哪些？

刚才前面聊过一个相关话题，就是做股权投资，经常跟新生事物打交道，跟新科技打交道，实际上我们人类每一个阶段有不同的新技术产生。从最早的蒸汽机到后来的计算机，到现在的人工智能等等，包括也有人说新世纪是大健康世纪，可能每十到二十年就有不同的投资的重点领域，是在变化的。我从业已经二十多年了，本身就在亲历这个变化的过程当中。包括美国，每个阶段都有不同的热点或者不同的重点投资对象。

在今天这个时点来说，我觉得我们风险投资最热门的行业，主要有三个：

排在第一的是大健康领域，因为大健康本身就是永远的朝阳行业，中国正在进入老龄化阶段，加上中国在这块本来比较落后，农村人口比较多，医疗水平不够，现在正在提升，城镇化也处于大幅度提升过程当中，所以大健康领域无疑是最近这两三年以及未来几年最热门的投资领域之一。

第二肯定是人工智能和大数据，因为人工智能现在已经进入到投资和布局阶段，风险投资公司作为创新的助推器，它一定是在这个行业最早期介入的。人工智能在各个领域的应用，还需要一个时间段，但是会随时进入它的爆发点，现在到了大量布局的阶段，因为人工智能牵涉到的领域很广，既能够改造金融行业，又能改造制造业实业，就像上一轮互联网改造各行业一样，有大量的投资机会。比如刚才讲的欧菲光的触摸屏，都能够利用这种万物互联，加上大数据和人工智能这样一套系统，叠加之后会让整个的制造行业更加智能化，这是它的核心。我们的中国制造2025，以及德国的工业4.0，和人工智能都是相关联的。

包括我们人类，未来会不会也被人工智能部分取代？

从人工智能现在的发展趋势来说，因为我们人类是有思考力的，假设人类对人工智能不加以限制，任由开发，同时让它自然演进的话，那么包括在实业领域已经发生的替代，甚至人工智能替代人类都有非常大的可能。人工智能不仅能代替我们人类做一些事，甚至有可能代替我们人类，包括人工智能将来会不会跟人类打仗，成一个什么样的结果，人类能否打过人工智能，这都是非常有意思的话题。所以如果人类不加控制的话，我是悲观的，我觉得人类可能干不过人工智能。但是，我觉得人不会主动毁灭自己，所以我相信一旦大家发现这个苗头的时候，人类就像现在对于一些人类伦理上的限制一样，还是会制定一些关于人工智能的公约的。就好像到目前为止，无论是核武器，还是一些化学武器，还是细菌，实际上有很多足以对人类产生摧毁性的东西，但这些并没有被少数人利用，因为我们有人类公约。人类正义毕竟占主导，我们要相信人类对自己的正义战胜非正义这样一种整体的、强大的力量。

这个我同意。然后你看好的第三个领域是?

刚才的这两个，大健康，人工智能，更多带有一种全世界范畴类的特点。第三个是针对我们中国的，美国是高端装备制造业，德国是高端制造业，他们中低端的装备制造业是不如中国的，而我们中国是在高、中、低产业链都有涉足，产业链更完整，体系最完善，同时由制造业带来的产品种类也是全世界最全的。现在，中国已经是全球第二大经济体、制造业第一大国。包括高端装备制造、新一代信息技术、新材料、新能源等，也就是说国家的七大新兴产业，未来有很大的市场，这些领域会衍生出非常大的机会。

如何成为一个行业的投资高手

对于未来想进入，或者刚进入股权投资行业的年轻人，你有什么好的建议？你也是深圳市清华大学校友会金融投资协会会长，估计你的学弟学妹们也会有这方面的问题。

我之前直接做项目投资，从1997年一直做到将近2002年，在一线做了快六年的时间，然后进入到管理岗位。行业里的新人，经常问我一个问题：丁总，如何成为一个行业的投资高手？我的思考是这样的，要想成为这个行业的投资高手，首先你要能够找到项目，然后还有项目评判的能力，两者缺一不可，也有先后顺序，你评估能力再好，找不来好项目也没用。

怎么做到呢?

要有一定的项目资源，就要沉淀人脉关系，需要你去努力，也是有方法的。因为你是投资方，是有优势的。要利用已有的网络：老乡、大学同学、原来同事，这是你已有的关系，然后主动建立一些关系，券商、会计师、律师、行业协会、媒体，交往能力很重要。有人经常问我一个问题：丁总，我有点内向行不行？没关系，因为你碰到的对象是不一样的，你打交道的人本身也可能是内向型的，他有可能喜欢内向的，你一定能够找到你的那套人脉圈子，但是这个圈子不是你等能等来的，你要去付出才能建立这样的关系。我经常跟一些新人开玩笑，比如你在深圳找项目，实在找不到，我给你支一个简单的招数，你每天看《深圳商报》，就看上面的软文和招聘广告就行了，软文看到好的就去了解，招聘广告比较好的，一看它还不是上市公司你就打电话拜访就行了，用最笨的方法，你都能一年找出一两个项目来，我只是举一个例子。但是如果没有这样的心思，你不去做当然就不行了，永远找不到项目。另外还强调一条很关键的：要顺藤摸瓜，你会发现，随着你不断地去建立关系，会有个链式反应，会让你的人脉关系越来越广。

这个我有体会，和我以前在《证券时报》当记者时，如何积累采访对象的名单差不多。

对！但是你如果不迈开第一步，那么第二步、第三步永远没有。说完了如何找项目，下面说说评判项目的能力。项目来了，但你评判能力弱也不容易发现好项目。如何评判？评判就是首先要从项目的技术层面，或者说产品层面进行评判，这时候我们需要专业知识，每个人要有自己的定位，你是学金融的就要补一些科技专业的知识，你是学科技专业的就要补一些金融知识，你缺哪一块就补哪一块，一定要聚焦，选择一个重点方向，只有喜欢了才能学进去，不能什么都搞，那很危险，这是第一点。

第二点，光聚焦还不够，你一定要扎进去，多看多听，我们中国有一句话叫“见多识广”，你看的企业多了，听的观点多了，时间长了，你自然而然就如鱼得水，你的评判能力就很强了。就像我们投资奥克股份的例子一样，你对行业储备多了，判断成功的概率很大，即使我们也举了在太阳能这个领域失败的项目，是发生了特定事件造成的结果，我们也要从里面总结经验教训，就是这个道理。

另外，投资领域是一个复合性的东西，一方面要把你的专长做到极致，比如说金融领域是你的专长，你要做到极致，如果你是科技领域出身，就要在科技领域做到极致；但是另一方面，财务、法律要看得懂，能跟别人交流，这样的话大面上的问题你能解决。我觉得把这几方面解决了，你就一定能成为行业的高手。

你现在怎么选人？

先讲一个当年我去国成面试的故事。当时在跟国成的交流过程中，了解到他们需要在某一个方向做得比较深的人才，不喜欢浮在面上的人。当时国成就是要招一些优秀公司、大公司的人才，那时华为也没有多大，那时康泰也算深圳市优秀公司之一，而且是实实在在在一线成长的、对一线体验非常深刻的人才。我非常赞成当年国成领导选人才的理念，包括我现在做了公司领导，我现在选择人也是这样，哪怕你现在还是学生没工作过，但必须要在原来学习方面做得很好，因为一个人能把一件事情做好，就有非常大的可能把第二件事情、第三件事情做好；如果一个人已经工作五六年了，没有做成功过一件事，凭什么认为交给他第二件事就能做成？

当年从安徽铜陵大山里出来，鲤鱼跳龙门到了清华，又从清华来了深圳，到了康泰生物，然后转型做股权投资，你的职业生涯是比较顺利的，对你个人发展影响比较大的人和事，是什么？

我觉得每个人在闲暇的时候，都会思考自己的成长历程，每个人都有或多或少的反思，我对于自己的人生也有很多反思，比如说工作这个层面。谈一点我的个人体会，尤其是给年轻人。最近大家讨论的“996”（就是早上9点干到晚上9点，一周6天工作），我记得我刚工作的时候，在康泰生物的时候，我干了很多工作，既有高端的工作，跟科技相关的设备也好、试剂也好；也有低端的，比如跟当地农民打交道，如何移走荔枝树这种非常琐碎的小事，也会占用你很多的时间；又比如经常半夜里工厂打电话来说某个东西漏气了，某个设备停掉了，已经不是“996”了，到后面只要电话一响就知道公司里出现问题了，因为新公司，新设备有一个不断磨合的过程，有爬坡期。在这个过程中，经常是24小时待命的。当年很辛苦，但也让我理解到了很多东西，通过沉淀现在成为我理解一家企业的重要能力，对我现在做投资起的作用非常大。

所以，现在我也不主张天天加班，但是我主张趁着自己年轻，身强力壮的时候要多干一点，多学一点，让自己内在的沉淀越来越深，我认为这是你无上的财富。

所以你从清华研究生毕业过来干这些事情，会不会和预期差得很大？

有些人会觉得我干这个事大材小用了，但我当时是没有逆反情绪的，虽然没有用到我太多的大学里学到的东西，但是和大学的很多东西也是相关的。如果你站在学习的角度考虑，你会发现，你也能够把以前学习的很多东西加以利用和提升，在运行过程中让你更了解公司怎么运作。公司运作不就是这两块吗？一块是管理体系，一块是具体操作，包括设备的操作，包括流程的操作，也就是所谓的SOP（Standard Operating Procedure三个单词首字母的大写，即标准作业程序）。但是你要做好，只有有过这些亲身体会，才能知道企业运作的一些深层次的东西。我现在做了二十多年投资，每年去调研的企业，平均一年去一百家是非常正常的事情，二十多年就调研了两千多家。我现在到很多企业走一圈，结合它的资料，就像财务上的“勾稽效应”，我就能对这个公司的财务、管理、现场、设备、产能等这些东西“勾稽”到一起，能够对这个公司形成整体的立体的画像，可能会比很多人在企业待两三天的体会还深。很多人不能形成立体的画像，首先可能知识面不够，其次是他对企业运作的体验不够。

丁总，你1997年开始从事创投行业，是国内最早的风险投资人之一，也成功投资了10多家公司上市，22年投资生涯，你个人最深的感触是什么？

首先最大的感触还是这是一个非常有意思的行业，你会跟最新的科技打交道，很有挑战，会时常保持一个非常喜悦、非常兴奋的状态，所以这个行业是值得很多有梦想的、愿意干事的、拥抱创新的年轻人去进入的行业，这是第一个感触。说这个行业好还有一个原因，就是无论你在风险投资公司里职衔是高还是低，你都能够跟这个世界上最聪明的、最优秀的企业家打交道，因为你是投资人，对方董事长、总经理都会亲自出面跟你交流，只要你代表着一家稍微有名气的投资机构，他绝不会因为你是个投资经理就不跟你交流了。这是非常有意思的一个行业，所以我也非常开心能在这个行业里做了22年。

你的人生目标是什么？

我们刚才提到了公司要有目标和运营，人也一样，我前天还给我母校清华经管学院的学生做了一个分享：年轻人如何从0到1？我讲了四点，除了要勤奋、多学习、自己要有目标之外，还有就是要学会折腾。你有了目标，但你老是循规蹈矩，不爱折腾，怎么能达到目标呢，比如你的目标是想创造一番事业，搞一个公司，如果你都不敢折腾怎么会创业呢？

我1997年就在风险投资行业做了，我也一直定位自己的目标：我一定要成为风险投资行业出色的工作者，或者叫出色的投资人，所以这些年我一直勤奋努力地学习，并且不断地给自己定一些阶段性目标，来促进自己的进步。

成为一个出色的投资人，这个对你来说有那么重要吗？

我觉得是这样：人的一辈子就那么长时间，我们刚才说了，既然你喜欢做它，为什么不做得更好一点呢？做得更好一点，显然可以成为自己的目标，因为你做得更好了，往通俗的方面说，人在世上要么图名，要么图利。

这个名有小名和大名之分，小名是指个人层面的，大名就是为人类做贡献。站在风险投资行业的角度，所谓的小名就是要成为一个出色的投资人。小名成不了，如何去促进国家和人类的科技进步呢？二者是相辅相成的。我们每个人把自己的定位定下来，当无数个人实现了自己的目标，也就推动了世界的进步，最终就实现了社会发展更大的目标。

同时你成为出色的投资人，“利”会相应而来，这是相辅相成的。社会也是一样，市场机制的理论就是它认为社会的进步不能仅仅靠人内在的驱动力，比如说创新。有人创新是纯粹来源于内在的喜欢，但是也有人创新是源于——我如果创新成功了就能够挣大钱，能够过更好的生活。所以你发现没有，世界要发展，必须要来自物质激励和精神驱动这两块的结合。

怎么才能够形成独立的思考，怎么才能形成有体系的思考呢？

人虽然会有差异，但绝不会有人天生就是独立的思考家，不可能的。为什么陈寅恪写“惟此独立之精神，自由之思想”来纪念王国维老先生？就是因为王国维经常有很多观点非常独到，这是他自己思考出来的。任何一个人，你从任何一个时刻开始思考都不迟，一定要养成一种独立思考的能力。比如有些人可能对王石感兴趣，你会看王石很多的书籍，你会研究万科的发展史，这样你自己先琢磨一遍，对于万科今天成功以及王石在万科的成功中所扮演的角色会形成一个评判。然后碰到和别人去讨论王石的时候你就可以留意：对同一个话题，你是怎么思考的，别人是怎么思考的。如果你发现别人比你思考更深的时候，你会反思自己。人就是在反思过程当中逐步走向深入。如果你自己都不琢磨，不去思考，你怎么可能成为高手？

此次访谈的最后一个问题是：如何才能在股权投资中，取得长期的、良好业绩？

作为投资者，专业、耐心是取得长期良好回报的保证。

好。谢谢你接受我的访谈。

后记

从9月3日和丁宝玉两个多小时的访谈中，以及晚上7点多访谈结束后公司几个员工找他商量工作的沟通场面，冰哥切身感受到他平和、包容、不疾不徐的一面。另外，虽然转型到创投行业22年了，但早年在康泰生物6年的磨砺，使他身上多了一种实业界从业人员独有的务实的气质。这些无疑将支持他和同创伟业在未来行业激烈的竞争道路上走得更远！

第6章

松禾资本罗飞：重投硬科技，关键是找到技术的“根”

访谈时间：2021 年 1 月 20 日

访谈地点：松禾创业投资有限公司会议室

以硬科技投资和天使投资而著称于股权投资界的松禾资本（前身为松禾创投，再前身为深港产学研创投），是由厉伟和罗飞两位北大校友于1997年发起成立的。华大基因、柔宇科技、光启科学、光峰光电、摩方材料、德方纳米、瑞凌新材料等一串华丽的企业名单背后，松禾当年都是它们的天使投资人。科创板首批25家挂牌上市公司中，有4家是松禾投资的企业。目前松禾的管理规模超过160亿元，投资项目超过300家，其中一半为早期科技项目，已上市或被并购的企业在60家以上。

过去的20多年，松禾走过了怎样的历程？松禾的硬科技和天使投资，在业内有口皆碑，他们对此的思考和做法是什么？对于华大基因这家明星企业，市场一直看法各异，那一路陪伴成长的松禾，又是如何看待这家被投企业的？厉伟与罗飞可谓“松禾双子星”，他们两个长期共事、共创佳绩，背后的原因是什么？

2021年1月20日，冰哥在松禾的深圳总部对松禾资本的创始合伙人罗飞进行了访谈。

罗总，今天很高兴有机会听你给大家讲讲你的个人成长经历，讲讲松禾的

故事和你们对投资的思考。你1984年从江西去北大读本科时，为什么选了经济学专业？

我上高中时读文科，报考北京大学时有两个方向，一个是法律，一个是经济。选择学经济，是因为那个时候最激动人心的一个词，叫百废待兴，那“兴”靠什么？其实还是靠发展，所以当时我选专业选的是国际经济，能从全球视野来看中国的经济怎么能发展起来。

本科毕业后，为什么选择了从北京南下深圳呢？

毕业前，我已经考取了北大的研究生，当时深圳外贸集团公司来北大招聘，几个去过深圳实习的同学选择了这份工作。我此前没去过深圳，但内心还是想去业界打拼，闯出自己的一片天地。在和导师商量之后，我就决定先保留两年研究生学籍，本科毕业后到了深圳这家外贸公司。做了几年进出口业务后，我和香港的朋友在1991年创办了一家生产汽车遮阳板的工厂，两年后，发展成了一个具有300人规模的企业。

然后怎么进了证券行业呢？

1990年，上海、深圳两个证券交易所相继成立开业，证券行业正式脱离了银行体系，开始独立发展。我周围的一些同学纷纷进入上市公司，身边也有朋友劝我一同加入。考虑到更广阔的发展空间，1993年初，我卖掉了工厂的全部股份，到海南一家上市公司证券部开始从事投资银行工作，协助最早一批公开发行股票的股份制企业上市。不久后，在北大师兄厉伟的邀请下，又回到深圳加入了宝安集团的安信财务顾问公司，那时候他是老总，我先任部门经理，后来是常务副总。安信虽是财务顾问公司，却有推荐企业上市资质。我们主要是做三项业务：第一就是帮助企业上市，类投行；第二是股权投资，安信当时是宝安集团的股权投资平台之一，那时候我们就投了不少准备股改的企业，包括大连热电、甬中元；第三是收购兼并，厉伟在1993年策划宝安收购上海的延中实业，我们代表集团投资了厦门的龙舟集团，那是一家已经公开发行的拟上市公司，后来宝安集团控股并于1996年上市。1996年我和厉总出来创业做风险投资，对我来说很重要的就是在安信这三年，对投资、对资本市场这块有了比较好的历练。

松禾的三个阶段

在深圳的人民币股权基金里边，松禾是一个优秀的代表，比如在硬科技投资、天使投资方面都做得很有特色，投出了很多优秀的公司。

回顾松禾的发展，我认为应该要放到人民币股权基金发展历程这个大的框架中，而后者又是和中国证券市场几个重要的制度建设密切相关的。我把人民币股权基金分成三个阶段：第一阶段从1998年开始，到2005年开始的股权分置改革和2007年《合伙企业法》修订实施之前；第二阶段是从2009年的创业板启动，到2017年科创板筹备之前；而第三阶段的里程碑事件是2019年科创板和2020年注册制的推出。我认为，包括松禾在内，各家股权基金管理人结合各自的禀赋、优势和定位，在这三个阶段做出了一些自己的探索和实践。

我们松禾的第一个十年，从1996年开始，到2007年那段时间，那个十年，应当说是我们艰难地走过了一个比较完整的投资周期，主要是用自有的资金，做一些早期科技股权投资。我们起步的时候，是抱着对于早期的科技投资的一种探索态度，觉得做股权投资尤其是投技术创新，应该有商业的价值。在1998年第一届深圳高交会上，国家部委提出要推出科技板，所以资本市场的制度建设上有一个新方向，但是这个方案，后来并没有实施，一个很重要的原因是2000年的互联网泡沫，全球资本市场暴跌。

第一个十年，差不多投了将近30个项目，很多都是早期的项目，以硬科技为主，也投了一些信息技术，包括互联网技术的一些公司。创新技术公司有它自己的成长周期和路径，这类企业要经过五年，甚至更长时间的积累，它的商业价值和市场应用才越来越显现，所以才会有像我们从2000年开始投资的荣信股份，它是引进、消化乌克兰电力电子的技术，经过五六年的时间，发展成为一家能够跟西门子、ABB这种国际巨头去正面竞争的企业。我们这一阶段还投资了同洲电子、A8音乐、三诺电子等。我们从技术的开始到技术的完善，再到市场的成熟，伴随被投企业走过了产业的一个周期。同时，资本市场在那十年虽然是有起有伏，中间有一个很重要的制度建设，就是2005年开始的股权分置改革，真正地激活了资本市场的流动性，同时也给我们股权投资提供了一个退出的通道。所以，我们第一个十年投的项目，比如同洲电子（002052）、荣信股份（002123，现更名为“梦网科技”）在2006年到2008年的时候，先后在深圳中小板上市，A8音乐也在香港主板上市。

对于松禾的第一个十年，我们比较成功的一些做法，以及背后的逻辑是？

我觉得很重要的是这几点：第一个来讲还是看被投企业技术的领先性、技术的产业化前景和市场规模；第二个来讲，看准企业的团队；第三是我们和创业团队的持续合作。

对他们赋能？

不完全是赋能。比如说我们很多项目都是投了至少两次以上，而在第二次、第三次投的时候，有可能是企业最难的时候，所以我们这个不完全是赋能，而是救急。股权投资，首先是要找到企业家，然后才是跟企业家的合作，跟企业家的合作就意味着在企业最困难的时候，我们怎么样能够有办法、有能力、有条件去继续支持他，这样我们才能与被投企业一起走过一个个周期。

这方面你能讲一个案例吗？

荣信我们应该是投了最少三轮。我们2000年第一次投资的时候，它还是辽宁鞍山的一家国有控股的企业。那时候投的原因，主要有两点。一个是看中了企业拥有细分领域的专利技术的市场前景，它在电力电子方面的这个技术——无功补偿设备，当时是从乌克兰引进的，而中国从2000年到2005年，类似大炼钢铁，冶金行业蓬勃发展，行业就需要电力电子的设备；第二就是看中了企业团队，这个团队的领军人物是清华自动化系毕业的，他也不是当地人，他是清华毕业之后分到国有企业的，但是他技术很强，在我们投资之前他已经把这个技术引进了，同时拥有很强的带团队、开拓市场的能力。

我们投进去的同时，推动公司的管理团队也成为了股东，也就是混改；后来，荣信的母公司破产了，我们就支持公司的管理团队，从大股东手里面把股份接过来，这样荣信就成为一个纯民营的企业；在2007年上市之前，因为公司主要从事冶金行业电力电子方面的业务，冶金行业在2003年的时候，面临国家宏观调控，那时候荣信的资金很紧张，我们就继续投入。荣信后来在中小板上市，按照首日开盘价计算，我们的投资回报接近百倍，也使我们在后面的投资中，对高科技、高成长项目有了更多的关注。

接下来咱们说说松禾发展的第二阶段。

当时，我们看到与资本市场相关的另一项重要的法律制度建设——修订后的《合伙企业法》在2007年6月1日要实施，而这个法解决了私募股权管理人和委托人的法律关系，所以2007年我们新设了松禾资本，作为基金管理的一个平台。这样，我们就从第一阶段的用自有资金投资，转向了募集、管理基金产品。我们2007年发了第一个产品，那个产品规模是1.1个亿。

由于中小板的财富效应，从2007年和2008年开始，国内出现了“全民PE”热，当时由于一、二级市场的价差比较大，因此很多投资机构都选择进行Pre-IPO投资，选择被投企业的主要标准是看它能否上市，我们当时也是如此。那段时间我们投资的领域和区域比较广泛，因此有的项目也出了问题。从2012年前后开始，我们经过反思后，开始调整战略，深入投资科技创新产业，在项目筛选时更看重企业在技术的创新性以及价值链上的竞争力，回到了投资企业的创造价值本身。

2012年前后，我们的投资开始了三大聚焦。第一，聚焦行业，包括新材料、计算软件和信息技术以及医疗健康；第二，聚焦城市，主要是北上广深杭等创新氛围浓厚的城市；第三，投资团队也聚焦于行业基金，每个专业基金只专注一个领域。

在技术创新的领域，这些年我们支持了一些龙头企业的发展，包括我们

2009年跟华大基因就有第一个投资合作，作为天使投资人，将第一笔钱投给华大基因用于动物克隆技术的产业化，从2009年到现在也有十几年了，华大现在已经成为不仅仅是中国，也是全球在基因测序技术方面的一个产业龙头。我们也投资了柔宇，我们是它的天使投资人，也有近十年了；我们投资的商汤，也是在相对早的时候，现在它成为在亚洲乃至全球，在人工智能，尤其是人脸模式识别方面的一个龙头企业。

下面聊聊松禾的第三个阶段。

在2012年之后，我们重点投了一批硬科技企业，而且重点做两个阶段的布局。一个是投早期，一个投成长期。这样的布局正好也赶上了2019年科创板的推出和2020年注册制的实行。科创板首批25家挂牌上市公司，其中的光峰科技、虹软科技、方邦电子、天宜上佳这四家，是我们投资过的企业。光峰科技为天使阶段投资的，方邦电子为VC阶段投资的，虹软科技和天宜上佳为PE阶段投资的。这四家的共同点是：拥有核心技术，同时能解决卡脖子难题。

你说的“投成长期”指的是？

指的是我们投资之后，接下来的两三年能够报上市的。

随着注册制的推进，整个资本生态会逐步完善。注册制下，未来5年新上市公司数量可能会超过前面30年积累的4000家，一、二级市场的平均价差会随之缩小，市场定价会趋于合理，所谓“池子大了，池子的水更通畅”。短期和长期资金会围绕资本市场大的资金池，去做理性、专业化、分层的配置，投资机构的差异性会体现出来。未来，上市可能只是私募帮助企业加速成长的另一个新的开始，而并非退出的开始。对于松禾来说，我们将继续把资金投向硬科技创新。

光峰科技（688007）是一家将ALPD激光显示技术产业化的公司，我们2009年就参与天使轮投资，光峰有了一个突破性的发明——底层激光显示技术专利，公司不断研发做产品，尝试新的商业模式，逐渐完成从上游到下游行业应用全部布局。在陪伴其经历十年创业后，光峰科技于2019年成功登陆科创板。

以华大基因为例，这是家一直以来高度受到关注的企业，松禾已经陪伴它走了挺长时间。有一种说法，如果没有2020年这个疫情，华大可能到现在还没有找到一个大规模商业化的盈利模式，请问你对这个问题怎么看？

对于全新的、突破性的，或者是颠覆性的技术来讲，确实要走的产业化的路会更长，华大选择的就是这条路，这不是一个简单的生意。

华大最早于1999年就完成了人类基因组计划1%的测序，测序相当于一个熟练工种的事。经过这20年的发展，华大不仅可以测序，还完成了整个测序仪的进口替代，也就是2013年，在收购美国顶尖人类全基因组测序服务商CG后，华大基因成为世界上仅有的三家可以量产临床测序仪的公司，然后消化吸收，完成升级迭代，现在同时具备了从测序仪、检测试剂到临床应用的全产业链。

另外，就是在临床的应用，之前是优生也就是唐氏综合征的筛查，这个是全球最大的，也是全球首创。现在更大的一块业务是感染病毒检测，因为华大有硬件的优势，对于临床应用来讲，它既可以提高准确性，同时真正可以控制成本，再加上中国的大数据，所以它的优化会更多、优化的速度会更快。而且，现在最领先的比如合成生物技术，华大也在开始做。从做基因测序服务，到现在成为一个在全球基因测序产业领域的龙头企业，华大走了多长时间？20年！当然，新冠加速了它成为一个龙头企业，但并不是说没有新冠，华大就岌岌可危，不是这样的，就像柔宇一样，能够在什么时候有好的现金流，能够有丰厚的利润，这需要时间和机遇，但是它的积累，也就是说市场发展到了一定的阶段，促使企业完成产品替代的时候，它就进入了一个真正产业化，也就是爆发的时候。这个有点像光伏新能源。光伏也是经过了十几年，但是到今天光伏的发电成本已经跟煤电成本是一样的，所以它就进入了一个加速替代传统能源的过程。

所以，新兴产业的更替，都有它的周期。新兴产业的更替周期，时间可长可短；但是对于国家来讲，一个新兴产业“有跟没有”就是两回事。就像华大，它解决的是我们国家“有跟没有”的问题。至于产业化时间的长短，通过资金是可以解决的，但是当你没有这个产业的时候，有再多的资金也是干着急。

所以我们伴随着这些企业一起走过来，我们经常在想：做科技投资，尤其做早期的科技投资，会有越来越多的中国企业，解决的不再是以前的快速仿制、快速跟进，而是在原创方面解决“有跟没有”的问题。随着本土产业链的效率提升，包括人才的培养及海外渠道的打开，很多中国企业就会成长为全球的企业，华大就是这样，这个前提就是谁在代表着未来方向的领域里面，谁有更多的有体系、有价值的知识产权。当前市场环境下，底层技术创新的红利才刚刚拉开帷幕，并将在未来的发展中扮演越来越重要的角色。到今天，我们看到越来越多的中国企业，在知识产权方面已经有越来越好的积累。从这个角度来讲，这些企业实现技术的产业化或者是打开市场和销售，我觉得只是时间早晚的问题。像华大股份2020年前三季度的利润总额已经超过20个亿，它的收入超过一半来自海外，也证明了这一点。

做早期科技投资，最大的价值是什么

解决某个新兴产业“有没有”的问题，这对国家来讲是很重要的，而且在突破临界点之后，企业确实可能有一个颠覆式、爆炸性的增长；但另外一方面，就是企业能不能熬到突破的那一天。毕竟咱们创投机构是一个商业机构。

能不能熬到那天，其实一个简单的道理就是：就像光伏科技，就像柔性显示，如果这个越来越成为现实的未来，那能不能熬到那天，就是个时间早晚的问题；但是从另一个角度来讲，能不能熬到那天，也不完全是靠企业。对于真正能代表产业未来的创新企业，现在有比十年前更多的资源，包括资本市场的效率提高，包括资金资源，在关注并支持着它们，我们只是其中的一部分。以前可能我们是孤军在跟企业一起奋战，能够明显地看到，尤其是最近的五年，越来越多的包括国家队的资金都在支持这块。

回过头来讲，我们做早期科技投资的，最大的价值是什么？是和技术创新为伍，支持被投企业，或者是成为企业每一个阶段发展的一个接力棒，我们有可能是它的第一棒，也有可能是第二棒，也有可能是第三棒，但是我们不仅仅是我们，我们希望通过我们也能够影响到更多的机构，有更多的接力棒伸过来，这样实际上就是把这个事情做成了，把这个事情做成其实就是我们投早期的机构的最大的社会价值。也就是说，由一个成果变成一个技术，由一个技术变成一个产品，由一个产品成为一个产业，中间肯定要走过很长的路，但这恰恰是做早期科技投资的一个最大的社会价值，因为这是参与、促进一个新兴产业的诞生，这是一个创造增量的方式，跟盘活存量不一样。实际上，现在人的需求是在加速地变化，或者说是在加速地分层。

你说的“分层”是什么意思？

分层，也就是从时间的维度来看需求，有的人就考虑明天，有的人就考虑明年，有的人考虑的是五年或者是十年之后，而不同的人、不同的机构，在关注不同的时间点，那他的资金、资源配置实际上是跟这个时间的配置有关的。在我们国家2020年GDP已经突破100万亿的时候，在我们已经解决了社会的温饱问题的时候，现在是创新的问题。但创新的同时，就像你说的：我什么时候能有现金回来？如果我解决的是明天有现金回来，这是一种投资方式，希望被投企业明年有现金回来，这也是一种投资方式，但一定会有越来越多的投资，愿意去选择接受在五年后、十年后被投企业有现金回来，但那时给你带来的可能是一个新世界，包括十年后的世界也会比五年后的整个世界大很多倍。

所以回头来想，我们这样的机构，我们的社会使命是什么？我们的社会使命就是五年后能够有几个新兴的产业、领军的龙头，是我们在企业很早期就支持，持续陪伴，背后很重要的动力是考虑在五年后，或者是相信它们五年后，这些未来之星能够给我们带来一个完全不一样的世界。

都说北大的人有社会使命感，今天和你一席访谈，我也再一次感受到了。

与长期投资相配套，就基金产品的运营管理来讲，松禾自己也要找到愿意把长钱交给我们管理的客户。

是，一个是找到长钱，另外一个就是找到好的产业方向、好的团队，最大的挑战是项目能经得起时间的检验。

对，这块你们有什么样的心得？因为毕竟是早期项目，你要看到它五年、十年之后能够给我们国家，或者给这个社会带来全新的改变。

技术的产业化是有一个周期的，以我们投了比较多的纳米技术为例：纳米技术也是在二十多年前诞生的，就像基因技术一样，是一个热点，那个时候有很多的科学新发现，有很多的论文出来；十年前，我们开始投了从事纳米材料开发和产业化的企业——德方纳米，它是用纳米技术来做正极材料，提高它的能量密度，同时提高它的安全性，后面我们投了差不多十家围绕纳米技术的、不同的产业应用，柔宇就是其中的一家，光启也是其中的一家。

纳米技术、基因技术，都是在二十多年前有突破性的发现，有爆炸性的文章出来，但技术产业化是在十年后，然后到应用产业可能又是十年后。所以我们回头来看，怎么找到技术的脉络？它从哪儿来？会在什么地方有行业的应用？我们投技术，首先是要看技术的脉络，我们松禾的投资团队超过70%是理工科背景，其中有不少博士，另外我们也有很多科学家的顾问，包括国内外科学院的院士，他们帮助我们做这方面的研究。

就像投柔宇，我们知道柔宇的三位创始人都是斯坦福博士毕业，他们的导师就是在柔性材料方面的科学院院士，那是他们技术的根，他们的可以弯曲的、世界最薄的柔性显示的材料，就是用斯坦福实验室的设备做出来的，所以我们就看到这个技术的根在哪儿。而做产业化，其实就是去找应用，你前前后后试了第一条路、第二条路、第三条路，有可能都走不通，但是柔宇会比别人早知道哪三条路走不通，同时它有可能是第一个走出来的，告诉大家我走通的是哪条路，是这么一个过程。

像我们的天使基金，主要投人工智能，因为天使基金只能投公司设立之后的前两年，我们前年设立的天使基金共投了十几个项目，80%都来自高校和科研院所，也就是找到技术的根，当然要用更长的时间去等它们一步步来摸索产业化的道路。

松禾目前一共投了300多个项目，是包括天使项目在内吗？

对。我们单一项目投资的量是不大的。我们现在有天使基金，也有投中后期的成长基金，也有投人工智能、大数据、新材料、医疗健康的行业基金。

咱们在天使投资这块业绩如何？

从回报来讲，当然天使的回报是非常大的。我们在创业的第一个十年，投了一些初创项目，就对于早期的科技投资有一些认识了。第二个十年即从2007年开始做松禾资本的时候，那时候管理的基金产品更多的还是投有盈利的企业，不投天使项目，因为出资人不愿意，所以这个阶段的天使项目还是我们的自有资金来投。但是到了现在，我们有天使基金，有投成长期的大基金，也有新材料基金、医疗健康基金和人工智能等行业基金，我们管理的基金现在可以投两个阶段，既投早期（包括天使在内），也投成长期，贯通企业两个成长阶段的系统性投资，已经成为我们标准的打法。

咱们松禾在天使投资这块做得比较有特色，应该跟咱们创始人厉总和你个人的理念有关系吧？

是，每个机构其实都有每个机构的偏好。这个和厉总的理念有很大关系，他念研究生的时候，他的硕士论文研究的就是风险投资。

如何在项目早期发现有潜力的企业

如何在项目早期时发现有潜力的企业，提高投资的命中率呢？

第一看趋势，第二看团队素质，第三看团队聚集资源的能力。

未来10年内的投资趋势，我看好这三个领域：第一个是基于人工智能的产业互联网。云计算和云存储基础设施的发展配合产业互联网，会进一步改变社会生活方式和工作方式；第二个是生命科学，我觉得生物的世纪真正是从2020年新冠肺炎疫情暴发才开始。就像基因技术一样，生命科学也会经历科学发现、成果转换、及时产业化的阶段。新冠肺炎疫情对生命科学来说是一个重要时机，会推动生命科学领域有很多重大突破；第三个是材料领域，先进制造业的基础在于材料，能否找到新材料并通过材料实现新的性能，会决定着制造业的发展。

团队可能是初创企业最核心也是最难把握的一点。一流的团队也许能够把一个二流的公司做成一流的公司，但如果是一流的技术配二流的团队，则永远不会成为一个一流企业。

那么怎么样才是好的团队？

三个方面。第一是领头人，即领头人有多大的愿景。第二是领导力，即他能够让多少人追随他实现这个愿景。第三是执行力，尤其是纠错能力。因为在公司早期一定要不断试错的。做出正确方向决策后，迅速执行的确重要，但我觉得能及时纠错是一种更加宝贵的执行力。

松禾资本投资的创业者大部分是科技创业者，这一群创业者在成功之前需要经历多次蜕变，但最后能否迅速实现角色的转变，至关重要。科学家大多数都是棱角分明的，会坚持自己的立场。而作为企业带头人，需要考虑商业利益，所以如何审时度势、必要时做出妥协，如何寻找共赢和共识，这都需要科学家做出很大的转变。另外一个重要能力是如何实现内部和外部的共赢，技术创新的外部约束因素非常多，要想成功仅仅有好的技术是不够的。

现在的投资，由于低利率时代流动性很充裕，导致企业估值越来越贵，而且估值的方法也在变化。因为目前这个时代，很多企业由原来的线性增长进入到所谓的指数性增长。那作为一个投资人，如何去评估项目，或者怎样给企业估值？

两个方面。第一，估值一定有它的相对合理性，中国的上市公司的估值一定是跟国力、跟GDP、跟产业效率直接相关的，所以我们不能用五年前来看现在的估值，同样不能用五年后来看现在的估值。第二就是，这两年股权投资市场又进入了一个估值泡沫的阶段，因为流动性太强，所以我们对估值有两种给法：一个是跟投，企业的那个估值不是我们给的，跟投就是你愿不愿意接受；另一个是领投，我觉得要敢于在早期的时候给被投企业一个估值，其实谁也不知道这个估值是否合理。

对，放长周期来看，这个估值高一点、低一点都不是事情，不是问题了。

从我们来看，投早期项目的时候，是一个有意思的现象：就是谁也不给估值的时候，那时候你敢不敢去给一个估值，或者你敢不敢去投。如果等到别人把价格定下来了的时候，你实际上就处在一个相对被动的位置。

谁也给不出估值的时候，松禾是怎么做的？

这个又很简单了，不管估值高低，只要是第一轮，并且不是最后一轮，你就没事了；其实，这里面很重要的一点就是估值的前提，还是刚才讲到的要找到领先的技术和好的团队，你得心里踏实。

你和厉总从1993年在宝安集团的安信财务共事，到共同创立松禾，到现在有27年了。

我们1991年就认识了。

1991年在深圳认识的？

对，1991年他从北京来深圳。

如果说达晨有“三剑客”，在我看来，你和厉总可谓“松禾双子星”。请问你们俩能长期共事、彼此成就的关键是什么？

厉伟是我师兄，也是我的引路人。我们能长期共事，我觉得第一，是我们共同的价值观，这个共同价值观就是：我们能否对周围有所贡献。我们无论做基金管理，还是自己做投资，实际上投资的增值就是贡献，同时我们是通过什么样的方式来实现这个贡献的，比如通过支持创新，或者是坚持创新。我觉得这是很重要的一个价值观。

第二，厉总是理科背景，他在趋势性的判断上非常有天分，他本科是北大化学系的，毕业之后留校在北大科技处工作，实际上做的就是科技成果转化。在他工作那段时间就有了北大最早的校办企业——方正集团，所以他有非常超前的科技投资意识。我是文科经济学背景，比较愿意学习和总结，所以我们的管理风格也是互补的。

我觉得很重要的是两个人的价值观一致，同时各自又保留自己的风格，并尊重和欣赏对方的风格。

现在算中场，你的前半场做得很成功，下半场的规划是什么？

投资其实是可以长期做的，我觉得自己未来应该还是在两个方面：第一，就是在后面的十年这么一个加速创新、加速更替的新阶段，我们怎么能用到以前积累的一些经验，能够支持到一批创新的企业，能够更持久地帮到一些相对年轻的创业团队？第二，股权投资，在不同的国家是有不同的特点的，除了我们管理的基金、投资过的企业之外，我们的投资还能够给大家留下些什么呢？我个人还是比较喜欢去做一些总结，这方面我觉得也是到了一个阶段，将来可能会和学者、企业家做一下中国股权投资方面的学术研究。

风险投资在美国20世纪70年代才开始，美国的风险投资推动了21世纪新兴产业的发展。风险投资的产业高度一定跟技术创新的高度有关，一定跟资本市场的高度有关，在这两个高度后面才有了中国创业投资产业。中国创业投资在中国GDP过百万亿之后，能给产业创造什么？又如何实现？希望十年之后我能以中国创业投资的一个老兵视角做系统的研究。

最后一个问题：在提前准备了大半年之后，2019年春节期间你参加了“七七七挑战赛”（七天七大洲七个马拉松的挑战），这么高强度的“自虐”，除了公益募捐之外，请问支持你这么做的动力是什么？你从中还收获了什么？

我是马拉松运动爱好者。2015年至2017年，用十五个月完成了全球六大马拉松，包括纽约、伦敦、柏林、芝加哥、东京、波士顿，是前三百位完成六大马拉松的中国选手。“七七七”是更具挑战的国际赛事，要求在七天内每天完成一个全马，跨越七个大洲。要经历严寒酷暑的折磨、时差昼夜的挑战，还有高强度的疲劳与伤痛。我在2018年3月第二次跑完东京马拉松时受一位2016年完成该挑战的朋友的激励，准备参加，但用了三个月时间下决心正式报名。经过半年的训练，2019年中国新年期间，与五十一位全球选手一起从南极大陆起跑，跑过开普敦、珀斯、迪拜、马德里、智利首都圣地亚哥，最后在迈阿密顺利完赛。当时全球累计只有二百人完成该挑战，华人只有十几人。

为什么去跑“七七七”？最初的动力是为松禾成长关爱基金的“飞越彩虹公益项目”募捐，之前跑六大马拉松时，我都穿着“飞越彩虹”的运动服，为多民族文化传承代言。这次的“七七七”影响了更多的朋友关注飞越彩虹，也募捐了二十万。“七七七”的挑战，也像基金投资——时间长，风险大，出发前要有充足准备，思考策略，出发后要会调整和应对。

我最深的体会是：1. 找到队友。虽然我之前已完成六大赛事，我知道对于我的年龄和体能，不适合单人出赛。我幸运地找到一位2010年登顶珠峰的曹峻校友和全马跑进三小时的蒲爱民校友，组成中国代表队。2. 充分准备。我们训练了半年，有详细的训练计划。其间一起完成了几个全马，我十月底单独完成了七天七个半马，我们还一起去吉林松花湖冰雪上跑步，适应严寒。赛前我们还商量了各站的配速。3. 相信队友，相信光明。南极站零下20多度，南非开普敦气温近40度。我怕冷，第一站差点冻晕；曹峻怕热，在开普敦中暑了。第一天他鼓励我，第二天我鼓励他。我们俩从第一站起，每站同时出发同时到达，连续七天，创造了兄弟齐心协力的世界纪录。最后一站我们的家人朋友近二十多人从世界各地汇聚终点，陪我们跑完最后一站，让我们看到坚持的力量！

后记

两年多的时间，冰哥访谈了17位投资大咖，罗飞是其中的最后一位。而正如前文所说，松禾以天使投资和硬科技投资见长，无疑这两个领域的不确定性较高，但在访谈全程，罗飞温和的笑容、不疾不徐的表述，一是让人感受到他心底的自信与力量，而这份底气又不是盲目的，是来自松禾对技术的脉络、对技术的“根”的把握；二是也让人感受到：这家由厉伟和罗飞这两位北大人创立的创投公司在商业利益考量之外的担当——志存高远，家国情怀。

第 7 章

森得瑞投资王汉卿：从大学老师到投资大咖的蜕变之旅

访谈时间：2018 年 9 月 22 日
访谈地点：前海宜涛资产管理公司

在2010年创办股权投资公司之前，他的身上还有这些标签：大学管理科学系老师，复旦金融硕士，君安证券研究所第一代研究员，和君创业咨询高管，国海证券研究所、证券投资部及资本市场部负责人，中间在2002年前后还做过几年私募基金，投资过工厂和饭店等。确实，国内股权投资的从业者中，像他这样横跨金融、咨询到实业的确实寥寥无几，加上他儒商的情怀、稳健的风格和始终在一线拼搏的干劲，让他和出资人、被投企业在业务之外相处甚欢。就像他打的一手好乒乓球，以此展开“乒乓外交”，和他小区的邻居们处得如同家人一般。

而本科学哲学，大学教哲学、伦理学、社会学的经历，又使他对人生多了一份觉察。他，就是证券市场全程见证人、深圳市森得瑞股权投资基金管理公司创始人王汉卿。

从券商到创投

虽然咱们是老朋友，还是请先向大家简要介绍一下自己与投资相关的经历。

我1995年7月份来到深圳，一开始进了君安证券总部的总裁办，然后很快就转到研发中心，第二年也就是1996年公司正式成立研究所，最早一共也就七八位研究员，就这样开始了证券研究、投资的职业生涯，到现在已经23年了。在君安研究所先后做过行业研究员、策略研究员、策略研究部经理、机构客户部总助等职，到2001年初离开君安到和君创业做资管及后来做管理咨询，2002年底开始自己做过短暂几年的私募，2006年又进国海证券，在国海证券研究所主持工作，后来还在证券投资部、资本市场部做过负责人，2010年底出来组建了创投公司——深圳市森得瑞股权投资基金管理有限公司，2011年正式成立股权基金，开始做一级市场的投资。

那你当年是怎么走上投研这条道路的呢？

提到这个话题，有一句人们经常说的话叫作：选择比努力更重要。实际上做投资，是我个人选择的结果。在复旦读研之前，我在内地大学当老师，从各方面情况来说也还不错，但是由于兴趣的原因，加上家里经济条件的原因，想在经济上有大的改观，就一直有想来南方闯荡的想法。1992年邓小平南巡以后，感觉到投资机会来了，本科我是学哲学的，我跨专业考取了复旦经院国际金融系的研究生。

由于当时考研究生，就是想学点本事为以后来南方从商做准备，因此1993年研究生报到1个月后，在研一新生选导师的时候，同学们都争取选了名导师，而我则师从了虽然只是副教授，但据说炒股票比较厉害的盛默老师（当时在大学里炒股票会被认为是不务正业），跟着他学投资，学理论、学实务。当时复旦有两位做投资比较有名的老师，一位是管理学院的谢百三老师，另一位就是经济学院我的导师盛默老师。

来到深圳以后，我有两个选择，一个是深交所，一个是君安证券。深交所比较平稳一点，君安证券挑战比较大，但是机会也会更多，因为之前我有一个师兄应聘过君安证券，说是年薪10万。在1995年，内地的工资每月只有三五百元，10万元年薪绝对是一个天文数字，所以当时我毫不犹豫地选择了去君安证券。所以，从走上投研这条路来说，应该说既有运气的成分，更有用心争取的成分。

这些年你在做投资研究的过程中，印象最深、比较成功，或者比较失败的案例，给大家讲一讲。

做投资时间长，经验教训也就比较多。当年的证券投资研究，实际上也是经历了一个从最早的所谓的技术分析——择时交易、数波浪、追热点，到最后的价值投资这样一个过程。最早大家都是围绕着市场热点来做技术分析，主要工作就是研判大盘走势、分析个股图形，找出最近要涨的股票。君安研究所当年率先在业内开了行业公司研究之风，在国内券商还没有开始行业研究、公司研究的时候，我们君安研究所于1996年初出了行业研究报告专辑，我最早负责房地产行业的研究，可以说当时证券行业的第一份房地产行业研究报告是出自我手，虽然该报告在现在看来会显得相当粗浅。研究转型之后，我们就把主要精力放在跟踪研究绩优蓝筹股上面。当时我们深度研究过的公司，比如深发展、春兰、长虹、黔轮胎、沱牌曲酒，后来都成为大牛股了。

我后来也做过一段时间私募投资，随后到了国海证券管过投资。印象比较深刻的一个案例是我在国海证券证投部做老总的时候，当时在5块钱左右我们就看好锡业股份，在二级市场买了不少，因为牵扯到一个绩效考核，我们在20块钱左右就出了。但是我们自己还是很坚信这只股票20块钱以下都是底部，事实也是最后涨到120块钱。如果说深度的行业公司研究出效益，在这个上面是体现得非常深刻，而且操作中也非常成功。

另外一个例子，是众所周知的茅台酒股份。当年我在做投资的时候，以及向周边亲戚朋友始终推荐的都是茅台，长期持有，可以说是历久弥香，投资收益可观，这也是一个价值投资方面比较成功的案例。

从失败的案例来说，我有教训非常深刻的案例。在投资理念还没有成熟之前，难免会去赌热点或重组股。我在做私募的时候，就重仓买了一只重组股，祸不单行，停牌重组期间正好赶上“非典”疫情，结果大盘跌得一塌糊涂。

“非典”疫情结束以后，公司又宣布重组失败，所以这一次损失非常大。一开始还归咎于只是运气不好，但认真总结以后就会发现：还是自己背离了价值投资、组合投资的基本准则。这件事对我影响还是比较大，甚至改变了我后面整个的投资风格。

你2010年从二级市场转向一级市场的投资，是基于什么样的考虑？

从1995年开始，在股市做研究、投资十多年以后，实际上二级市场的弊端也看得比较清楚了。在中国要想长期坚持做价值投资，难度还是比较大的，因为政策、消息对于二级市场的影响还是比较大，所以说做二级市场相当于总理操的心我们都要操，哪里地震了、哪里受灾了、哪里有什么各种突发事件，我们都要关心，所以心会很累，有一种疲于应付的感觉。

等到创业板一开，我认为做创投的条件已经成熟了，同时到了2010年，在“万事俱备，只欠资金”的时候，又刚好有出资人LP找到我们，愿意跟我们合作来做股权投资，所以在那年就自然而然从二级市场往一级市场方面转了。

从2010年到现在，你从事股权投资工作8年多，说说你个中的酸甜苦辣。

原来做二级市场投资可以说万事不求人，看看宏观行业，查查公司财报，敲敲键盘就可以了，其关键动作就两个：买和卖。而一级市场的投资要分为募、投、管、退四个环节，环节多、周期长、风险大，非常具体。例如对被投企业的尽调就非常详尽，法务、财务、宏观行业，把企业翻个底朝天，绝对不是二级市场证券研究能比的。再例如被投企业经常面临各种各样的问题需要帮忙解决，譬如说贷款到期需要周转啊，各种资源导入啊，经营过程中的各种风险处置啊很多事情。企业主特别是早中期的企业经营者，由于他们对外的接触面相对较窄，视野也不够开阔，有时候需要有人在公司战略、营销策划、管理提升等方面与他们进行研究探讨。所以，一级市场投资不是光投了钱就可以万事大吉了。从我们的角度来说，参股不控股，帮忙不添乱，企业没事的时候最好，有事的时候你得给它解决很多现实的问题。累主要累在这方面。

能讲一个印象深刻的例子吗？

我们投了一个企业，它原来是做传统行业的，但必须往互联网行业转型才有价值，我们投它的初衷是：它能够在互联网的模式下发展得更快更好。但是企业一直在这方面战略定位不清晰，我们与企业老板经常沟通，不断强调并强化互联网要素，发现问题马上开董事会、股东会，经过不断沟通和数次矫正目标，基本完成了这家传统行业企业的互联网基因改造。

稳健为先，不做撞大运式的投资

无论做一级市场还是二级市场，这二十多年中，你在投资方面有什么经验、教训或者心得，跟大家分享一下？

我本科是学哲学的，所以哲学对我的投资影响还是比较大的。我觉得作为投资来说，实际上是万变不离其宗，理念制胜。理念非常重要，比如坚持价值投资的理念、成长投资的理念等；在理念确定的前提下，方法、心态也很重要。坚持了正确的投资理念，在我的投资选项里面，就只有“好”或者“更好”，而不能是“好”或者“坏”，这个说起来很简单，但做起来很难。如果你在投资时的选项是“好”或者“坏”，即要么好要么糟，要么赚大钱，要么亏大钱，那就是赌博。而我的选项就是“好”或者“更好”，实际上就是要更稳健地投资，靠撞大运式的投资宁愿不做。

这对投资的要求也更高。

是要更高一些。在我目前的理念里面，投资项目必须有更高的赢的概率，我才会去做，这是一点。另外一点，从二级市场和一级市场来说还是有差别的。如果说二级市场是“二八”法则，那一级市场有可能是“一九”法则，即它的淘汰率会更高。只有头部机构或一流投资人，才可能最后胜出，更多的人是赚不了钱的，甚至还可能会亏得一塌糊涂，赢的概率比二级市场还会更低。另外，二级市场如果不行，我认赔并割肉出局还是有可能的；而一级市场，可能你连割肉出局的机会都没有。所以说在这种情况下，坚持稳健的原则是非常重要的。另外，做投资就是一个在不确定的投资环境中寻找确定性，稳健在这里面显得非常重要。

对于稳健的投资风格，在你的投资中有没有一个比较深刻的例子？

比如说，我们看过一个企业，在新三板比较火的时候挂牌。如果当时我们要投，二级市场还是有机会的，至少50%的股价上涨空间。但是我们当时也担心，如果这50%的交易性机会把握不好，未来这个企业大概率走下坡路，长期看它未来几年是不会有增长，而且利润也会大幅下滑，因为它把稀缺的大把的钱投在了固定资产土地和厂房上（做投资你经常会遇到这种有“地主”心态的企业主，一方面资金紧张，另一方面又把有限的资金沉淀在土地厂房上），我们感觉还是不能为了投机性或者交易性机会，而把自己置于风险之中。基于这样一个判断，最后我们就还是没投。事实上我们当时要进去的话，短期内有50%以上套利的机会，当然现在已经跌得很惨了。类似于这种情况，在我们投资的过程中会经常遇到：投了会有风险，不投可能会有遗憾。在这种情况下我们是宁愿选择遗憾。也可能一些企业我们不投，别人投了而且最后真赚钱了，我们也不会遗憾，他赚这个钱是应该的，因为人家承担了那么大的风险。而我们只追求更大概率赚钱的投资。

关于你的个人投资风格，前面也提到比较稳健。还有什么呢？介绍一下。

我觉得投资可以分很多层级，首先是理念，其次是方法，之后还有心态等也很重要。

首先，从我现在的投资理念来说，就是坚持价值投资、成长投资、可持续投资等理念，同时，要具备两种思维：第一个是实业的思维，第二个是资本思维。做风投投的是实业，所以必须要有实业的思维。投资的实业思维是什么？就是让投资回归商业本质：实业就得实打实，来不得半点虚假；实业就得严苛核算成本利润，赚钱是天职；实业就会有成长曲线，历久弥香；实业就需要组合资源和要素，适时打通关键节点。另外，还要有资本的思维，即以资本的视野对实业进行提升，把生意提升为事业，除了赚钱还要有诗和远方，要有未来。从读书人的秉性角度来说，或者从儒商的角度来说，我们做股权投资是有情怀的。我们不光是为了赚钱，君子爱财，取之有道；在赚钱之外，我们还要有更多的担当，对社会有更多的贡献。这是我们做投资的一种胸怀。我们选企业实际上也和自己的投资风格相联系。有些企业虽然赚钱，但是它有悖于社会公益，譬如说破坏环境，或者无益于社会发展，我们肯定是不会投的。

其次，在心态层面，我们要具备各种心态，比如合伙人的心态。大家一块儿把这个事业蛋糕做大，才好一块儿分钱，而不是光想着靠怎么精确计算去赚被投资企业的钱。再比如专科医生的心态，专科医生的心态是什么？不是所有的病你都能看得明白，不是所有你看得明白的病就能治，投资只投我们看得明白的。还有就是要有长期抗战的“熬”的心态。投资有时候运气的成分也很重要，一位投资界大佬说过，做投资，在做好自己该做的事情以后，剩下的事情就交给上帝。许多时候你得慢慢等候，静待花开，特别是你虽然投了好企业，但如果遇到IPO暂停了，或过会条件突然趋严了，你只能等、只能忍，所以必须要有熬的心态。另外，从我们能力的角度来说，我们只能保证利用我们的专业投到好的公司。只要投到好的公司，早一天退出晚一天退出不是我们最关心的。

另外一个，从投资的境界来说，大致可以分为三层境界。第一层境界，投资是一门技术；第二层境界，投资是一门艺术；第三层境界，投资是一门哲学，或者说有人把它总结为投资是一种平实的生活态度。从这个角度来说，实际上我们投资一级市场和二级市场最大的不同就是：我们做投资是寻找同路人践行自己人生观、价值观的一种实践，你平常做事做人的风格会在你投资里面体现得非常充分。如果你自己平时是个心胸狭窄、目光短浅、患得患失的人，很难想象你的投资会好到哪里去。

你认为什么样的公司算是好公司，有什么标准？

从投资人的角度看，那就是“除了缺钱什么都不缺的公司”就是好公司。打个比喻来说，我们希望投的公司是什么，相当于一台车，已经造好了，现在就缺油，车主没有钱加油，我作为投资者给他加上油以后，车马上就可以上高速了，这是最好的公司。

我前面说过，做企业是做要素组合的。企业发展有很多要素，譬如说要有好的领头人、好的研发和管理团队、刚需的大市场、好的技术和产品、好的模式和销售策略，还要有配套的资金等，它是一个各种要素的组合。有些企业要素有可能是缺一项，有的企业是缺几项。从投资的角度来说，就是一个要素配置。如果企业除了缺钱什么都不缺，这就是我们最好的投资标的。但是实际情况是许多企业不仅仅缺钱，或者它表面上看起来是缺钱，实质上它内部还缺很多东西，这就要求我们根据它的具体情况，帮助它配置各种要素进来。那么，我们做投资就要看哪些要素是硬伤，哪些要素是我们的能力圈配不进来的，那对我们来说就不是一个很好的投资。

能举一个例子吗？

譬如说市场方面的因素，有些企业技术很好，团队也很好，但是它现在市场的占有率已经达到60%了，也就才一两千万的销售收入。换句话说，这个市场全部给它，也就是三四千万的市场的容量，这种企业就是天花板很低的，市场基因有问题，我们再努力，企业也长不成巨人，所以这种基本上不适合我们投资。

作为一个优秀的股权投资专家，你觉得需要具备哪些核心能力？

我觉得对于股权投资，它要求的能力真的比较高。我觉得需要以下几个能力。

第一个是看透人性的能力。因为投资最主要是投人，你得能看明白人。因为弄虚作假的人会很多，所以你要能够接地气，了解社会，看透人性，这需要你阅人无数的经历。

第二个是洞见未来的能力。投企业也是投未来，因为没有一个伟大的企业是看财务报表看出来的，财务报表只能提供一些判断的依据，而不是结论本身。如果对一个行业、对一个企业没有洞见力，很难在投资中找到独角兽这类的伟大的企业。

第三个是沟通协调能力。因为做投资，无论是在投中还是投后，和政府、企业各方面的沟通协调能力非常重要，工作量会非常大。

第四个是一定的管理咨询能力。说得夸张一点，投资人对企业有时候可能是“保姆加教练式”服务，还是要懂一些企业运作的基本规律、基本套路，企业从小到大会经历各种风险，为避免企业少走弯路，你要有这种管理咨询方面的能力。

第五个是对接资本市场的能力。你投了以后，它后面的融资问题，包括资本市场的整个规划，都需要你去帮着统筹策划。当然，我这里说的都是要求比较高的投资，并不是每一条都要做到。

关于这个洞见未来的能力，想请你多说两句，怎么样才能够具备这种能力，或者怎样才能培养、提升这个能力？

这个实际上既是一种能力，也是一种思维方式。从这种能力的角度来说，是你人生所有积累的一种体现，对宏观、对行业、对未来的一种判断。这需要平时知识的积累。另外，这也是一种思维方式，它里边包含一种很强的逻辑推理能力。

譬如说某些高科技企业，从企业本身、技术本身来说已经远远超过我们目前的认知能力，因为它太高端、太前沿了，高端到绝大多数专家都看不明白，全世界看懂的人都不多。在这种情况下，可能就要转换我们的思维方式，证实不了就去证伪，用逻辑推理能力来研判。从行业发展轨迹、上下游产业链、原材料供应链、产业发展的关键节点和核心痛点去分析，你就会对这种企业的产品及未来潜力有一个相对客观的洞见力。

你的经历是从二级市场到一级市场，现在有一种说法，即目前二级市场的估值水平可能比一级市场还便宜了，流动性又好，你怎么看待这个观点？

二级市场受各种因素的影响，目前比较低迷，我觉得二级市场目前不是底部的话，至少也属于底部区域，系统性风险不会很大，最大的不确定性是在底部区域能停多久，现在已经进入了左侧交易的区域。

从投资来说，做二级市场投资的人，比较难转型做一级市场，而做一级市场习惯的人，也不太习惯做二级市场，二者虽然没有截然的界限，但差别还是蛮大的。

现在就从收益、风险和流动性三个角度考虑，是不是二级市场的机会比一级市场更大？

应该说二级市场会更快，至于机会大不大和你的投资风格、功力有密切关系。在2009年、2010年的时候，二级市场股票跌到很低，当时有一些创投标的企业可以投，我就存在是投一级市场还是投二级市场的选择，当时重点放在了二级市场，结果还是一级市场的收益更高。所以，对专业的投资人来说，无论是做一级市场还是做二级市场，里面的机会都有，关键是你能不能把握住机会。

好，接下来讲一讲你生命中的贵人。

这个题目比较大，像我们都是从草根一步步走过来的，一生中贵人很多，每一个阶段都有贵人。从中学时的班主任，到大学时的老师、研究生导师，到后来在职场的领导和同事，很多都是我的贵人，太多了，可能没法一一说。正是每一个阶段有贵人相助或者名师点拨，我才会一步步走到今天。而且从心态上讲，我始终是怀着一颗感恩的心，去尽力珍惜并把握好贵人们给我提供的机会。

对你个人或者事业发展影响比较大的人，从这个角度有没有可以讲的？

应该说改变了我人生方向的是两个人，一个是我的研究生导师盛默老师，第二个是研究生论文指导老师王自力老师。因为我证券投资基本的投资功力都是盛老师教我的，在读研期间，投资上有什么不懂的问题，他都专门跑过来跟我沟通，对学生很负责任。我在读研究生的时候，几个同学组建小基金，做投资的尝试，而且在1994年、1995年行情不好的情况下，每年还有60%以上的收益。后来盛老师离开学校去外资企业当高管了，我在临写毕业论文前一年换导师了，刚好这个老师就在深圳人民银行做研究工作，就把我带到了深圳。我从跨行业考研究生开始就想来南方闯，但是怎么闯、怎么来南方、在哪个行业、怎么落脚，这些问题都还不确定，王老师直接把我带到深圳，并且让我在最喜欢的证券行业扎下根。

在君安，激情燃烧的岁月

谈谈当年在君安这个证券业的"黄埔军校"你的故事和感受。

我在君安工作了六七年，也算研究所的老人之一。现代成功学经常会讲成功几要素，譬如说找对平台，跟对人，做对事等，我感觉这几要素对我都是应验了的。我学完投资后到君安工作，首先君安的平台非常好，特别是从研究所的角度来说，它是一个完全不拘一格用人的开放的体系，可以举一个简单的例子。当时研究所让我负责组建策略研究部，说你可以找人，凡是你需要的人我全部配给你。我当时选了几个人，其中有一个是大家后来都知道的但斌，当时他在君安一个营业部担任投资襄理，连正式员工都不是，也不是金融、经济方面的对口专业，但是我了解的但斌是一个特勤奋、爱钻研，熟谙江恩理论并对市场很有感觉的人。就这样，我说要，研究所动用公司资源走特批程序把他给调了过来，就可以看到君安的体系有多开放，这放在现在完全是不可想象的事。

第二是学术自由争论。无论你是经理还是老总，还是一般的研究员，有个自由论坛，大家可以发声。

第三，它是一个学习型组织，相当于一个学校，大家在这儿都能够学习、成长。最后真正形成了"大家靠君安、君安靠大家"的良性互动。如果没有君安这样一个平台，我们也很难想象会有今天这样的成绩。许多当年同时来深圳的人，进君安的平台和不进君安的平台，事业发展的差别还是蛮大的。所以，从这个角度来说，君安真是我们这些人的"黄埔军校"。

看得出挺有感情。

应该说是很有感情，特别是我们在看《激情燃烧的岁月》电视剧的时候就很感慨：我们当时在君安就有这种激情燃烧岁月的感觉，大家干活的时候拼命干活，周末的时候公司会组织大家去休闲、活动，没有见过哪一个公司同事之间的关系会像同学之间的关系一样，非常融洽，非常默契，觉得这真的是一个难忘的人生经历。

怎么看待证券行业和股权投资行业的现状和未来前景？

首先，我们从大的方面来看，第一是开放，改革开放这个趋势应该不会变；第二，市场化的趋势也不会变。只要这两个趋势不变，证券行业、股权投资行业，一定是要发展的，越来越有前景，而且，有人把股权投资行业视作下一个十年最为看好的行业之一。但就像股票市场一样，能够从中赚钱的一定是少数。

对，未来会不会有很多股权投资公司被淘汰出局？

我刚才已经说了，如果二级市场是“二八法则”的话，一级市场有可能是“一九法则”，会有一大批股权投资公司最终出局，只有真正的头部企业才活得比较好。有一个简单的数据，在中国基协备案的股权投资管理企业有14000多家，国内在A股、香港等上市的公司合计3000多家，那未来即便上升到6000家来看的话，做一个算术平均，平均两家股权投资公司还轮不到一家被投企业上市。如果把IPO当成主要的退出渠道的话，许多股权投资公司是没有生存空间的。

你们公司主要怎么定位，未来怎么在激烈的竞争中求生存、求发展？

因为我们做这块业务算比较早，也是科班出身的专业团队在做，所以目前整个状况还算不错，已经上市的公司有几家，然后可能还有几家近一两年内也都会上市，另外我们有比较支持我们的LP，始终在后面给我们出钱，公司的运转进入一个比较良性的状态。

如何看待目前IPO过会率比较低的现象？

这个应该是一个阶段性的安排，在市场不同的阶段，监管层也有不同的节奏。从现实情况来看，过会率低可能有两个原因。一个原因是一些企业为了上市确实有作假、过度包装的成分；另外和上市标准的宽严也有关系。我觉得未来规范化的发展肯定是一个大趋势，不可改变的，只不过时间长短的问题。作为创投公司，我前面已经说了，它首先要有好的心态。不管它上不上市，我只要投的是一个好的企业，把它当实业做，也有不错的收获，这是第一点。第二点，投资退出特别是IPO退出，有一些偶然的因素在里面，有运气的成分，我们做好自己的事，剩下的事交给上帝。

对于股权投资者来讲，他对于投资收益是怎样的预期，因为原来大家都觉得要暴富。

对单个项目来说，存在暴富的机会，但也面临血本无归的风险，所以做创投只有做组合才有投资学上的意义。而组合下来的话，收益率就会大幅下降。对投资人来讲，心态是许多人不可跨越的门槛，必须过心态这一关。这不仅事关投资人的心态，也涉及出资人的心态，因为出资人的心态最终会影响到投资人的心态。巴菲特之所以能做成投资大家，和他背后的资金有关系。所以，投资人和出资人的理念沟通非常重要。我们会引导出资人认同我们的财富管理的理念，即重在保值增值，不拒绝超额收益，但首先保证持续稳定的合适收益。

你觉得什么样的收益预期是比较合适的?

从投资人这个角度来说，底线思维非常重要。首先，一般来说要跑赢CPI、GDP增幅；其次，更数据化一点，实际上对投资人来说年化不低于10%的回报是可以接受的，我们基本上在给出资人传递这样一个观念：年化10%—20%的收益率，都是可以接受的。这样我们把投资当成一种生活来过，过得就更踏实。

你有没有一个比较欣赏的投资大家?

比较推崇巴菲特。

也就是说，即便你现在做了股权投资，你仍然认为二级市场的巴菲特是你

比较崇拜的？

一级市场、二级市场的理念实质上是一样的，巴菲特的成功之处就在于他虽然做的是二级市场，但是他按一级市场的思维在做二级市场，按照企业的成长轨迹、成长曲线去选择股票。所以应该说一级市场、二级市场，最终从理念的角度来说同出一宗。另外，投资是一门实践的科学，就是知易行难，能够长期坚持，这是非常不容易的，而且能够从中获得相对来说不错的回报，那是要真功夫的。

你个人的事业目标是怎么考虑的，为什么有这种考虑？

从我个人的角度来说，我的终极目标是做个自由投资人。自由投资人实际上和现在的模式不太一样。现在的模式是财富管理，就是为客户的钱保值增值，我承担的职责还是很大的。一是我必须尽最大努力让出资人赚钱。二是我还得有时间上的要求，在一定时间内去赚钱，以我的责任心，这样还是有一定的压力。另外，我为了保证这些目标的实现，必须养一个比较专业的高水平的团队，而要带好一个团队，来自外在的压力也是实实在在的。

我想以后成为自由投资人，就是说用我自己的钱，看到有好的项目就投，没好的项目我就休息，不用刻意地为找项目而找项目，投资纯粹是一种爱好、一种兴趣，我希望以后是内在的动力而不是外在的压力，这是做自由投资人可能的好处。

打算什么时候退休，退休后打算做什么？

做投资有一个好处，可以不退休或者说是半退休，因为投资是一辈子的事，人生的一个重要的课题就是如何让资产保值增值，而做投资，上班的时候可以做，不上班的时候也可以做。当然，到了一定时候会逐渐做减法，但是不会归零，肯定还是要做点事情。一个是兴趣所在，到了一定时候投资已经变成一种习惯了。另外，对每个人、每个家庭来说，自身资产的保值增值是永恒的课题。

你对年轻的投资从业者有什么建议？

我觉得对年轻的从业者来说，有几点可能需要注意。第一，人生要有规划，成功是一种选择。一个有规划的人生和没有规划的人生差别会非常大。第二点，经历也是一种财富，这个非常重要，不要认为自己在做某件事耽误了时间，浪费了青春，其实都是在为下一步积攒素材。从我的例子来说，我的经历比较丰富。做股权投资人里面，比我经历丰富的人也不是很多，小时候不用说了，从大学毕业当大学老师，到后来的读研，做证券研究、证券投资，做资本市场，包括自己也开过工厂，开过饭店，在咨询公司也干过。这些零零碎碎的经历在当时看来似乎没有什么很特别的意义，但是把这些东西集合起来，是形成我现在做股权投资还算比较顺利的一个重要原因。因为实业我做过，研究投资投行都了解，资本市场这一块我特别熟，管理咨询我也学过，这样就等于所有的功夫前边都没白费，所以说经历也是一种财富，我觉得这也是一个很重要的建议。第三个建议，要有好的心态，做事要持之以恒。这方面是许多年轻人最容易犯的毛病。一定要沉得下去踏实肯干，把小事做好。千万不要好高骛远，眼高手低。

后记

和王汉卿认识并成为好友，迄今已有23年之久，所以，肖冰可以有资格给他做一个很权威的鉴定：通过知识与勤奋，成功改写命运，他是当之无愧的典范。

肖冰还记得1995年在《证券时报》刚与他认识不久，他领了稿费便请我和另外一个朋友吃饭，在上步路四川大厦的川菜馆，档次比大排档还是高不少的。席间讲什么记不得了，只记得他说自己还习得一身武功，一般几个人都近不了身，看他当时虎背熊腰的样子，反正我是信了，而且羡慕不已。那顿饭至今唇齿留香。

PART 2

第二部分

股票多头策略高手

第 8 章

南山基金前投资部总经理汪思波：

A股第一代基金经理的华丽转型

访谈时间：2018 年 9 月、2019 年 7 月、2020 年 12 月
访谈地点：微信文字沟通

肖冰第一次见到汪思波，是在1994年夏天的一个中午，在深南大道旁边的电子科技大厦，大鹏证券的营业部，那时他的身份是深圳市南山基金管理有限公司投资部总经理。那时候的汪思波，戴一副眼镜，唇红齿白，一副温文尔雅的知识分子的形象，和他当时“大开大合”甚至有点“彪悍”的股票操作风格，似乎很难对应起来。我那时候刚到深圳工作，在《证券时报》新闻部当记者，由于是老乡，所以来往就慢慢多起来了，成为老朋友。

汪思波学习成绩一直很好，1981年以江西省上饶地区理科状元的身份考入清华大学，一待就是8年。先是本科学了5年的工程物理，1986年开始在清华核研院攻读系统分析研究生，1989年毕业后南下深圳，1991年开始从事股票投资，由于投资业绩出色，一路做到早期公募基金公司——深圳市南山基金管理有限公司投资部总经理，是新中国第一批公募基金经理之一。

2002年3月，他做出了一个出乎意料的决定：辞去职务，跑到美国的加州伯克利大学系统地学习了一年与投资有关的知识，对公司估值、产业分析、经济分析开始有了自己独创性的理论探索。从美国回来后，一度开过一家证券投资咨询公司，目前除了继续在二级市场搏杀之外，还有一块就是成功的房产投资。近年来，他的主要兴趣转向了宏观经济理论研究。汪思波有一个梦想：

有志于在经济理论方面做出像亚当·斯密、凯恩斯和弗里德曼那样划时代的贡献。

投资历程

你当年是怎么走上投资道路的?

个人股票炒得好，被专业投资机构发现，然后就边学习边实践，转型成为职业投资者。对我来说，炒股是我灵魂自由层面的精神享受。

请问你现在采用什么方法投资，以及这个方法是如何形成的?

采用中期波段（七年左右一个中期周期）方法投资，是理论结合实践摸索出来的。过去的经验表明，股市中期波动周期是七年左右，波动幅度是三倍左右。

尽管价值投资是个不错的方法，但根据市场有效原理，我认为价值投资在理论上是不存在的。因为股市具有正反馈特性（作者注：正反馈特性是一种股市的内部运作机理，比如股市的赚钱效应会进一步刺激投资者情绪，将更多的资金投入股市，从而加剧股市上涨，带来更大的赚钱效应），天生容易波动；加上政府金融政策的波动，股市就变得大起大落。

请问对目前和未来的A股市场怎么看?

目前市场处于股市中期波动的底部区域，未来三四年有两倍以上的涨幅。

在你眼里，好公司的标准是?

一、合法经营的公司都是好公司。那些经营失败了的公司，也成就了那些经营成功的公司。二、有竞争优势的企业，也会有好的利润，其公司股票是好股票。三、营业收入大的企业对社会贡献也大。

举例：茅台是个好股票，一是它的品质比竞争对手有显著优势，二是茅台酒价随货币供应量增加而有一定程度的上涨。阿里巴巴应该也是个好股票，它在电商领域有显著竞争优势。阿里巴巴也是个伟大的公司，它大大提高了社会效率。

你过往最成功、最失败的投资案例是什么？

1999年中国驻南联盟大使馆被炸，由于当时担心经济秩序会乱，因此低位清仓，这是个人到目前为止最失败的案例。

2008年11月初，美国金融危机爆发时，我觉得中国经济根本没事，勇敢抄底，这是最成功的案例。

我认为，经济理论对投资股票很有帮助。

过往这些年的投资，都有什么经验、教训和读者分享？

股市很低迷时，对利空尽量不要反应；反之，在股市上涨很多、很热时，对好的前景要谨慎。

你比较欣赏的投资大师是？

索罗斯。他做的是大投机，这需要独立的理论思考为基础。索罗斯对社会的理论思考是与众不同的。

个人成长

2002年去美国学习，主要有什么收获？

我在美国UC-Berkeley Extension 学习国际金融课程14个月，系统学习了经济学、财务与会计、投资组合管理、产业分析与公司估值、固定收益、期权期货等内容。由于我学习能力比较强并且是创造性地学习，因此14个月的美国学习我收获很大。

第一，我对股票投资的理论很熟了，回国后炒股技术大涨，取得了很好的投资回报，在股票抄底、逃顶、个股选择等方面常有漂亮之举。

第二，因为经济学入门了，这让我能以专业的角度探索社会主义市场经济理论。我在经济理论方面的研究成果，对我判断经济形势和选择股市投资策略大有帮助。同时我还相信自己未来在经济理论方面可能会有惊人成绩。

对你影响最大的人是谁？

有两个。一个是毛泽东。当年毛泽东对蒋介石，力量对比是那么悬殊，但毛泽东最后还是打败了蒋介石。红军长征那么艰难，但毛泽东诗词所体现出来的革命乐观主义和浪漫主义精神是一般人所没有的。

另一个是邓小平。邓小平在中国搞改革开放，对过去有否定也有坚持。这是非凡的。太多人之所以平凡，就是要么全面否定，要么全面坚持。

对于大家所说的财务自由，你是怎么理解的？

在中国社会主义市场经济制度下，愿意工作，按规定交社保，就可以实现财务自由。没有生存危机就是财务自由。

在物质相当丰富的中国当下，追求财富实际上已成为精神层面的事。我们对财富的追求本质上是对自我价值实现的追求。

退休后想做什么呢？

我现在算是提前退休了，正痴迷搞经济理论。

经济理论是关于人和社会的理论。由于人和社会太复杂，当前的理论还没有达到像数学、物理那样，在几个基本假设基础上进行演绎的阶段，而是处在由社会实践推动的经验总结阶段。

中国改革开放四十年搞社会主义市场经济，其做法与西方发达国家不完全一样，但结果更成功。我对中国经济实践做了十多年痴迷的潜心的理论探索，有了一定的成果，初步可以构建新的经济理论体系。

16世纪以前，人类社会生产力很落后，不需要什么经济理论。后来生产力发展了，商品交换出现了，就有了重农主义和重商主义。再后来，由于商品交换的进一步繁荣而出现了亚当·斯密的自由市场经济理论。自由市场经济后来出现了周期性经济危机，特别是出现20世纪30年代的大萧条产生了凯恩斯主义。凯恩斯主义又由于用过头而产生了滞胀，这时出现了以弗里德曼为旗帜的新自由主义。

中国改革开放搞市场经济时，人类社会生产力水平已经很高，社会生产能力的闲置或没有充分被利用是关键问题。由于社会维稳和社会就业压力，中国大搞政府投资，这无心插柳地更好地利用了社会生产能力，这使我国经济一直保持很高的发展速度。并且中国搞市场经济四十年一直没有发生金融危机，还有就是：中国货币超发，但兑美元的汇率却保持基本稳定。

现在我已完成社会主义市场经济理论的初步构建，下一步计划是要把它写成学术论文在世界顶级期刊上发表。我相信十年到二十年内，社会主义市场经济会成为世界经济理论的主流和研究热点。我的梦想是到时自己在世界经济理论界有重要影响力。

可以说，退休后我有更大的人生梦想。

希望自己的孩子以后读大学学什么专业，从事何种工作？

希望孩子学与艺术、美学有关的专业，未来从事这方面的工作。个人趣味和审美是个人素质的重要方面。

对年轻投资从业者有何建议？

我的建议是，要有良好的敬业精神，并且努力学习，勤奋工作。富有工作成绩能使自己的人生更美好。

给读者推荐几本书？

美国注册金融分析师考试的教材很好，职业投资者全面系统掌握这套教材的知识很有好处。

人工智能（AI）会有何影响？

人工智能是未来的技术浪潮，将全面提高社会生产力，对世界将产生深远影响。从现在开始算，人工智能技术浪潮至少将持续二十年。中国将是世界人工智能的产业和技术中心。

再访汪思波：通过5G技术领先，未来投资机会也蕴含其中

2018年9月，肖冰对汪思波进行了第一次访谈：作为国内第一代基金经理

的他近年来已经转型，主要兴趣转向了宏观经济理论研究，他的梦想是有志于在经济理论方面做出像亚当·斯密、凯恩斯和弗里德曼那样划时代的贡献。时光飞逝，让我们来看看汪思波在这近一年时间里，他的筑梦工程有何新进展，以及对他的投资有何新的启发。2019年7月15日，肖冰以微信文字沟通的方式，再次访谈了汪思波。

和上一次访谈即去年9月份相比，你在经济学研究方面，最大的进展是什么？

去年9月份，我只是构建了自己的经济理论模型，但没有阅读那些著名经济学家的具有里程碑意义的论文。但到现在，我已阅读大量重要的经济学英语原版论文，对当今主流经济理论的逻辑体系有了很好的理解，特别是对他们的理论缺陷有很清楚的了解。

那就请结合你看到的西方主流经济理论的缺陷，谈谈你现在对经济学的理解。

广义来说，经济学是关于人的社会行为的科学。狭义来说，经济学是关于人的经济行为的科学。任何一门科学都是在几个公理性假设的基础上演绎出符合现实的规律。也许因为人太复杂，经济学目前还没提出公理性基本假设。理性人是不是一种公理性假设？不是。因为现实中太多的人不理性，理性人假设不符合公理性要求。

亚当·斯密的自由市场假设或“看不见的手”假设，有公理性成分，但它并不具有完全的公理性。因为自由市场尽管带来很多好处，但也有致命的弱点，就是周期性金融危机和经济危机，同时自由市场条件下经济增长速度不是最优的。

当今主流经济学还停留在亚当·斯密的自由市场假设阶段，也就是说从1776年亚当·斯密《国富论》的出版到现在二百多年过去了，经济学并没有太大的进展。无论是当今占统治地位的新自由主义，还是占次要地位的新凯恩斯主义，都把亚当·斯密的自由市场当作经济体系的最优状态，其经济增长模型和经济周期模型都把自由市场均衡作为最优解。但中国政府主导的市场经济可能更好。

请具体说一说你这方面的研究成果。

宏观经济理论方面，我的研究结论是：政府与市场有机融合，能产生更优解。中国改革开放搞市场经济四十多年，除了一直保持比较高的经济增长速度，还从来没有发生过金融危机和经济危机。只要保持现在的做法，未来一百年甚至一千年中国都不会发生金融危机。这是“政府之手”与“市场之手”有机融合的结果。这方面我已建立了符合国际学术规范的数学模型，由于我还没公开发表，因此不便现在在此公开。

在微观经济理论方面，我通过效用和成本两个变量构建了企业竞争模型。其主要结论是：产品的科技含量是产品效用高的很重要因素。在寡头垄断条件下，高技术含量的产品高效用将转化为企业的高利润。

你在微观经济理论方面的研究成果，其蕴含的价值是什么？

我的模型从理论上揭示大国竞争主要靠技术进步，靠形成技术先进的寡头垄断企业群。

企业的技术提升产品效用，达到寡头垄断状态时，这个提升的效用就转化为企业利润。过去美国靠技术先进的寡头企业赚取大量世界财富。未来中国也可以通过5G技术领先，形成新的寡头垄断企业群，从而获取大量世界财富。

你对中国经济一直很乐观，为什么？

乐观的原因是中国有强大的“政府之手”。我把1978年以来的中国经济数据做了计量经济学分析，其结果表明政府投资能让经济保持高速度增长。

中国的高铁、地铁还有很大的建设空间，5G基础设施和智慧城市、智慧工业还需要巨大的资金投入，靠这些投资，中国经济的未来一点都不悲观。

你今天介绍的研究成果，在你看来对于投资的价值或意义何在？

寻找能成为5G产业生态寡头的企业。华为是最好的标的，但华为并没有上市，寻找5G新产业生态寡头并不是一个容易的事。说句心里话，我对价值投资心生敬畏或者说有点恐惧，因为任何一个企业特别是高科技企业面临的致命性的风险太多。一个如日中天的企业随时可能被颠覆而终结，中外经济史上这种例子太多，朗讯、北电网络、摩托罗拉还有日本的东芝、日立等都是生动的例子。正如我前面提到的，也许十年后当今如日中天的美国几大信息产业巨头亚马逊、谷歌和苹果等都没有存在感了。如果股票市场只存在价值投资一条路，我会选择退出股票投资江湖。

三访汪思波：A股进入了真正的价值投资时代

一直在寻求自我进化的汪思波，在2020年投资框架又有了新的蜕变。例如，从2020年6月回归价值投资以来，他投资做得顺风顺水，最近他总结出了“四个伟大”选股原则，发布了“思波指数”，并身体力行、全仓投资白马股。肖冰于2020年12月通过微信和他做了第三次访谈。

请问你新近提炼的“四个伟大”选股原则，是怎么提出来的？具体是什么意思？

“四个伟大”选股原则，简单说就是：在伟大中国、伟大时代、伟大行业里企业全生命周期的时间维度考察企业的投资价值，寻找伟大的公司，或寻找伟大行业里的世界王者，或寻找伟大行业里的华为。

股票作为投资品，其价格具有投资和投机两种属性，其中投机属性与监管政策高度相关。对各种违规监管越松，股票价格的投机属性就越强。中国股市监管进入了对各种违规操作的“零容忍”时代，股票价格的投机性受到最大限度的抑制，同时伴随着注册制的推进、北上资金话语权的提高、国内机构投资者的大发展，中国股市进入了真正的价值投资时代。这是我提出这一选股原则的大背景。

价值投资的基础是估值。估值是一个人根据自己掌握的信息，依自己的估值逻辑对一个公司的投资价值做出的判断，估值是每个人对一个公司的主观预测。价值投资的本质是价值投资者之间的估值博弈。这其中有个有效假设很值得一提，就是一个好的公司其股价也足够高，好公司的股票未来未必有超额收益。

如何才能获得超额收益呢？一是要求投资者看得足够远，比如看到三十年以后的事。二是要契合时代发展，找出时代发展最强音的股票。基于这个原因，我提出了“四个伟大”选股原则。

在你看来，中国具备了产生众多类似华为这样伟大公司的条件吗？

华为的横空出世让中国人民很惊喜，却让世界其他不少国家很震惊，因为华为直奔世界王者的宝座。华为的出现并不偶然，过去的振华港机、三一重工都是各自领域的世界王者。

我一直以来的一个观点是：中国是政府主导的市场经济，超级巨大的政府投资建设了庞大且完善的社会公共产品体系，包括中小学校、大学和科研院所、医院、交通、信息技术基础设施。这大大降低了中国境内企业的外部成本，提高了其国际竞争力。因此，不仅中国本土企业不断涌现世界王者，外国企业也来中国享受中国境内企业外部成本低的优势。

中国的扶贫政策和地区之间的财政转移支付让落后地区最大限度地加入中国经济发展主流，加入中国教育主流，这最大限度地提高了中国劳动力供给的数量和质量。

总之，由于中国政治、经济和人口规模的巨大优势，中国将涌现无数各行各业的世界王者，我们做股票价值投资就要寻找这样的世界王者，或各个行业里的华为。

进入2021年，如何看待中国股市愈演愈烈的分化行情？

目前A股二级市场剧烈分化，少数白马股上涨，多数一般小市值股票下跌，这生动地诠释了估值为本、溢价为魂的价值投资内在逻辑，这将指示未来的选股方向。当前的分化行情是有估值潜力的股票上涨，没有估值潜力的股票下跌。

现在要问的是，为什么那些没有估值潜力的股票会被高估呢？我的回答是，过去中国股市监管不严，市场操纵很普遍，许多小票因有操纵而被市场追捧和高估。当前的分化行情就是这些被高估的股票泡沫破裂而价值回归。

依我对很多个小票的价值观察，这些小票的价值仍然被高估，未来还有很大的估值杀跌空间。至于白马股的上涨，我的观察是价值回归驱动，即就估值而言，这些白马股仍有很大的上涨空间，当然其走势过程可能会出现一定的反复。

从另一个角度来看，分化行情可以归结为有想象力的股票行情和没有想象力的股票行情。没有想象力的股票没有期权价值，激不起市场的兴趣，激不起市场的兴奋。

有想象力的股票有很大的期权价值，各类投资者都有强烈的参与兴趣，投资与投机各得其所。我认为，最大的想象是伟大中国和伟大时代。

我认为，当前比较好的策略仍然是拥抱优质且具成长性的白马股，避开沉默的大多数。

个人投资者应该如何应对？

中国股市过去因为监管不严投机盛行，股票投资相对来说比较好做，因为只要你对股市的感觉到位，你就能把握很多股市机会，获得很好的回报。

股市进入价值投资时代后，对市场的感觉基本没什么用了，需要的是对估值的准确把握。股票估值是个理论性很强的专业技能，大多数非职业投资者都不具备基本的估值能力。

我判断，中国股市进入价值投资时代后将对非职业投资者进行残酷的淘汰。下面是给投资者的三点劝告：

1. 估值是很复杂很抽象的逻辑体系，一般人是很难掌握的，因此一般人就不要直接做股票，而是分散、持续买几个长期业绩优秀的公募基金经理的基金就好。

2. 股票价值投资本质上是镰刀与韭菜的零和博弈游戏，大批韭菜成就少数投资天才，一将功成万骨枯。

3. 由于股市系统的正反馈特性，即使是长期价值投资，股市泡沫也会很大，因而其风险很大。股市泡沫破裂时会让投资者的股票虚拟财富大幅度缩水。

说说你的“做人秘籍”。

我多次说，做事在做人，做股票投资首先在做人。如何把人做好，下面是我的心得体会，我称之为做人秘籍。包括：1.零抱怨朋友对自己不好，零抱怨朋友对自己不尊重。2.细心体察朋友对自己的好，并给予积极的回应。3.如果朋友对自己有关键性的帮助，一定要终生感恩。

那你目前的股票投资秘籍又是什么呢？

我今天所说的股票投资指价值投资。股票价值投资的本质是估值博弈，包含两方面的内容——估值和博弈。

估值是对一个公司的未来做预测，首先考察的时间维度要足够长，其次要与国家和时代的最强音共振。所以，我才提出了三十年以上时间维度，伟大中国、伟大时代、伟大行业、伟大公司逻辑框架下的长期价值投资选股策略。

股市是具有正反馈特性的投资者博弈体系，具有显著的羊群效应，大涨大跌，被冷门和被热炒交替进行。因此，对于真正有投资价值的股票，冷门时进入、热炒时卖出可能会大大提高收益率。

不管是估值还是博弈，都是技术难度很高的活儿。如果觉得自己的能力一般，最好远离股市，免得被割韭菜。

至于是否做板块轮动，这需要特殊天赋，我没有这方面的天赋，就放弃之。我收获顶级核心资产的比较确定，也比较好的回报就好。我更高的志向还是经济理论研究。

后记

汪思波的投资风格，这些年一直在进化。从早年的基本面投资，到近些年的趋势投资，再到近期转向价值投资。其变化背后的核心，就是他一直在持续探索和把握二级市场的内在逻辑。由于股市的正反馈特性，即使是核心资产也是过度上涨和过度下跌的轮回，因此他目前正在尝试核心资产的中线大波段操作。因为敢于自我否定，他的股票投资操作策略一直在变，不变的是对股市逻辑的不懈探索。

第9章

新智达投资苏武康：来自万科的价值投资信徒

访谈时间：2018年10月9日上午
访谈地点：深圳市新智达投资管理有限公司

深圳股市发轫之初，来自南开大学的为数不少，当年，他追随着学长们的足迹，来到深圳，就职于万科，开始了自己的证券生涯。

1993年底，他在深圳万科财务顾问公司当时的领导郁亮的指导下，做了3年的股票投资分析研究，他从万科学到了什么？

在过去的二十多年，他通过系统学习巴菲特、芒格的价值投资理论，在证券市场上获利丰厚，他是如何成功投资的？

作为一名证券投资的老将，他未来5年最看好的行业是什么？伟大的公司的标准是什么？对年轻的证券从业者，他又有什么建议？

他，就是深圳市新智达投资管理有限公司的创始人苏武康博士。2018年10月9日上午，肖冰在他的办公室对他进行了一番访谈。

在郁亮的领导下做股票投资研究

先向大家介绍一下你自己与投资相关的经历。

我的工作一直就是跟证券二级市场投资密切相关。我本科和硕士都是在南开大学读的，在上研究生的时候基本确立了自己要从事证券投资这个职业，因为在美国，证券行业发展规模非常大，出现了像摩根、高盛这样大的公司，而在当时的中国证券行业刚刚开始，个人觉得这个行业比较有发展前景，同时也受到一些学长的影响，比如深圳证券交易所当时的总经理也是我们南开毕业的。1993年底我来到深圳，当时就根据股票代码来上市公司找工作，001就是深发展，002就是万科。我去万科求职的时候，万科刚刚收购了一家上海上市公司申华，所以万科财务顾问公司在上海和深圳两边正好都需要人，就把我招进去，我就开始从事证券投资这个行业。

在万科财务顾问公司时，我的领导是郁亮。郁总当时一方面是万科公司的董秘，同时他还是我们万科财务顾问公司的老总，给我们布置一些调研方面的任务。当时跟公司其他同事专门走访了一些珠三角公司，像最早的粤美的、粤丽珠等等，从那个时候开始，我就开始写公司的研究报告，并且将基本面的研究放到一个非常重要的位置。正是基于这种投资理念，当时万科财务顾问公司在1993—1996年，基本上每年都能获取不错的利润。

万科财务顾问公司主要的业务就是用公司自有资金投资二级市场吧？

是用公司自有资金进行股票投资，不仅包括二级市场，也包括一级市场，比如当时我们就是美的的法人股股东。我当时的主要工作内容，要不外出调研，要不就在公司开户的证券营业部大户室投资炒股票。

你在万科财务顾问公司3年多，还有什么故事可以跟大家分享一下？

我觉得万科这个公司后来取得的成功，包括我在万科工作的一些体验，对我的投资理念有非常大的影响。万科一开始做很多业务，并不是以房地产为主业，但是随着它的B股上市之后，跟海外一些投行进行交流，公司放弃了做类似当年日本的综合性商社的想法，从1997年开始，逐步将除地产外其他业务全部砍掉，集中精力做房地产。那个时候万科财务顾问公司的使命也就基本完成了，我也觉得在公司进一步发展证券业务的空间比较有限，就离开了万科。

现在回头再看万科，就发现万科确实经过当时那次调整之后，爆发力体现出来了，1995年万科一年销售才十几个亿，到2018年万科一年销售五千亿以上，这就是聚焦的魅力。作为一个大公司，必须要有一个最主导的行业，而别的行业，即使表面上能给你带来盈利，但它会分散你的精力，比如万佳百货和怡宝蒸馏水，在当时看来都是万科创办的很好的企业，但是为了聚焦主业必须把它们卖掉，这也无形之中促成了我比较倾向于集中投资的风格，我不希望把投资变得很分散，因为人的精力是有限的，顾不了那么多的行业、那么多的公司，很可能顾此失彼，应该像万科一样集中精力做最有潜力的行业、挑选最优秀的公司，然后去赚取利润。在1993年到1997年的时候跟万科在一个层次的房地产公司很多，但现在这些公司都远远落在万科后面。

这边我也有个亲身经历，我是1996年底开始给《证券时报》武总当秘书，当时有人向武总提议：既然报社和来自全国各地的上市公司都熟悉，那何不在深圳租一个场地，办一个上市公司名优产品的展销中心，多一项收入呀。而且当时都去振华路看了场地。我就跟武总说，这个涉及报社多元化业务，王石这方面经验丰富，咱们不妨去向他请教。那时万科总部还在罗湖的水贝，我们两人在一个小会议室落座，不一会儿王石就过来了，听完我们的想法后，虽然是第一次见面，但王石非常直接，直截了当地说：这个事你们不能做，就好像生产三九胃泰，同时也弄个三九牌杀虫喷雾剂（话到此处，记得王石做了一个非常夸张的动作，以显示这两个产品的互斥），那消费者就会很困惑，进而对你的主营业务发展也不好了。后来我们武总回去后还真没有搞这个展销中心，而是陆续办了面向高端读者的《财经周刊》、面向散户的周六出刊的《百姓投资》、全景网、《新财富》杂志这些，一直在媒体行业深耕，不知是否受了王石这番话的影响。

万科曾经做过很多公司，包括有一次派我出差去新疆，因为万科那时候在当地搞了一个生产蕃茄酱的公司，公司经营不是很理想，后来卖给了当时的三九。三九本来发展很好，就是因为多元化盲目扩张，最后垮掉了。而万科聚焦地产之后发展越来越好，成为了当之无愧的行业龙头。所以，我后来在做证券投资的时候也喜欢聚焦，集中在一两个行业，集中在不超过十个公司里面，这样你才能够跟踪公司各方面的动向。

沪指从2200点跌到998点，如何对抗这种下跌

1997年离开万科财务顾问公司后，我记得你去了深圳的青海证券？

对，当时有几个深圳的朋友收购了青海证券，我就到了青海证券深圳总部负责研究部。后来青海证券考虑到没有营业部，要转型，1999年到2000年互联网比较热，青海证券准备发展网上券商业务，成立数码证券网站，我担任首席信息官。后来公司又成立了证券研究所，我担任所长。

2000年之后整个证券行业发展并不理想，进入到一个熊市期，网上券商业务又受各方面政策的限制，发展余地不大，2003年我就从证券公司出来开始做一个自由投资人。

我从1997年开始阅读巴菲特的一些书籍，越来越感觉中国证券市场波动幅度非常大，尤其从2000年到2005年指数从2200点跌到最低的998点。在这段时间必须要选择优秀的公司才能对抗这种下跌，而且在2003年巴菲特已经开始在香港投资中石油了，这说明中国存在符合巴菲特选股标准的公司，于是我开始系统地阅读巴菲特的投资书籍，并按照价值投资的标准寻找好公司，逐步形成了“价值投资、精心选股、重仓持有”的投资风格，挖掘出招商银行、茅台、万科、伊泰B等牛股，持续获取了较为丰厚的投资回报。

到了2008年9、10月份，我去了一趟美国，正好是美国发生次贷危机股市跌得最厉害的时候，这时候就传来了巴菲特买比亚迪股票的消息。我当时就感觉到，经过2008年股市大跌，香港市场比A股更有投资价值，我从那个时候逐步开始关注香港证券市场，当时跟着巴菲特买的比亚迪，十来块钱买的，一年多之后七八十块钱卖掉。同时还买了像神威药业等医药股，当时我感觉无论经济好坏，人生病总得去看病。后来基本上从2008年开始，一直到2014年，我主要是做香港市场，其间通过持有比亚迪、神威药业、维他奶国际等股票收益

颇丰。

看来巴菲特对你的投资影响也是很大的。

关于巴菲特的所有书籍我基本都看过，而且有的看了几十遍。然后到了2014年，在对一些公司进行比较的时候，我发现A股开始存在相当一批非常有投资价值的公司，我第一个关注的就是福耀玻璃。福耀玻璃当时的股票价格大概是7块多钱，但是业绩基本上能够达到1块钱，就是他的市盈率只有7倍，而且分红非常好，因为曹德旺把一部分股份变成慈善基金，这个慈善基金每年需要现金用于对外捐款，所以那个时候是每股五毛钱的分红，股息率都7%了，而且福耀基本上占到国内汽车玻璃60%的市场，这是个垄断性的地位，所以我逐渐开始买A股股票。同时，我也关注到国家开始放开了私募基金的管理，2015年1月份我就成立了新智达成长一号基金，正式开始自己私募基金经理的职业生涯。

你离开青海证券是2003年，到2014年做了11年的个人投资者，从2015年开始又成为一个私募基金管理人，到现在3年多。对这3年多私募管理经历，能否小结一下？

到目前为止，我只发行了新智达成长一号一只基金。从效果来看，每年都获得了不错的回报，被私募排排网等机构评为低风险高收益的五星级基金，但是其中也出现了起起伏伏，尤其在2015年股票涨到5000多点以后的那次大跌，我也出现了一定幅度的回撤，主要当时2015年初基金成立的时候股市已经涨了一波，A股按照价值投资可选择的标的并不多，所以我一方面选择了像福耀玻璃、上海机场这一类的稳健股票，另一方面我通过沪港通买了一些香港股票，因为我对香港股票比较熟悉，所以基金上半年回报不错，但后来等股票涨到5000多点的时候，我认为香港股票跟A股相比估值偏低，所以没有及时对持有的港股减仓。到了2016年、2017年就比较顺了，我的净值一路上扬，回撤的幅度也很小，从2015年1月基金成立到2018年9月底，上证指数大概跌了10%，而我的基金净值涨了一倍多，总体上来讲还是比较满意的，但是还有待进一步完善和提高。

2015年的那次回撤有多大？

2015年的那次大跌上证指数从5100多点跌到2016年初熔断时候的2600多点，指数跌幅将近50%，我的基金回撤在30%左右。

你后来是怎么做好回撤管理的？

后来我觉得最主要的就是，在股票的选择方面，下了更多的功夫，因为我当时在香港主要持有的一些股票，虽然是市盈率比较低，但是还是有一定周期性，周期性的股票在市场波动当中，它的下跌幅度往往会超出大家的一些想象，包括像汽车、家电、房地产、工程机械等等，往往会有非常大的波动性，这些公司是不太适合重仓长期持有的。值得重仓持有的，还是应该集中在以日常消费和医疗为主的这些行业当中，因为它们的发展是可持续的。

在你看来，家电行业也是偏周期的，而不是偏消费类的？

它虽然是偏消费，但是它也有很强的周期性，因为它跟房地产密切相关。

刚才你也讲了，你现在投资风格是价值投资，会聚焦一两个行业来集中投资，所以也请你总结一下你的投资风格、理念、框架。

我从1993年到现在，股票投资已经是25年了，经历了中国证券市场这么多年的起起落落，也读了很多书，我的体会是这样的：只有价值投资才是可持续的。尽管我也见过很多做短线很厉害的，但是从长期看，他们的回报很难持续。所以，我觉得从个人来讲更偏好于价值投资。要在价值投资的理念指导下精心选股，选股的重要性远远大于你对市场趋势的看法。举个例子，茅台到现在涨了一百多倍，实际上你认真看财务报表，认真去做消费者的调研，是不难发现茅台是个很优秀的公司，但是从2005年开始有私募基金行业，私募基金真正能够从每单位净值1块钱做到10元的寥寥无几，更不用说做到20元、30元，而一个基金如果2005年开始一直满仓拿着茅台到现在，基金收益是可以达到30倍以上的，这就是集中投资的好处，所以要优中选优，要选伟大的公司重仓持有。

在你看来，什么叫伟大的公司？

第一，公司要有极佳的产品，比如苹果手机、茅台、微信、淘宝这就是非常好的产品。第二，公司要有超强的盈利能力。最后，还要有很强的护城河，不能像共享单车一样门槛太低，那么肯定会出问题。

我接下来问一个问题，只有对一个公司重仓持有、全程聚焦的关注，才能够规避风险，是这个意思吧？那举中兴这个例子，中兴这次被美国制裁导致股价暴跌，这个因素可不是我们能把握的，如果你重仓持有了，那基金净值就很难看了。

任何黑天鹅的事件都有可能发生，你唯有认真地分析和调研上市公司，才能去防范。比如中兴通讯不是第一次被罚，前面就被罚过一次，按巴菲特说的：厨房里绝对不会只有一个蟑螂。中兴既然被罚过一次，就说明面临着非常大的问题，很可能你的机制上面就存在一种隐患，而且我们都知道，中兴通讯并不是行业老大，行业老大是华为，所以中兴并不是这个行业最优秀的公司。

我为什么会集中持仓的另一个原因就在于我1993年进入证券行业的时候，股票指数是1000多点，到现在是2500点左右，25年才涨一倍，同时，这其中还有像万科、格力、云南白药、茅台这样涨上百倍的，这说明大多数公司很可能都在下跌。如果持股过分分散的话，一个股票选对了，其他的都在下跌，那最后收益也不会怎么样，而美国市场完全不一样。1993年美国道琼斯指数是3000多点，现在是25000点，已经涨了八倍，所以在美国很简单，我买个标普指数，回报一定非常不错，但是在中国不行，长期的指数化投资实际上是赚不到钱的，投资25年才翻倍，还不如买银行理财产品回报高。事实上，我效仿的巴菲特在中国市场的投资也是很集中的，只买卖过中石油、比亚迪两个公司。

而且我们的这个指数上涨，还包含了新股上市的上涨因素，而这个收益是绝大多数投资者享受不到的。

对，这就涉及为什么我们大多数股票投资人都是亏损的，因为这个行业当中大多数公司是不值得投资的。怎么去防范这点？只有去聚焦最优秀的公司，比如说3000多家上市公司当中，很可能只有50到60家是可以投资的，其他大多数公司根本就是一个财富的毁灭者，而不是财富的创造者，我们只有把资金、注意力、研究资源集中在这些最优秀的公司当中，再从其中选10家以内的公司进行重点投资，然后实时观测它们一点一滴的变化，还要防范它们出一些莫名其妙的风险，比如说茅台出现的“三公消费”问题，比如说像有的医药企业“带量采购”那样的一些政策问题。如果说你是足够聚焦、足够敏感的话，那么这些问题、这些政策出来，不会是无缘无故的，一定在之前会有一些迹象的，只有紧跟你才可能会防范。

好的标的公司是很少的，你必须要冷静思考，耐心研究，实时跟踪，而且有的时候还要及时认错。比如，我曾经在香港买了一个股票，茂业百货，它开了很多店，人流还挺多的，当时我就觉得茂业百货15倍市盈率是可以的，但是我后来发现它跌到差不多10倍了，一个主要原因是淘宝电商出现了，它是颠覆式的商业模式，会把越来越多的百货人流吸引走。那就只能认错斩仓。

另外，就是有可能你还会发现更好的标的，比如我在2016年，主要买了白云机场，因为我觉得白云机场吞吐量各方面都比较好，但公司毕竟面临较多的政府补贴和未来较大的资本开支问题。这个时候我就发现茅台更有投资价值，茅台酒开始供不应求了，零售价格不断上扬，那时候我们经过测算，发现茅台未来利润有可能会达到900亿到1000亿元。当时每股400元，市值就是5000亿元，未来利润如果能达到900亿到1000亿元，市盈率才5倍，我们就把白云机场换成了茅台，茅台在2017年下半年上涨幅度果然远远超过了其他很多股票。所以，我在投资过程中如果发现更好的标的也会换股，或者当公司出现了一些相比你原来的假设的重大分歧，那么我们也要及时认错。

至少聚焦消费和医疗医药五年以上

刚才你也讲到涉足的几个行业，有零售百货、消费品、机场，你目前相对

聚焦在哪几个行业？

我现在主要聚焦在消费和医疗医药。

对这两个行业你的总体看法是什么？

过去中国几十年的发展主要是靠对外出口和发展国内房地产为主体的城镇化，因此出现了像格力、万科能够涨几十倍上百倍的股票，未来中国发展不会是过去这种模式，而会是内需主导型，人们会更追求更高质量的消费品和更优质的医疗服务。中国占据了世界五分之一的人口，而且这些人口的消费能力正处于旺盛期，未来老龄化也会带来巨大的医疗服务需求，尽管也会碰到诸如食品安全和医疗事故等问题，但这么大的世界级市场，将会给优秀的消费和医疗医药公司创造广阔的发展空间。而我选股当中的一个重要指标就是，公司所在的行业未来还有巨大的发展空间。

行业发展空间，是你判断公司好坏的一个重要标准。

对。此外，我们关注的公司业绩必须要有增长，同时要防范市盈率陷阱。有的时候哪怕你的利润上升了，但是你的市盈率下来了也会出现很大的问题。像招商银行，从2006年7块多，大涨到2007年40块多，之后尽管到2018年招行的盈利又翻了好几倍，但是股票价格相对于2007年只涨了一点点，就是因为市场给它的估值水平下来了。所以，尽量不要买那些市盈率容易下来的公司，市盈率下来往往是这个行业饱和了，过剩了，变成了一个夕阳行业。

你说的估值，我理解的是某个行业整体估值，而且在不同阶段会不一样。

对，原来银行业都是给的十几倍、二十几倍的估值，但是2007年之后很明显的，银行的估值就是七八倍，甚至更低。所以，怎么去评判一个公司，这方面也需要不断地完善。

在大消费和医药医疗这两个行业里面，你的选股逻辑是什么？

首先，医疗和消费在国外和国内都已经被证明是容易出大牛股的，在这两个行业选股的成功概率比较高。第二方面是这两个行业在中国未来有巨大的发展空间，例如中国的医疗支出仅占GDP的5%，而发达国家普遍在15%左右。第三方面就是在医疗和消费行业中优质的公司护城河强、利润率高，产品具备长期涨价的能力，业绩能够持续几十年稳健增长，这也是巴菲特特别偏爱品牌消费股的原因之一。

你现在聚焦大消费和医药，请问你是阶段性地聚焦这两个行业吗，即过一段时间会不会换行业？

有可能会换，但是这两个行业我至少要聚焦五年以上，因为只有这两个行业相对来讲比较适合我，且容易出牛股，其他的行业，比如互联网肯定也会出很多很牛的公司，但我这样的年龄去挖掘里面的好公司，可能赶不上年轻人，等我再去关注的时候可能就晚了，而且那些公司估值很多是不需要看盈利的，对我来讲可能很难接受。

你过往对行业进行过转换吗？

2003年我曾经关注过一个行业，那时候中国出现了很多煤老板，我判断这个行业肯定很赚钱，所以我当时选了中国内蒙古的一家煤炭企业叫伊泰B股，我就买了赚了一倍走了。当时我还觉得在中国金融行业的发展潜力很大，中国大陆也会出现像汇丰控股这样持续上涨的大牛股，所以我就买了招商银行，赚了几倍，后来我又跟着巴菲特买了比亚迪以后获利颇丰。

从伊泰B股到招商银行，然后比亚迪，请对这几个投资案例小结一下。

我的结论是，首先选择未来十年高增长的行业，然后买高增长行业的龙头企业获利最大最稳，我感觉在未来中国还是消费和医药行业增长潜力最大。

10多年前的那时候是中国重化工业和金融业高速发展的时代，这些行业利润确实增长很快，比如我买伊泰B股的时候10倍市盈率，公司在内蒙古有好几个煤矿要投产，估算下来相当于我是按两倍的市盈率买的，盈利模式很简单；包括买招商银行也是，当时中国经济高速发展肯定是需要金融支持，而招商银行当时在全国很多城市都没展开业务呢，潜力很大。

但是后来我发现，这些行业的一个特点是：发展到一定程度之后，都具备明显的周期性，比如说未来煤价多少谁也说不准，需求也在不断变化，又面临环境污染、煤改气、海外煤进口等诸多问题。

影响它的定价因素太多了。

是。包括招商银行，现在已经是几万亿的资产规模，它在东北、西北都开分行，经营的过程当中会不会有坏账呢？这都是不确定性因素。像医药、消费很简单，比如茅台，未来一年产销量才五万吨，相对一千万吨的白酒年消费量占比极低，十年之后茅台酒还会供不应求。

这是一个孤独的行业，要有独立的思想

现在有一种说法，说未来的中国股市就像过去日本股市一样，会迎来一个“失去的二十年”，这是非常悲观的看法了，你对中国A股市场更长远的趋势怎么判断？

由于中国的人均GDP相对于发达国家还有较大的差距，因此未来5—10年中国还会维持5%左右的经济增长，其中部分行业和公司可能发展速度更快，不大可能出现日本当年经济几乎零增长、股市持续下跌的低迷情况，中国股市更可能会出现结构性的行情。

有这么一个统计，如果把中国的上市公司，就是包括中国在海外的上市公司在内，拟合在一起编成一个指数，也就是把腾讯、阿里这些资产在国内、在海外上市的公司都放进去，这个指数和中国GDP过去这些年的涨幅是一致的，那些在海外上市的公司都放在一起，涨幅跟GDP是相关的。

这个有可能，那就说明我们的股票发行制度是有些问题，一些优质公司进不来A股。因此，中国的证券市场反映不出整体经济状况，所以我个人觉得在中国进行指数化投资的意义不大。

要成为一个优秀或者卓越的投资专家，你认为需要具备哪些核心能力？

我觉得首先就要选股能力，要有能够发现最优秀公司的能力。第二就是独立思考，不要人云亦云。第三就是要有逆势操作的能力。逆势操作就是在市场

很高的时候，你勇于去空仓，在市场大家都不看好的时候，你敢去买，这个是很不容易的。还有一个就是持续学习的能力。这个市场永远是在不断变化的，你看巴菲特、芒格都是很喜欢看书和学习的，巴菲特那么大年纪了，他还是买苹果的股票。

你是怎么学习的呢？

看书，几乎所有关于投资和经济方面的书我都看，也会经常出差旅游、观察各个国家和地区的经济发展状况。而且多看各种各样的资料，这样的话你才能够发现新的机会，也会发现现在持有的股票可能有哪些风险。

对你个人的成长发展影响比较大的人是谁？

因为我个人的经历比较单一，读完研究生去了万科，后来去了青海证券，后来自己出来做投资。我感觉万科对我的影响很大，万科坚持给客户盖高质量的房子、提供优秀的物业管理服务，来不断提高客户满意度，这些都给我非常深刻的影响，因此我们新智达投资管理公司网站上明确公告，我们公司的宗旨就是“给客户创造财富”。作为私募基金，既然别人把钱交给我，我就要尽可能为客户去创造财富，我并不追求规模多大，只要是每个来我这边的客户，我都希望他能赚到钱，我们要想尽一切办法帮助客户赚钱，这是最核心的。

你对你的个人事业是怎么考虑的，包括下一步的计划，什么时候退休？

我这个私募基金是2015年成立的，产品的存续期当时设定的是20年，首先我想把这个私募基金做满20年。国家给了机会允许成立私募基金，我最希望的就是自己管理的基金能够获得一个比较高的回报，比如我希望基金净值能突破十块或者更高，希望给客户创造更多的财富，这是我最大的目标，也是对我长期从事证券投资行业的一个交代。证券行业我会一直做下去。巴菲特和芒格九十来岁了还没退休呢。

你对年轻的证券从业者有什么建议？

证券投资行业还是一个非常不错的行业，未来整个财富管理行业潜力还是非常大的，因为越来越多的老百姓需要把钱交给专业人员来进行打理，中国这个行业，跟国外相比差距还是挺大的，发展空间会很大。作为年轻的从业人员，我觉得还是要多读一些成功的投资大家的传记书籍，同时自己再进行一些亲身的体验，逐步形成符合自己的投资风格、符合自己各方面综合素质的投资理论和投资方法，未来前景还是很好的。

做投资，风格确实是百花齐放的。中国有一句话，“男怕入错行，女怕嫁错郎”。你刚才讲了，证券投资肯定是个好的行业，但是什么样的年轻人适合来做证券投资行业呢，你有没有一个概念？

我个人感觉证券投资行业是一个比较孤独的行业，因为是少数人赚钱，所以你要有比较独立的思想，不要从众。另外，要非常喜欢这个行业，喜不喜欢你做半年就能感觉出来。如果觉得不喜欢，那就没有必要待在这个行业，这个因人而异，每个人的性格特点不一样。

有什么书推荐给大家？

比如《巴菲特传：一个美国资本家的成长》，我看了几十遍，还有芒格的《穷查理宝典》，还有彼得·林奇的书，都可以看。

后记

访谈结束之后，我们俩到旁边的咖啡厅吃饭，苏武康又提到当年在万科工作时，公司的宿舍在笋岗路八卦岭的鹏盛村，王石经常过去和公司的年轻人打扑克牌；王石很多看问题的角度和方式，对自己的影响也比较大，比如他觉得万科无论做任何产业，一定要把产品做好，而不仅仅是要去赚一波钱。1992年到1993年房地产火爆，很多公司到海南、北海炒地皮，万科就没有参与，王总觉得那些地方缺少人口，纯粹炒地皮对万科来讲没有意义，这也使得万科能够度过1994年到1997年房地产萧条期，同时期在深圳有很多大房产公司，像深深房、深金田等因为过度投资，让公司陷入困境，有的甚至都退市了，但是万科基本上平稳度过。苏武康表示：作为一个刚工作的员工，这个对他影响很大，因为做股票也是这样，要关注上市公司的投资价值，靠企业的盈利来获取稳健的回报，而不能企图靠炒作题材投机来赚钱。看来，刚出校门的大学生在选择自己的第一份工作时，工作单位领导的行事风格和“三观”等等，也是一个很重要的考量标准。

第10章

东方港湾但斌：如何在充满诱惑与风险的市场里过好这一生

访谈时间：2018年11月3日

访谈地点：深圳欢乐海岸华会所

但斌无疑是私募界的“网红”，光他的微博粉丝就接近1300万。11月3日下午，肖冰对他进行访谈时，他对这个“头衔”不以为意，他说：对我来说，写微博也好或者干什么其他的也好，就是我自己对生活的一种表达。

他先后在当年风光无限的君安证券、大鹏证券工作，但前者被合并成国泰君安，后者则破产了，两家公司创始人的境遇更令人唏嘘。作为个体，在这个充满了利益、诱惑、风险的证券市场里，怎么样才能够过好自己这一生？

2007年，他的第一只基金产品净值既经历了从一块钱到两块零二的风光，也在当年跟着大盘一度回撤了66.8%，现在他是如何在投资中做好风控和回撤管理的？

2004年成立私募以来，东方港湾重仓投过的公司到目前为止没有一家出问题的，没有一家踩地雷的。靠的是运气吗？请看他对此是怎么回答的。

自从2018年8月至访谈这段时期，他管理的产品净值基本微幅波动了，里面是何玄机？对未来的投资思路，他又是怎么考虑的？

在他看来，证券投资这个看起来简单的职业，真正地想生存下来，并做得很好是非常非常困难的。都需要什么素养？对从事证券投资行业的年轻人，他有什么建议？

往事追忆

关于你的证券投资经历，你最开始是在新兰德，然后到君安证券的福田营业部，再到君安研究所，国泰君安合并后到大鹏证券，再出来做私募到现在，能不能讲一讲你印象最深刻的一件事情？

最深刻的还是在国泰君安研究所工作的时候，获得国泰君安董事会办公室颁发的国泰君安证券投资研究奖励基金一等奖（见国泰君安公告[2000]522号）。

当时董事长金建栋和总裁姚刚同时给我颁奖，找我谈话，非常重视。我在君安和国泰君安工作比较努力，每天加班工作到很晚，包括在公司的论坛上也经常发表一些个人的观点和判断，给公司做出了巨大贡献。当时我作为普通员工，参加了公司的战略决策会议。因为我在1999年与2000年分别写过一篇文章，一是1999年写的《新千年一月，股市大逆转》，判断A股的，还有一篇是2000年写的《B股——十年磨一剑》，判断出了B股那波大行情，这帮助公司后来做了正确的决策。当时国泰和君安合并，姚刚从证监会来的时候，公司有很多原来君安买的B股，这个B股怎么处理，有人说让他卖，有人说让他买，我给他呈递的报告和建议就是：这是一个“十年磨一剑”的大机遇。

所以，后来公司给我颁发了一个董事会研究一等奖，这是当时研究所在公司获得的最高奖项，也是对我个人专业价值的一个肯定。

当然，就像乔布斯说的“人生是一串珍珠组成的”，我觉得人生的经历每一步都很重要，当初在新兰德的时候我协助陶永谊陶博士写股评，从陶博士的学识、人格，我学习到好多东西。就我本人来说，至少到目前为止都还是不断地努力去求得上进的过程。

能感受得到。

在1994年的时候，我就读人大的研究生，我印象特别深刻的是有一天我在深圳荔枝公园看书，一个老先生走过来说在深圳能够静下心看书的人可不容易，那时候的深圳是寻梦者的天堂，也特别浮躁。后来我能够到君安研究所工作，也是因为有了这样一个硕士文凭，因为到君安研究所工作需要硕士以上的文凭。我觉得人生每个重要的节点是一环扣一环的，虽然说王汉卿老师当年跟我在河南大学同校，他是比我高几届的学生，后来留校了，我刚到君安福田营业部的时候也并不认识他，后来才知道他，也可能是因为一直在努力，得到了他的认可，把我从营业部调到了君安总部研究所。

我在福田营业部做投资襄理，实际上当时并不是君安的正式员工，这个岗位的设置，也是当时营业部老总刘义林的创新，在业内开创了一个先河。跟我一起创立东方港湾的钟兆明当时和我同为投资襄理，后来通过应聘，钟兆明由一个非正式员工，当上了君安最大营业部福田营业部的老总。非正式员工突然一下当了总经理，各方的反弹也是很激烈的，但总的来说，你只要有能力，这个社会还是给了你很多机会。

说明从那时候君安就很开放。

对，所以说也很感激杨骏（原君安证券的总裁），后来杨总自己做私募，我们也常交流，在一些关键问题上也去请教杨总，包括最早2004年在考虑投资某龙头白酒企业的时候，我跟我的搭档是有点争论的，然后我们一起去请教杨总，给我们做决断。当时他住在华侨城，我们在那儿一起吃饭，杨总还是比较认同我对某龙头白酒企业的判断。

还有一些印象深刻的事，包括我在大鹏证券负责资产管理的时候，负责上海社保、深圳社保与一些企业年金。当时上海社保局局长是祝均一，我每年还都给他汇报组合管理的情况，我们负责管理上海社保资金的时候，每年基本上在所有它委托出来的资金里排在第一或第二的业绩，祝局长和大鹏证券出事后，我感觉到社会变迁非常非常大，社会的这种复杂的程度也非常非常大。

确实令人感慨，风光无限的君安证券被合并了，大鹏证券破产了，其创始人的境遇更令人唏嘘。作为个体，在这个充满了利益、诱惑、风险的市场里，怎么样才能够过好自己这一生？

我觉得这个是非常难的，因为人一生会面临很多的诱惑，非常多的不确定性，但是我觉得总的来说，正直、诚实、善良，走正道，不要去投机取巧，去损害别人的利益，靠专业去生存，这是一个长存的法则。我从业26年，也基本上见过了每个时期的投资界的风云人物，大浪淘沙，我觉得真正能够生存下来的还是本分、守拙的这样一批人。

在过去的26年里，也经过7次以上跌幅超过50%、持续三到五年的情况，如果你自己投资做不好，风控做不好，你活不下来。证券投资不像很多其他事业，这个看起来很简单的职业，真正地想生存下来，并做得很好是非常非常困难的。

你能不能举一个具体点的例子？

比如1992年、1993年，炒权证那一段历史，那个时候股民可以很容易融资，像我们有些朋友因为一个错误的理念，最后人都没有了。我记得有个朋友在一家券商的投行部工作，他透支了一千万炒权证，一度还赚了一两千万，后来他败在认为权证价格要比正股高，宝安的权证应该比正股高，去赌一下，结果全没有了，当时那个人就消失了。

你为什么举这个例子？

因为看到周围的很多朋友，好不容易十年、二十年累积了几亿甚至十几亿的财富，但从2015年到现在，2015年杀了一波，2016年熔断杀了一波，今年又杀了一波，这三波下来，很多人财富又没有了。这里面好多人是经历了很多的岁月磨砺的，比如像我们很多老同事，也包括上市公司大股东的财富毁灭这样一种情况，所以说教训还是非常多的。

这个教训是什么呢？

巴菲特曾经说过：人的一生很长，只需要富裕一次就够了。也就是说，我们要有风险意识，不要为追求更多的财富而孤注一掷。我觉得就是要本分，而不是加杠杆去弄啊，最后“富富得负”了。早期的这些经历我在书上也写过，包括早期五次投资经历和东方港湾成立以后三次的失误，总是会让自己不断地去学习去进步。很多人还是不吸取教训，只要去融资了，即便前面九十九次都对，一次错了就全都完蛋了，所以我觉得“走正路、守拙、不犯原则性的错误”，这是投资生存的法宝。见过这么多人，可能有很多人也是叱咤风云的，但是也随着时间而流逝了，所以说我觉得这个还是很重要的。

投资往往是这样：你认为概率很小，它有时候就朝概率小的方向走；而真的往那个方向走的时候，你又没有一个应对的话，那就倾覆了。

关于回撤管理和风控

对于我们资产管理人来讲，风控包括回撤管理，是一个跟投资同样重要的环节，你现在做东方港湾十多年了，对这块有什么样的一些心得？

我们运作14年，我们也是希望做长久的价值投资的风格，14年来总的来说我们是以持仓为主，甚至于满仓。

这样，你的产品净值就会有很大的回撤了？

对，2004年到2007年，我们当时买的几个股票，像某龙头白酒企业、某龙头化工企业，还有某龙头医药企业、某龙头红酒企业，长期持有，我们的换手率只有7%，4年有大约13倍的回报。2004年到2005年这两年是熊市，但是我们买的这些企业回报率还是不错的，到了2006年、2007年更不用说了，所以这打下了我们投资风格的基础。

而且恰恰我们在公司成立的时候，完全接受了巴菲特长期价值投资的理念，这种想法在2004年到2007年顺的时候也帮助了我们成长。但是到2008年金融危机的时候，我们当时认为应该像巴菲特一样，有危机也不卖，可以穿越这个变化，但实际上不是的。我们原以为跌的时候还有钱来，但实际上也不是的，当一个真正的熊市来的时候不但钱没有来，反而是这个钱又撤走了。恰恰在2007年2月28日相对高点的时候，我们发了一只基金——“东方港湾平安马拉松”，比较遗憾的是这个基金没有能展示2004年到2007年我们的投资能力，因为如果像赵丹阳一样，在公司2004年一成立我们就有一只基金的话，那就完全不一样了，肯定我们净值是最好的之一。我们公司是从2007年的相对高点，才开始在市场上公开披露产品的业绩。

2007年4月我们从一块钱开始做到10月31日的两块零二，在当年也是私募第三名。但从2007年市场下来的时候，2007年大盘回撤65%，当时我们这个基金没有止损线和平仓线，我们一股都没卖。从2.02元最低跌到0.67元，回撤66.8%，这是个很厉害的回撤，这次教训对我们是非常深刻的。而这个基金还有一个遗憾是：在2017年2月由于十年存续期到期而清盘了，如果再持续运作10个月到2017年年底，这个基金的净值就会在4元以上，我们的复合年化收益率会好很多。

另外，实际上我们在2007年的时候，就我们整个管理规模在整个私募当中应该还算是翘楚了。

那时候规模在什么级别？

有二十多个亿，当然2008年一下就损失了很大，一直到2012年才恢复到了这样一个规模水准，但是正好碰到2012年又发生了“塑化剂”、反腐的白酒危机，2012年、2013年，最好的白酒企业像某龙头白酒企业从每股250元跌到118元，又跌了60%左右，虽然说我们净值只回撤了2%—3%，因为我们组合中其他股票的上涨抵消了它的下跌，但对我们还是影响非常大。

这两次教训，告诉我们如果市场要是发生系统性危机的时候，或者你认为有可能发生系统性危机的时候，要不要去减仓，要不要做风控，这是个很严肃的课题。我们在2015年以后发了很多产品，这些产品基本上都是有止损线的，大部分在0.8元。比如，如果今年“十一”的时候，我们还是像过去一样的满仓状态，那就一下就没了，我们产品就清盘了，清盘了你还去坚持吗？也没有意义了，你连坚持的资格都没有了。所以说，我觉得做基金管理跟我们个人早期的那种投资风格还是完全不一样的，它对回撤的要求，对这种危机的判断，以及我们的资金管理，都是不小的挑战。包括像最近也有很大的私募同行，有产品被清盘了。过去比如说碰到清盘线，就像2016年当时中概股回归的时候，我们有几只基金也碰到了清盘线，但是我自己投几千万又补起来了，现在的规定是不让你补，你清盘就清盘了，所以说对你的要求更严格了，不是说你管理人有钱就可以去填，现在想填的资格就没有了。所以说，风控是非常严格的，而且投资往往是这样：你认为概率很小，它有时候就朝概率小的方向走；而真的往那个方向走的时候，你又没有一个应对的话，那就倾覆了。

所以，对我们来说14年运作东方港湾的经验，我们真正跟渠道方合作发产品是从2015年开始的，但是在2015年的前些年，我们实际上有累积的经验，导致我们现在能够处理2015年、2016年，包括2017年（例如洞朗事件）、2018年的风险，渡过了一个又一个难关，我觉得这是一个不断积累的过程。

你们现在是怎么做风控的？

我们现在基本上正常情况以持仓为主，碰到系统性风险的时候我们靠仓位来控制风险。

会做仓位管理？

对，我们的风格就是“买入持有”的风格，我们没有做对冲。如果以后有可能的话，也会考虑是不是要加上对冲这样一个选择。当然，你做惯这个风格了，加另外一个风格还是挺麻烦的，所以我们目前还是主要靠仓位来控制风险。

还是做自己擅长的。另外，我们也看到8月份以来你们的产品净值，基本没怎么动，所以大家也有分析你们可能把仓位调得比较低。这个仓位调整会有多大的幅度呢？

取决于我们看到的市场风险的大小了，如果你认为风险很大很大，仓位就会非常低了。

风险大还是小，你怎么判断，靠你的个人经验吗？

目前主要靠个人的经验，没有什么特别的量化指标。

那你个人会看到哪些东西后，才做一些大的仓位调整？

总的来说，大的市场风险，比如像2015年，当时估值太贵，我觉得还是要降低仓位的，还有碰到比如像这次贸易战，或者是比方说像全球发生经济危机。

估值太贵，在你看来什么叫太贵？

像我们2007年犯的错误，比如白酒龙头企业101倍的市盈率，就太贵了，所以你现在让我买太贵的东西我基本上不碰，太贵了以后它即便是一个十年增长，也会透支它很长的未来，所以说我们觉得对太贵的东西是一定要做风险防范的。

当然比如像亚马逊这样的公司，我们会从另外的角度去判断它到底值不值这个钱。怎么样去判断这个“贵”，这是很深的学问。或者是像在香港上市的某龙头互联网企业，我们投资这么多年，怎么判断它到底贵不贵，也是需要有讲究的，像有些传统企业它的估值很容易算，但是有些行业的商业模式是不太容易算的。很多人说用PEG（即市盈率相对盈利增长比率，用公司的市盈率除以公司的盈利增长速度）、市占率、市销率等等，我们需要一个综合的判断。

现在你的组合，单一个股会占多大的比例？

一方面，我们有些基金没有单一个股持仓限制，那我可能很集中，比如像去年有些基金的回报在100%以上的，我实际上就持有两个公司，一个是龙头白酒企业，一个是龙头互联网企业，五五开，而这两个企业的股票去年都涨了一倍多，所以说我们基金就是一倍多。另一方面，我们有些基金是跟银行、证券公司合作的，还是有持仓限制的，单一个股最大的不能超过20%。

从我们自身来说，比如在美股当中我们就很分散，比如说美股每个不超过5%，因为在美国你找十几个公司，每个公司投5%，这是很容易的。但是你在国内还是相对比较难的，因为我们的风格还是选择往往是“王冠上明珠”一般的企业，从公司的选择上来说，我觉得东方港湾在好的公司选项上不亚于任何人，我们可以选全球最优秀的投，无论A股、港股、美股，至少我们东方港湾重仓投过的公司没有一家出问题的，没有一家踩地雷的。

这是一个比较值得骄傲的记录。

因为十年前的，你可以看《时间的玫瑰》，我们提到所有的公司没有一家出问题的。

塑化剂事件也是全行业的，不是某家公司的问题。

对，而且事情过了之后，龙头白酒企业更好了，只是比如说二级市场表现不像某旅游地产的龙头企业，但这家公司没有说像别人一样是踩到地雷了。

不像银广夏、獐子岛那样。

对，所以《时间的玫瑰》这本书我觉得十年后还算是有一点影响力，因为它真的经历了时间的考验。

你觉得我们投这么多公司没有一家出事情，有运气成分吗？

不是。如果十家中比如说有两家、三家好是运气，如果个个都好，可能不是运气。

如果一定要找个核心，那是什么？

核心就是：与好公司为伍。

事后可以看是好公司，事前要展望未来，你看到这个企业未来十多年它都不会出丑闻？

这个就相当于很多人说某龙头白酒企业会存在一万年，这个还用质疑吗？只要中华民族在，赤水河源源流淌，中国的白酒文化不变，它是有可能持续一万年的，除非我们民族习性变了。

就是大家不喝白酒了。

对，除非是这样子，但是改变一个文化是非常困难的，需要一百年到一千年，因为文化是最难改变的。

上面你说的是消费行业，比如说你投的地产行业里面，有很多公司也消失了。

对，比如说当时我们评价的某龙头地产公司也好，或者某龙头旅游地产公司也好，或者是某蛇口龙头地产公司也好，总的来说你生活在深圳，你对这个公司的文化底蕴了解，知道都不是乱来的公司，就像我们交朋友一样，肯定都是一个圈子的，我们怎么会去跟那些垃圾人交朋友，或者你看一个人不地道就不跟他交往了，你选公司也是一样的。

未来最好的投资还是消费行业

中长期你会看好哪些行业，因为大家也想知道你未来怎么能够持续找到类似龙头白酒公司这种好的企业？

经过这么多年我们的学习、实践，我觉得真正好的行业就是消费行业，实际上光白酒这一个行业，每年都有大黑马，基本上从我们东方港湾公司成立到现在每年都有大黑马，不仅仅是龙头白酒公司一只。所以，消费行业还有像我们原来投过的化妆品龙头企业，还有广州的某中药龙头企业，我们这么多年在消费行业上是赚了大钱的。

另外，还有高端制造的，比如像某龙头化工企业，我们也是投过很多年的，只是它的周期性比较强，最近从八倍PE变到六倍，也是这样一个情况。

还有非银行金融，但是我们在非银行金融的投资上不是特别成功，比如以某龙头保险企业为例，总的来说不算太成功，就是去年一波成功了，但是之前它实际上波动还是非常大的。还有包括个人业务发展比较好的某银行龙头企业，但是总的来说我们的投资都不算特别成功。

我们也总结，像我们在2007年犯的错误，比如说杠杆类商业模式，房地产、银行、保险公司都是用一块钱做两块钱甚至一千块钱生意，这一类的杠杆类的商业模式，我们觉得想成功很难，因为它经营风险业务，一旦控制不好或者经济下行的时候影响很大很大，所以这类的投资，我们都是买入的时候，就准备在卖。

我觉得最好的投资还是投消费行业，包括互联网平台类的商业模式，我们也是从消费角度来理解，我们并没有把它当成科技公司，它搭一个平台，几亿、十几亿、几十亿人在上面消费，谷歌、Facebook实际上都是广告公司，它们都是靠广告，当然现在加上云计算、人工智能、无人驾驶等等，但是在过去的十几年、二十几年当中实际上是靠消费。我们紧紧地围绕着这个概念，是找牛股的一个根本，而且一旦找到以后，可以让你投十年、二十年。当然，到了这个节点，比如说现在这些公司是否已经发展到了一个转折点了，也需要思考。另外，需要找新的商业模式，比如说抖音、今日头条，因为这些公司成规模后上市，估值比较贵，如果能早上市了，那我们又发大财了，这一类的商业模式可能在美国相对来说比较好找，但是我觉得未来如果A股市场是注册制的话，也会有大机会。

也就是说，你会倾向于在大消费行业里面找一些刚刚走出来的公司。

是的，如果有洞察力有远见的话，可以看很多年，可以赚很多很多倍，就像2001年我当时动员一个朋友，让她拿一百万美元到香港美林证券开户，买搜狐、新浪、网易，当时是互联网危机的时候，这是从整个行业的角度来投资，只要这三家公司剩下一家，我们就赢了。很多人误会我们，说我们只会投龙头白酒，这是不对的，我们的视野是很开阔的。

再讲一讲你的人生前半场，在你个人成长的道路上有哪几个比较重要的契机，你当时怎么来抓住这些机遇的？

我觉得对我来说，首先是感激时代的变迁，如果没有当年我和陶永谊博士这段共处的经历，我不可能进入金融行业，我可能就是个体育老师或者在体委工作，换行业，也不太会换到做金融，因为我们那个年代没有证券投资这个东西。来到深圳以后，陶博士在新兰德承包了培训部从业股票咨询，我跟着他也就进入到这个行业。

第二个是我的前搭档钟兆明。本来1995年炒国债期货一波赚了很多钱，最后已经平仓，买飞机票准备回家了，最后一天又鬼使神差买进去做多，正好遇到“327”事件，后被强制平仓，那把赚的钱又没了，没钱怎么办呢？又要去打工，钟兆明如果当时不拉我入伙，我也不会进入君安的营业部。

第三个要感谢王汉卿老师给了我机会，他让我从营业部去到了君安总部，进到研究所去工作。现在从君安出来的在公募基金当领导的很多，我原来主要学技术分析，进入君安研究所以后，绝大部分研究员主要是做企业基本面研究，这个对我还是有潜移默化的影响，因为我觉得研究好一个企业可以赚很多钱，而且那个时候价值投资已经进入中国了，那个时候看巴菲特的书。当我到了大鹏证券的时候，除了擅长技术分析以外，同时也看企业、找企业。当时从价值投资来说，通过投资某龙头中药企业、某龙头水泥企业、经济发达地区的某高速公路上市公司，也是赚了一些钱，所以说慢慢这种从企业出发的投资方式，我觉得是比较可靠的一种赚钱方式。

包括我在大鹏证券工作的时候，领导问我下一步怎么弄，我说能不能买某龙头白酒企业。当时你想想大鹏做庄那么多钱，后来垮了，如果它要是买了这些好公司的话，那大鹏还会垮吗？但当时我的直接领导说，这些白酒公司盘子太大了搞不动。

2001年的时候某龙头白酒企业的总市值是约190亿，另外一只龙头白酒企业的流通股大概三十多亿市值，理论上我们当时在大鹏管的钱是可以把它的流通股全部买光。

所以说，慢慢我觉得真正地从基本面角度考虑的投资是最可靠的一种商业模式。当时我从大鹏辞职出来后自己干了一年，正好钟兆明说我们可以一起做个事业，就一起成立了东方港湾，这点要感谢他，因为我这个人不是特别地说一定要成为什么样的人，包括你刚开始说我像“网红”，实际上对我来说一点感觉都没有。我兜里面有几个地铁卡，坐地铁，骑摩拜，很多人像这个情况估计会摆谱，我一点都没有，对我来说，写微博也好或者干什么其他的也好，就是我自己对生活的一种表达。

从写书我看你确实还是喜欢弄文字，有点文学的情怀。

但是重要的是我这个人没有觉得自己很了不起，包括做事业也好，如果不是钟兆明说我们一起去搞东方港湾，我可能自己炒炒股票就完了，当然既然成立了东方港湾，那就好好做吧，包括现在我也没有说一定要把东方港湾做成什么样，就顺着大势走，因为个人的能力都还是有欠缺的。比如说像高毅、景林这些我们很优秀的同行做得非常出色，他们可能有管理能力、交往能力，有其他方面的能力。像我这么多年也没有太多去跟渠道交往，就是把自己原有的客户做好，否则的话我们的规模也不会这么小。

也不小了。

比起我们同行来说还是小很多。

也会想到把投资这个事情一直做下去吗？一直做、永不退休吗？还是怎么考虑的？

大概是这样的，但是我们也借鉴高毅、景林的做法，现在也有几个年轻人加入我们团队，一起成长。另外，一定要给这些年轻人一个机会，这个公司才可能真正传承下去。

你家大女儿不是读大三了吗，而且学经济，你不打算让她以后加入到你这个事业里面来？

不可能，证券投资这个行业，我觉得不是说谁想做就做的，这个职业是非常难的。

你觉得难在哪里？

我觉得它是一个综合的素养，不是说你聪明、智商高就能做好，智商高的人很多，但是真正做好这个是非常难的。刚才我们聊天聊到我本科是体育专业的。为什么做体育的人是有可能做好投资？从小搞体育，磨炼出了坚韧不拔的意志，这个是很不容易拥有的，我当年在君安研究所工作或者在大鹏工作，同事们都是名校高学历的，但是这种坚韧不拔的毅力是我在团队里得以成长的重要因素。遇到挫折的时候抗压力的能力，这是第一条。

第二条呢？

为他人着想、合作的精神。因为一个事业，总是要不断地去发展，要有很多人帮你，或者说你要从很多人身上学习很多东西。

第三是团队精神，因为搞体育的，特别像我们打排球的，比如说我打二传，作为组织者，一定要是团队协作，这个球队才能够赢。

现在你们公司不是主要靠你吗？你不就是核心吗？好像没看出团队精神？

一个团队还是有很多协作的地方，人的成长也是这样的，我当年离开君安的时候，公司领导挽留我，我觉得在人生的过程中，一定是你的努力付出别人看到了。很多人不愿意吃亏，很多聪明人是不愿意吃亏的。

第四是预见力，比如说搞体育运动的，那个球往哪飞，你得提前去预判，你没有预见力，肯定是搞不好这个事情的；同样，在社会生活的大变化当中，对各种各样因素的判断，你自己的预见力，包括你说的风控应对，同样的一块乌云过来了，到底是要下多大的雨，风来了，是台风还是什么风，肯定你自己得做个预判。

最后，我觉得搞体育的还有一条优势：你对你自己的能力，是有认知的。因为你要成为很出色的体育运动员，是要天赋的，比如说我们要成为国家级运动员那是很难很难的，因为你本身这方面的天赋如果有缺陷的话，也是不可能的。做体育的人对自己的这种能力是有认知的，相对来说会比较谦逊，当然我说的是有悟性的运动员。

我跟一位国家级的乒乓球运动员关系很好，有时候交流，我发现到了顶尖的运动员，跟做投资家是一样的，比如他们从对手身上反思或者对自身反思的能力；他们打个大满贯、几个大满贯，绝对不是说只要拥有天生的身体素质就可以，而没有动脑子就能够获得的。成功的背后一定是一个综合素养的体现。

综合前面讲的话，无论做投资和做体育都要具备综合的素养，不同就是天分不同，你觉得投资的天分是什么？

一样的，我觉得就是洞察力，你说白酒企业、互联网企业，不都在这摆着嘛，为什么那么多人去研究，去投资了，效果差异这么大？还有就是：你选择好以后你自己的性子，你能不能拿得住，这个也很难的。

那你怎么耐得住这个考验的，靠跑步吗？

这个是非常难的。因为你像我们从小学三年级那一点点大的时候，就开始跑步，每天跑。投资中，如果没有持之以恒的精神，你是坚持不住的。比如说一个学生读书很好，从小学到高中考到北大清华了，一路都很顺，都是绿灯，然后出来工作碰到挫折的时候，他一定能应对自如吗?

你在对你的两个小孩培养时，会有意加强这方面吗?

这个倒没有，我觉得成就一个事业是非常困难的，对于她们来说生活幸福就行了。

对做证券投资行业的年轻人，你有什么建议?

如果可能的话，寻找一个好的开始。因为我是从投资襄理这么一个起点做过来的，但是如果你有条件直接到证券公司的研究部、投行部，或者是资产管理部起步更好。当然，首先自己是这块料，认为自己有这样一种投资的综合能力的情况下。

投资这个事业就是要从实践中来，你败了几次，你从失败当中不断地总结，你这次犯的错误下次不要再犯了，我们2008年犯的错误，到2015年你再犯一次，那你肯定完蛋了，2015年你侥幸过去了，今年这次你又完蛋了。

所以说我们要把失败的东西变成财富。巴菲特说得最好，他说我希望从别人身上学习，别人犯过的错我不再犯。我们是普通人，悟性没巴菲特高，那只能从我们自身失误当中学习，但是你如果这次亏了，下次还亏，那干脆就干其他行业。

一个是实践，还有什么建议?

我觉得还有博览群书，因为做投资，你的洞察力、你的悟性的提高，并不仅仅来自专业知识，比如像芒格推荐的那些书，《枪炮、病菌与钢铁》，为什么一个民族消失了，另外一个民族崛起了?你怎么判断贸易战，你怎么判断中国社会的走向?这个对投资很关键，这些东西你得学历史，学哲学，学人文的东西，这些东西的具备可不是说你有智商就够了，它是一个很综合的东西。

还有一个我觉得要感恩，感恩这个时代、感恩父母、感恩周围的一切，不要去抱怨。很多人自己不如意了，认为都是别人的问题、国家的问题、社会的问题、领导的问题。

反正就不是自己的问题。

我希望就像我在《时间的玫瑰》里写的，“在我自己的国家里，四十多年的艰辛岁月告诉我——如果你真的有才华，有广阔的胸襟，愿意努力奋斗，不忌妒他人的财富，不无所事事，不整天抱怨自己的生活，不找理由逃避责任，我们就有可能改变自己的命运与现状”。但是我看到也有年轻人到了一个公司就指点江山，这也有问题，那也有问题，应该怎么弄。而对我来说，就是努力工作，你给了我一个很好的工作机会，就像我们过去说的，今天工作不努力，明天努力找工作，现在的90后已经不是这种概念了，我们那个年代是这个想法，别人给了你一个工作你要珍惜，要努力去奋斗，我觉得这是一个综合的东西。

另外讲到学习，你平时一般都是怎么学习，或者你一天怎么安排你的时间？

我基本上除了工作、跑步，就是看书，看电视，我一般喜欢看新闻联播，看美国的篮球，我还喜欢看中央电视台的《动物世界》。

你的人生使命是什么？或者希望以后的人们给你一个什么评论？

有一次和一个朋友走在路上，他说人怎么能够永垂不朽？我说你这个想法有点太奇怪了，中国皇帝也就六百多个，在他们活着的年代里，当时的人们都知道他们的名字，但是过了一段时间，今天大部分的中国人可能就知道秦皇汉武、唐宗宋祖等为数不多的皇帝，其他的可能都不知道了。作为一个普通人你怎么能够想永垂不朽呢？这是不可能的。我呢，就像我微博上写的：做一个真诚、正直、诚实的普通人。

后记

肖冰2015年前在公募圈浸泡了13个年头，我当年供职的博时基金在国内以倡导“价值投资”而著称，所以对在私募圈中践行“价值投资”的但斌早有关注。本科学体育专业、微博上有1300万粉丝，所以印象中但斌应该是血气满满、锋芒毕露之人，但接触下来，肖冰眼前的但斌是个平淡冲和的形象，无论是看待事业，还是看待人生、看待自己，心态都很纯粹。也许是经过这些年市场风浪的历练与沉淀吧。冰哥相信：一个工作勤奋、心怀感恩，同时对自己的现状始终保持清醒认识的人，未来之路是不会有大的偏差的。

第 11 章

“荒岛股票”投资人任俊杰：

从金融监管者到专业投资者

访谈时间：2019 年 2 月 16 日下午

访谈地点：深圳华侨城创意园某咖啡厅

用段永平的话来说：“突然发现这个曾经的外管局干部竟然也做起了投资，还颇有一些心得。”——那他当年是怎么从金融监管者转身成为一个专业投资者的？

十六年的投资生涯里，总共持股数量不过十只左右，但其中不少都持有超过十年，平均持股时间长达7年，他从2005年开始买茅台的股票，十多年来持续加仓，一股都没有卖过，现在他的茅台每股成本才几十块钱。他是怎么做到的？

根据巴菲特提出的一个选股思路，2012年，他在网上发起了一个“荒岛挑战”倡议，即一个投资者被迫流落到一个荒岛十年，现在赶紧挑一只股票买入持有，十年没得看了，你会挑哪一只？

他曾经给市场的投资者画过一个象限图，纵轴代表投资回报，越往上越高，横轴代表辛苦程度，越往右越辛苦，这样就可以分为四个区域，那么，你有没有想过你想待在哪个区域，而现在实际上又在哪个区域呢？

他，一位1984年就来到深圳的北京人，曾经在央行做研究，后来到深圳人行从事外汇管理，又做过财务公司、券商，他是雪球大V，也是一名坚定不移的价值投资践行者——任俊杰。

任总，今天很高兴你能接受我的访谈。第一个问题，你在《穿过迷雾》这本书里自我介绍说是“文化大革命”后第一届金融学本科生，先介绍一下你的求学、工作、生活的经历。

当时其实还不懂什么叫金融，是稀里糊涂学的，后来上了大学以后才知道金融是怎么回事，因为1978年的时候大伙说金融，说的就是银行，而那时候银行就是储蓄所，周围的人不理解：就银行这么点事，怎么能学四年呢？后来不断地学就知道金融是怎么回事了。当然，那会儿金融课程跟现在是无法相比的，那会儿是计划经济。

哪个大学？

原来叫北京财贸学院，现在叫首都经济贸易大学。毕业以后就分到了人民银行总行金融研究所，做应用领域研究，大概做了两年，写了一些文章，发表在一些刊物上，后来就觉得好像我这人也不是太喜欢研究东西，而且写文章也很枯燥。1984年下半年，正好赶上深圳到北京、上海招聘一些干部，因为那会儿深圳好像只能去一线城市招人，我知道了以后就去应聘，应聘上以后，人民银行不放我走。几经周折，后来人民银行说你要去可以，就去人民银行深圳特区分行吧，不要去其他单位。

那时候深圳人行的行长是罗显荣？

对。然后我就来了，1984年11月底。开始主要是从事跟外汇有关的工作，当时深圳人民银行是“两块牌子一套人马”，我就在深圳外汇管理局，从科员做到处长，那会儿主要负责三块，一块就是外资银行管理，我参与过国内的外汇条例制定，因为那会儿只有深圳跟上海有外资银行；还管理外债，这是新课题；还有一个就是专业银行的外汇业务怎么开展。这三块都是新业务，国内以前都没做过。

到了1990年、1991年，我做了深圳金融机构同业协会首任秘书长，做到1992年就开始去筹备深圳几家金融机构联合在香港设立的窗口公司——江南财务，筹备了一两年，然后开业了。开业了但是不理想，为什么呢？因为那会儿说老实话，在内地折腾还可以，到香港去做金融根本就不行。

我还参与筹办了一家券商，当时我是法人代表，就是现在的长城证券，1993年筹办的时候，当时还没有证监会，由人民银行主管证券业务，后来拿不下牌照，不给批。当时就是没有牌照就先开始做业务，拿牌照是以后的事儿，我就此开始接触证券这个行业。

真正说是全身心地做证券，或者说做投资，其实是2003年以后，起因是1996年我在香港书店看到一本书，叫《胜券在握》，就是写巴菲特的，其实那会儿我并不知道巴菲特在全球投资界那么有名。

巴菲特的理论，是我最喜欢的

好像内地后来也出版了，叫《巴菲特之道》?

对，《胜券在握》是台湾版的，简体中文版叫《巴菲特之道》，杨天南翻译的。杨天南自己也写书，也翻译书，翻译得还不错，他来深圳找过我，那时候见面也是在这儿（作者注：指肖冰访谈任俊杰的那个咖啡厅），在那边楼下聊天。就从1996年开始，真正对投资有兴趣了，开始花越来越多的精力研究股票投资这个事儿。从1996年开始进门，因为不可能马上掌握这个东西，经过六七年的学习研究，到了2003年就觉得做股票应该胜算大多了。

所以我的工作经历，等于前一半是做银行，后一半是跟股票有关。

这六七年时间，是不是就像练武术一样，突然一下到了一个新境界?

也不能这么说，因为1996年开始学习，到2001年按说应该有点积累了，但是当时正好是中国的牛市，做价值投资，股票价格太高了，所以等着。真正机会来了，是2002年股票开始往下跌，跌到2003年就已经比较低了，当然最低的是2005年。我2003年就开始买股票了，当时买了华侨城、双汇，后来2005年前后又买了茅台、张裕，最早买这四只。做价值投资以来，买过的股票一共只有十只左右，平均持股时间超过七年，其中，华侨城、茅台、双汇、张裕等几只股票的持有时间都超过十年。

是个人投资吗?

个人投资。

说一说你前面这六七年是怎么学的投资?

就是看书，先看巴菲特的书，反复地看，《胜券在握》那本书我从头到尾完整地看、同时做笔记，大概看了九遍，每看一遍都有新的体会，当然也有看其他的书，包括两类：一类是跟价值投资有关的书，比如说本杰明·格雷厄姆的《聪明的投资者》《证券分析》，反正读了一大堆这一类的书；还有一类就是价值投资的反对者，当时美国的主流学者，在美国的高校教现代投资理论，主要代表人物好几个都获得诺贝尔经济学奖，他们认为市场是有效的，所以他们认为价值投资、基本面分析这个东西其实没什么用，巴菲特只是一个特例。当时一开始看了巴菲特的书我是想学，但一看到这种不同的声音，我就研究了很多现代投资理论的书，看了一圈，最后到了2001年的时候，经过五六年的看书，就觉得：我不是说巴菲特的理论就最好，但确实是我最喜欢的，后来就坚定了。

你最喜欢他什么呢？或者巴菲特什么东西最吸引你呢?

我觉得他逻辑性最强，这是一个；当然还有一个属于性格问题，因为他属于长期投资，就是你买一只股票就不去管它了，这个吸引我，不用整天泡在股市里面看K线图什么的。我这人秉性比较懒，再加上也有工作，我觉得这个挺好，所以就确信走这条路。

到了2002年、2003年开始找投资机会了，就先后买了前面说的四只股票，这四只股票都拿了十年以上，后来也买了一些其他股票，但没拿那么多年，倒不是因为上市公司自身问题，而是有更好的股票，就换了。但是这四只股票我印象比较深，茅台到现在我还没有卖，也就是说从2005年开始买茅台，买了茅台之后，十几年不间断地研究，每次研究更进一步了，就加仓一点，加到现在从来没卖过，一股都没有卖过。至今为止，茅台是我唯一的一只一路净买入的股票，也是仓位最重的，带来了比较好的投资收益，现在我的茅台每股持股成本，也就几十块钱。另外三只——双汇、华侨城和张裕，后来都卖了，换成了别的股票。

能不能说一下你这些年投资总体的收益率？

那次央视记者采访时也问我，说老实话我也没有太仔细去算。其实我的投资收益率目标就是每年12%。但是从2003年到现在这么多年，我觉得18%肯定是有的。

12%的年收益目标是怎么定出来的？

因为全球股票市场长期收益率9%到10%，那我比它高两到三个点就行了，就是这样。

如果个人投资的本钱不大，怎么实现一个财富量级的增长？

如果是年化收益率18%的话，按“72法则”，四年就翻一倍。以我为例，我是2003年正式开始做投资，到现在16年了，按初始投资算至少8倍了。而且工作有收入，中间不断再加钱进去。

选股框架：四个“走”

说说你的选股方法，完全是自下而上选股吗？

对。因为我是向巴菲特学习，他其实就是自下而上，甚至他都没有“上”，当然说他没有“上”有点太绝对了，但是他自己曾说过，不研究宏观走势，当然他首先有一个前提，他相信美国的经济会越来越好，所以他不管那些宏观经济政策，也不管大盘预测，就是看公司。当然，他后面有一套知识的逻辑，比如美国股市这么多年不断地起伏，但是好公司的股票一直在往上走。

我当年在人总行做过两年的宏观经济研究，但现在做投资很少关注这个了，因为大量的实证研究表明：短期的宏观经济预测正确率只有50%上下，并且系统性风险实际上是时间的函数，也就是说时间越长，股指波动对收益的影响越小。

那你在A股是怎么选股的?

比如我刚才说读了很多书，巴菲特有自己的一套东西，但是还不够，要多方学习，所以我就看了很多企业研究的书，去怎么判断一个企业是不是好企业，怎么看一个企业的生意是不是个好生意，怎么看一个企业的生意能否长久、良性地发展下去。这方面的书很多，国内国外的都有，所以也看了很多。这样的话就大致有了一套看公司的标准。

因为像股票价值投资，是要看未来五到十年的，但是未来五到十年是很难看准的，所以要找到你信任的方法。当然，不是说买了股票后，五到十年不用管它，还是要不断观察它，比如一个季度，看一看企业的发展情况。但是在开始买股票之前，必须有一个大致的把握。比如巴菲特，他就是看商业模式，什么是商业模式呢？就是这个企业在市场上是怎么赚钱的，比如说咱们举个例子，他最大重仓是可口可乐，可口可乐是怎么赚钱的？他研究可口可乐的历史，觉得这是一个很好的生意，后来他又买《华盛顿邮报》，《华盛顿邮报》是怎么赚钱的，他肯定要研究它的历史，他觉得这种企业未来五到十年不会有多大变化，道理是一样的。

后来我也读了一些关于企业的核心能力方面的书，因为企业的发展理论经过几个阶段。1990年，哈默尔与普拉哈拉德合写的论文《公司的核心竞争力》(*The Core Competence of the Corporation*)发表，首次提出了“核心竞争力”的概念，为什么企业有核心能力就能够所向披靡，类似这种。后来又看了《蓝海战略》。

后来，把我学到的这些关于企业研究的观点，比如来自巴菲特、来自费雪、来自普拉哈拉德、来自《蓝海战略》的作者钱·金教授，把它糅在一起融会贯通，再加上自己做股票的不断实践，我自己总结了四个“走”：“走出去”，“走进去”，“走下去”，“走上去”，这四个方向。所谓“走出去”就是你企业的产品市场需不需要，它有没有空间；“走进去”就是你的竞争优势在哪里；“走下去”是你有没有核心能力，因为很多能力是可以复制的，不能复制的才是你的核心能力。

护城河有多深，是吧？

对，“走上去”就是你在蓝海，就等于进入了无竞争状态，没人跟你竞争了，中国最典型的是茅台，茅台已经进入了无竞争状态，其他酒现在没法跟它竞争了。你可以看茅台酒的价位，它现在是1800元以上、约1900元一瓶，在这个价位还有其他的酒吗？没有了，它一枝独秀，甚至可以卖两三千、四千、五千块一瓶，它有各种精品酒，各种生肖酒，各种年份酒，没人跟它竞争了。而且它那个地方又难以复制，在其他地方做茅台你又做不了。所以这就是进入蓝海状态。

你这四个“走”的评估企业的标准，是什么时候成形的？

2007—2008年。

这些年一直是按照这个框架来选股，是吗？

对。其实我买股票还有一个原则，或者说有一个前提：都是我用过的产品，或者服务。比如招商银行，我是招商银行的客户；双汇，我也吃它的火腿肠，现在不吃了；茅台更不用说了，茅台喝了多少年了。华侨城是因为我就住在华侨城，所以我有它的股票。

你这点有点像彼得·林奇。

跟彼得·林奇还不一样，彼得·林奇是他推荐大家去买自己熟悉的股票，但他自己买了一千多只股票，那怎么可能一千多个上市公司的产品或服务都用过呢？

能不能用实例讲一下，你怎么用你的四个“走”的框架来做研究选股的？

就以茅台为例，我现在更看好茅台的商业模式，那么第一条“走出去”，不用说了，它的酒现在供不应求，就是1800元想买也买不到。第二条“走进去”，茅台的竞争优势就不用说了，可以随便举出好几条来。第三条“走下去”，这个也不用说了，随便举出七八条来，如果有兴趣的话以后咱们可以展开聊，它有强大的核心能力。同时第四条“走上去”，它是蓝海效应，我就说它是最好喝的酒、最不上头的酒、最贵的酒、最能存放的酒，这四个就形成了蓝海效应。

你用这四个“走”来选股，对于你来讲，会不会碰到一些个股的风险？

虽然我们是说看企业五到十年的长期前景，但是每年至少要做几次定期体检，就像人要定期体检，这人很健康，但你不管，可能明年看他已经得癌症了，所以要定期体检。所以我们就一直在观察，但不是成天泡在股市里，就是时不时地观察一下，一年我觉得有两三次足够了。

怎么看呢，就是对于买进的股票，我说的四个“走”是不是出现问题？比如说华侨城，为什么后来我卖了呢？是基本面出现了一些瑕疵，公司自身控制不了。比如说房地产调控，因为华侨城是那会儿就讲“旅游搭台，地产唱戏”，那如果国家对地产调控的话，公司肯定受到影响，再比如限购，所以就不像以前那么顺风顺水了。

除了四个“走”，你选股时会看重什么财务指标吗？

我比较关注的财务指标是净资产收益率，一家公司上市后，拿了募集来的资金去经营，生意做得好还是坏，是可以用净资产收益率来衡量的，也就是ROE，我会关注一家公司过去5到7年的ROE水平。巴菲特设置的ROE标准是15%，我认为这是可以借鉴的。

一个公司的ROE好，说明它有一个好的盈利模式。同时，我也看企业的资产运营模式是轻还是重。如果一家企业需要很多资本支出，这样赚来的钱又去买房子、机器、土地、固定资产，这样，报表上的收益其实不是股东的收益，而可能是水中捞月的幻觉。而茅台每年包括土地、房屋、设备等固定资产投资，不是很高，这就符合我的要求。

你也知道中国的股票一般都是急剧地上涨，然后是一个很大幅度的回撤，如果你一年只看两三次，会不会错过好的卖点？

没事儿，我不看股价，我看公司的基本估值，比如茅台股价2013年曾经从两百多跌到一百多，等于腰斩了，那我一样拿着。要先给一个企业算一个大致的内在价值。因为企业的内在价值按照理论说，就是现金流贴现，说老实话，现金流贴现这个事儿，也有点不靠谱，所以还有其他一些方法，比如说美国的长期的估值中枢是15倍PE，上限20倍，下限10倍，在我们A股没那么有规律。那么你看这么一个好企业，你愿不愿意20倍PE来买，或者甚至25倍来买，这是一个最简单的方法，这样的话就有一个基本的价值判断，当然还有其他方法，我就不细说了。所以，股价对我来讲，也并不是完全没有意义，一旦跌下来了，跌到我心目中的价位以下了，只要有钱我就会买入，我基本在25倍以下的时候买入。但是我不会说股票跌了我就卖了。

那在什么情况下你会卖出股票？

企业的基本面，也就是说四个“走”的框架，至少有两个方向出现问题了。

能举个例子吗？

比如像张裕，原来我不懂葡萄酒，因为持有了张裕的股票所以开始研究，才发现葡萄酒有这么博大精深，慢慢发现中国的葡萄酒有天然的弱势。中国急于求成的葡萄酒文化，导致酿不出好酒。从中国的纬度来说，其实应该是可以酿出好酒的，但问题出在风味上。无论是“旧世界”还是“新世界”的葡萄酒，每个国家出产的酒都有其独特的风味，比如波尔多左岸的赤霞珠、右岸的梅乐、勃艮第的黑品诺、澳洲的西拉子等等。但看中国的葡萄酒，我们缺少其独特的风味，而风味我认为是葡萄酒的灵魂。

喝了国外的葡萄酒，才知道国内的酒产品不行，性价比不高。它等于“走出去”是不行的，那“走进去”有什么竞争优势呢？原来我以为企业有竞争优势，葡萄园面积大，品牌历史长等，后来发现这都是虚的，公司光想着挣钱，老想卖酒，卖酒的人比做酒的人还多，这样的话是有问题的。

对重仓公司你会定期去实地调研吗？

不会。

那你怎么知道它卖酒的比做酒的人多?

现在媒体这么发达，而且在公司年报里能发现这些东西，年报里有一个数据，就是人数结构，比如管销售的，管生产的，管技术的，要定时公布的，你去算就算出来了。

你买的股票中，有没有失过手的?

还是张裕吧，张裕失手不是因为亏，而是由于卖出过晚，少赚了很多。我是2003年在上证指数只有一千多点时买的张裕B，经历了股价2011年最顶峰的阶段，最高涨到90多块钱，但是我2015年卖它的时候才30来块钱。

现在来看，你在里面获得什么宝贵的经验?

原因在于对公司的基本面的认识出现偏差。那时候不懂红酒，自以为懂，其实不懂，当时也不了解国外红酒怎么回事。因为不懂嘛，而且对公司的解释还有点相信，说是外国葡萄酒对中国本土酒的冲击没那么大，所以就一直拿着，后来发现不是那么回事，冲击越来越大，而且越喝越觉得它的酒不行。但是那会儿已经有点晚了。

你持有的一个股票涨幅超过了多少，你会卖掉呢?

基本没有这个情况。虽然价值投资理论有这个说法，就是说什么时候卖出股票，无非就三种情况，这是价值投资理论的一个标准答案：第一，股价过高估值了，就是你刚才说的情况。第二，公司基本面发生变化，买错了。第三，发现了更好的股票。就这三种情况，这个我做了很长时间研究。

第一种情况，基本上如果你看这个公司是一个很好公司的话，过高估值的这种情况几乎都不会出现。费雪讲过一句话：没有任何时间适宜将最优秀的股票脱手。什么意思呢?就是说，你可以看古往今来这个历史，就是好企业你看它股价高的时候，你再往后看25年，它其实还是在半山腰上，这种例子很多，比如茅台，基本上如果企业好的话我就不卖了，另外这也符合我的性格，我的性格就比较懒。第二种情况，我卖出华侨城正是因为公司及行业基本面发生了变化；还有上海家化，我是2007年买的，后来平安进来以后开始打架，争夺控股权，我犹豫了几个月后卖掉了，也赚了不少钱。卖出双汇，是属于第三种情况，即出现了更好的投资标的。原来买双汇，是说中国人吃肉的比例还很低，现在发现大家不怎么吃这些加工的东西了，后来我也发现更好的股票了，所以我就把双汇卖了，我就买点招行、买点天士力、买点茅台。

我所有减仓和清仓的股票都归因于第二种和第三种情况，至于第一种因为股价高估而卖出，在我这里还从未发生过。

但是你也要承受回落的压力。比如股价突然回落，在2013年这一年茅台股价从260多一路跌到118块左右，你内心难道会平静如水吗？

就是平静如水。

你是怎么做到的？

我不是吹牛，平静如水的前提就是刚才我说的，你对企业的基本面笃信不疑，没这条肯定不行，这是第一条。第二条，我自己的目标回报就12%，如果我赚到了13%、14%、15%，我认为这是市场对我的奖励。但如果这个奖励没有了，我还能赚到12%的话，那我也OK。但反过来，如果你的预期回报很高，现在做股票的人说老实话，哪个说12%啊，都是15%、16%、17%、18%、20%，甚至30%，他肯定就不心静如水了。本来我赚了2倍，突然腰斩了，他肯定懊悔，我从来不会那么做。

能介绍一下目前你的投资组合吗？

现在还是这四只股票：茅台、招行、天士力，还有格力。格力仓位不多。其中茅台最重，茅台因为不断地涨，涨得快，权重越来越大，不是我有意加重。

我觉得到目前为止，招行的估值不高，估计未来几年替换它的概率非常低。现在天士力是遇到点问题，但是天士力我是2007年买的，其实前一半时间赚得挺多的，后一半时间遇到问题了，那会儿我觉得它这个FDA三期能够过，后来又赶上这“两票制”，所以股价这几年就不够理想。一般人可能受不了，我一直拿着它，因为它仓位不是很重，另外我还是看好它的中药现代化，就是速度慢一点，拿着吧。格力是观察仓，我们家空调全是格力的，反正我认识的，他们的空调也是格力的，空调这市场还有空间。

我的“荒岛股票”

你在投资的过程中，有没有碰到比较困难的时候、最有挑战的时候、特别不顺的时候？

有，比如说，我说的不顺就是有时候会出现迷茫，就是对企业基本面的迷茫。比如说银行股，这几年你知道出现了很多争议，包括银行的呆坏账到底多少？我周边的朋友，包括一些基金界的、证券界的，一听说我拿银行，就反问我：老任你怎么有招行？就这种情形特别多，这会给我带来一些思考，是不是看错了？茅台其实也有类似的事情，茅台最主要是“塑化剂”事件那一次，其实“反三公”我倒不着急，你只要酒好，老百姓有钱照样喝，无非就是再等几年的问题，现在证明看来是对的，但是“塑化剂”当时确实不懂，那个风波很大，所有的酒都有这个问题。

茅台现在有这么几个质疑，你肯定都知道的，第一个就是它现在变成一个金融属性了，大家不全是为了喝酒，很多是看好它的金融属性，觉得它能涨，来收藏它，这是一个问题，如果这个涨价预期发现逆转，这很要命。第二个，下一代人也不喝白酒。这两个议论你怎么看？

2012年，我在网上发起了一个“荒岛挑战”倡议，“荒岛挑战”实际上是巴菲特曾提出过的一个选股思路，假设一个人需要滞留在一个荒岛上10年，你现在要赶紧挑一只股票，十年没得看了，你会投资什么股票？我发表过一篇文章《我的荒岛股票》，有兴趣可以看一看。实证研究显示：对价格出现过度反应的股票，市场迟早会做出惩罚或反馈，换句话说，就是股价终会与公司业绩或基本面趋向一致。

我第一个选的是招商银行，第二个就是茅台，茅台写得比较细一点，包括你这两个问题在内，就是“六个利空”，我一个一个做了分析，其实这两个问题我是这么看的。金融属性有，但不严重，现在买茅台的人大部分还是为了喝，我自己就是，我不断地买，不断地放，十年、十五年以后拿出来喝，我很多朋友都是这样的，说我买了它最后拿出来卖的很少，或者说我现在只藏了几年，以后我就不藏了，这也很少，所以这个事儿是有，但是不至于对它造成致命的影响，这是一个问题。

这也没有数据是吧？

没有数据，就感觉吧，但是八九不离十，因为我们周边喝茅台的人太多了。关于第二个问题，年轻人不喝白酒，这是现在比较热门的话题，那我经常在网上开玩笑，虽然我酒量不大，但我喜欢喝酒，我的儿子是85后，算年轻人了吧，当年他大概20岁左右，不喝白酒，要他喝白酒恨不得跟喝毒药似的，说这太难喝了。他今年已经30多岁了，现在他到我家，我家藏那么多红酒，他从来不喝，过来喝什么酒？他每次都喝白酒，所以我觉得这一拨年轻人到了一定岁数以后，很多人还是会喝白酒，这是第一个概念。第二个概念，现在中国大量想喝白酒的中年人，中年以上的人，他们是没有能力消费茅台的，一旦他们有这个能力了，消费升级了，比如他现在一年买一瓶，以后会一年买两瓶甚至买三瓶，这一块儿也足够茅台卖了，所以这个不用着急。

好像你没有买港股，都是买的A股？

对。

按理说港股是更适合做价值投资的地方啊？

没有太多的资源去了解港股的情况，我觉得光A股也够了，因为在A股，你只要找个四五家公司，就够你做的了，何必再去找港股呢。所以我是1997年那会儿在香港做过港股，后来回来以后就不做了。

也有很多内地的公司在香港上市H股。

但是你知道香港是一个很怪的市场，香港市盈率是全球最低的，所以基本上我觉得它有一套估值的方法，我不太懂，所以我就不做港股了。

你除了巴菲特，还比较欣赏哪些投资大家？

他肯定排第一。排第二的要算彼得·林奇，但彼得·林奇不一样，我觉得他是正好赶上美国股票大牛市，所以他做了十三年回报很高；之后是巴菲特的搭档芒格，另外他的老师格雷厄姆也都不错，还有费雪，写《投资最重要的事》的霍德华·马克思，都是我比较欣赏的投资大家。

你认为他们具备哪些特质？

我刚才提的几个人没有根本的区别，就是些微的差距。像林奇说过一句话，就是在股市上没有什么取胜的捷径，知道的定律就是一条：你发现好的企业以后，拿着它不动。不就跟巴菲特的一样嘛，但这是林奇说的，当然其实他自己没做到，因为他是基金经理。费雪也是，我刚才说的，他说没有任何时间适宜将最优秀的股票脱手，什么意思？不就是发现好企业就拿着股票不动嘛！他们是一样的。

段永平的很多想法跟巴菲特不谋而合

再讲讲段永平的故事吧，你的书《穿过迷雾》请他写了一个序，序言里他说你们俩90年代还打过一场球，你为什么找他写序呢？

老段跟我们这些人最大的区别是什么呢？他不仅做股票，而且他本身就是一个企业家。

对，他首先是一个成功的企业家，后来是卓越的投资家，OPPO、VIVO、拼多多的创立都和他有关。他应该是我们江西人的首富吧。

他做过企业家，做了很长时间，而且我觉得他是一个很聪明、悟性很高的人，他的很多想法其实跟巴菲特是不谋而合的。他不像我，我是先看了巴菲特的书，然后开始上道了。老段因为是做企业的，而且他这人很聪明，他做股票的方法就是做企业的方法，他跟巴菲特的理论就契合了。他跟我说过，他不是看了巴菲特的书才开始买股票的，而是一开始就这么想的。另外，我觉得他确实挺出名，而且我一些朋友也都认识他，我以前也见过他。所以我想了想，就请他写序，就是这么一个情况。

这个序是他自己写的？

对，他当时就是对着电话说，说完以后他自己整理成文字，然后发给我的。

你们俩怎么认识的？

那是打球的时候，那时候我在深圳外管局，我估计可能是跟外汇有关的一些事，但时间很长了，那都是二三十年以前了。

你们现在也是交流一些投资方面的东西吗？

很少了。

除了投资，你还系统介绍推广巴菲特价值投资理念和策略，我看你出了两本书是吧？为什么要做这个事呢？

最早推广是1999年，当时有一些心得体会了，就在《证券时报》发表了几篇文章，都是介绍巴菲特和价值投资的。后来有一段时间就没有写了，因为去做其他事情了，没有时间了。到了2007年我开始自己做股票以后，有一次和一家券商的五六个人，这些人都是硕士、博士，也都是券商的中高层，一起聊天，聊起了巴菲特，我就听他们讲，觉得就是错得一塌糊涂。突然我就觉得市场对巴菲特的误会太多了，不要说一般的散户，就这些所谓的行业精英都错得离谱。就因为这个事儿动了出版第一本书的念头，《奥马哈之雾》这本书出得很快，因为以前有读书笔记，所以没有花很多时间。

第一本是你读书笔记的一个精华？

对，我澄清了广为流传的对巴菲特及其投资方法的66个误读。

后来呢？

后来书不断地再版，现在出版社又找我了，希望我加点东西，我一直没同意，因为我眼睛视力有点下降，出版社等了我两年，这次我一看问题不大，我说在原来的66个基础上再加33个吧。第二本书，其实本来我也没想写书，还是因为市场上对巴菲特致股东的信，翻译得参差不齐，甚至不客气地说有的地方翻译得比较烂。我一看这不行，我就自己看老巴每年写给股东英文的原信。

你英语不错？

反正可以看下来，不能说英语不错，但不至于在理解上犯很大的错误。后来我就发现很多地方翻译得很有问题，我就自己整理中文的翻译。花了两三年时间，整理完了，我眼睛视力下降跟这个有关系，你想老巴写了50多年的信。我开始没有想写书的，整理完了以后，我说这个再加点东西，不是又可以出一本书了嘛。我看世面上有的版本在很多地方翻译得有点误导大家，因此有必要跟大家澄清一下。

以正视听。

我也不敢说以正视听，我是觉得我的翻译对的概率比较大一点。后来就加了一点自己的东西，就变成了我对巴菲特投资和经营思想的一己看法。

你为什么没有去发私募产品？

我其实2007年搞过一次。结果后来发现不是那么回事儿。

怎么了？

因为所谓的按照巴菲特那套东西去做投资的话，是不太适合做客户销售的。对于好股票，你十年往回看，那过去的风风雨雨，现在都不在话下，虽然过程中股价会有回调，但大趋势上一路都往上走。客户他理解不了，你如果净值一路往上走，那没问题，但净值往下一跌他们就受不了了，你怎么解释他都不会听的。搞得我很累，算了就不做了。

从你的角度来说，你觉得巴菲特的做法不太适合向客户发产品？

是，除非你是一个特别有说服力的人。就像你刚才问我，你不担心回撤吗？刚开始因为我管自己的钱，我不担心回撤，你要做私募的话，能不担心回撤吗？比如，因为“塑化剂”“反三公”，茅台2013年股价跌了一半；2018年6月茅台股价最高790多，到10月底最低跌到500多一点，但我还继续拿着，你要做私募还能继续拿吗？肯定不能拿了，你要考虑回撤问题，要找那些回撤比较小的股票，做法不一样的。我是个投资懒人，也从不做波段。

你下一步的人生规划是怎样的？

现在就是吃喝玩乐为主了。像你刚才问我要不要给我的组合换股票，我这个不换的原因很多，其中一条就是我在网上跟他们说的，我现在主要工作就是第一闲读，读一些闲书；第二就是弄孙，我现在有孙子有孙女，虽然不用每天去带；然后品酒，除了茅台，我还喜欢喝红酒；然后旅游，锻炼身体，就这些。

以你这么丰富的经历，你的人生最重要的是什么？

我觉得首先是要过得快乐。怎么过得快乐呢？我觉得比如年轻的时候能做自己喜欢的事情，这就是快乐的源泉；另外，结交一些喜欢的朋友，认识几个好友，这也是快乐的源泉。还有就是能取得财务上的一些自由，工作上取得一些成绩，想去哪里玩就去转转，这些都是快乐的源泉。同时，这些事情要保持一个开放的心态，不要遇到什么事情就着急生气，就不宽容。总之，要有很多途径来实现你的快乐，当然做到这些也不容易，我这么说可以，但是我也经历过很多不快乐的时候，现在回过头来总结，就是这样一个感悟。

包括投资在内，我曾经画过一个象限图，纵轴代表投资回报，越往上越高，横轴代表辛苦程度，包括情绪波动的大小、付出时间的多少等，这样就可以分为四个区域：最优选是付出少、回报高，即所谓“快乐投资人”；次选为付出多、回报也不错，即所谓的“疲惫投资人”；接下来是差选，付出少同时回报也少，为“无效投资人”；第四个为最差选，付出多但回报少，为“沮丧投资人”。我们不妨经常问问自己，现在是在哪个区域待着？然后又想留在哪个区域？

那么如何做到快乐投资呢？我给自己设定了一个较长的等待时间——五到十年；还设定了一个不算很高的年复合收益目标——12%，这也是设定12%的另一个原因，因为我知道我的智商也就是个平均水平。当然，买的股票，首先要选得准，然后也要拿得住。但真要做到知行合一，不是件容易的事，需要经验和知识的积累。你要自己拿住，你让自己能够比较了解公司，把公司的业务看得很准，股价看得很准，估值看得很准。那基本上是可为的，经过五到十年的努力是可以做到的，基本上我自己就是这样过来的。

你为什么把快乐当作自己人生的一个使命？

人活这几十年，如果活得很郁闷、郁郁寡欢、整天生气，这有什么意思呢？哪怕再有钱，有钱但不快乐的人很多，没钱但很快乐的人也很多，如果你能做到既有点小钱，又快乐，何乐而不为呢？

后记

包括段永平在内，人们都称呼他为“老任”。从1984年离开故乡北京来深圳已经35年，用老任的话来说，深圳是他生活时间最长的地方。冰哥和他的交集，是他在《证券时报》下属的深圳怀新企业投资顾问公司任职期间，当年的印象中，老任是个大高个，明显的北方口音，不苟言笑，有点严肃的样子。这次的访谈中，他的自我评价也是：“脾气稍微急一点，可能从娘胎里带出来的。”老任说去年9月份和三个朋友一起，去了美国三四十个酒庄去品红酒，他说：因为我喜欢喝葡萄酒，你要有喜欢喝的红酒，咱们约时间再聊。我怕你不喜欢，我聊了你也没兴趣。说得没错，肖冰已经琢磨下次和他就如何品红酒来一次访谈了。

第 12 章

博时基金前副总裁杨锐：

好的宏观投资就是扼住时代发展的喉咙

访谈时间：2021 年 2 月 20 日
访谈地点：微信文字沟通

在这篇访谈中，让我们来听听当年一出道便以宏观投资策略来管理公募基金产品，并屡获金牛奖的投资专家——博时基金前副总裁杨锐博士是怎么说的：好的宏观投资是什么。其见解独到、令人耳目一新。

今天请你给大家介绍一下宏观投资是怎么回事。当年你曾经担任过博时基金混合组投资总监，你管理的基金多次获得公募金牛奖，以及一次晨星奖的提名，在“自上而下”的宏观投资方面，是国内基金行业最早的实践者之一；而且也有理论方面的成果，比如2009年10月12日发表在《中国证券报》的《三万英尺高空看投资》、2011年9月5日发表在人民网的《以资源应对货币，以创新迎接转型》、2012年1月9日发表在《证券时报》的《突破旧投资框架，多元化策略应对变局》等系列文章，还和《漫步华尔街》作者马尔基尔教授合著《从华尔街到长城》，也是基金行业的学者型人物，对这个话题你有发言权。

宏观投资，我好像还比较熟，可以聊几句。大家知道，投资从最大分类上来看包括主动投资和被动投资。被动投资就是指数投资，也叫贝塔，其实就是大盘；主动投资就是经常说的阿尔法，也就是基金经理为什么能混饭吃的原因，能比大盘做得好点。

在主动投资当中又有自上而下的、自下而上的分法。自上而下就是Top down，自下而上就是Bottom up。我们说的价值投资、成长投资这些都是自下而上的，看企业的；Top down宏观投资，就是自上而下，看宏观的。当然，两边都有大师，也互相调侃，开玩笑。所以我们讲宏观投资，调侃讲一下，大家听听笑一笑，也别太当真。

投资大师们如何看宏观

咱们先聊聊那些投资大师们是怎么看待宏观问题的。

伟大的基金经理、富达的彼得·林奇说过，他每年思考宏观问题15分钟就够了。他1977年33岁开始做基金经理，到1990年46岁退休，一共13年，年化收益率20%多。是漂亮50在1972年中破灭后从业的新基金经理，初生牛犊没有创伤记忆，勇买小盘成长股。2000年的时候，他说了一句话："你如果想在股票市场上输钱或者亏损的话，很简单，你就从思考宏观经济开始，这是一个会杀了你的做法。"

第二个就是巴菲特，1994年他也说了一句特牛的话。1994年巴菲特在致伯克希尔·哈撒韦持有人的信中是这么说的："我们将继续忽略政治和经济预测，这对大多数投资者和商人来说都是一个昂贵的娱乐。"思考宏观经济是昂贵的娱乐——巴菲特1994年说了这个话。为什么是1994年？因为1994年是巴菲特第一次成为全球首富，他当时还说了很多很嘚瑟的话，也应该啊。他说他为什么能成为首富，是他明白道理明白得早啊，在45年前就明白了一个道理。什么道理？慢慢变富，而不需要什么高难度动作就可以实现。大家想1994年的45年前是哪年？1949年，也就是他19岁第一次读到格雷厄姆的《聪明的投资者》的时候。

另外，宏观大师索罗斯也多次被修理。例如，1998年，东南亚金融危机，索罗斯1997年1月1日，做空泰铢的6个月的远期，1997年7月1日，东南亚金融危机爆发。索大师初战告捷呀，风头一时无两，乘兴一路杀到香港，做空港股指数、做空港币。在这里，监管当局给做宏观对冲的索罗斯先生上了一课：有关“看不见的手”和“看得见的手”的关系。看看当事人事后是怎么说的，精彩至极，例如沈联涛的《十年轮回》以及《当事人陈德霖忆亚洲金融风暴香港保卫战始末》。

达利欧的桥水，也是目前做宏观投资比较有名的公司了。

达利欧也说过一些重要的话。我记得达利欧说，思考宏观还是要小心一点，因为比较复杂，未必心想事成。就是说虽然央行的干预会使股票市场朝着相反的方向发展，但没那么简单，什么都判断对了，结果还是会与预期不一样，这是常事。所以达利欧好像在1982年的时候几乎破产了一次，最后他公司就剩他一个人了，买张机票去得州见客户的钱都没有了。这个故事励志呀，基金净值接近清盘线的同志们，要坚持呀。

请问你又是怎么看宏观投资呢?

宏观可以从两条线来说：一条是货币角度，利率角度。比如从1929年到1933年大萧条，然后到1944年布雷顿森林体系，一直到1971年布雷顿森林体系解体，解体以后到黄金、白银大牛市，然后又到了1998年东南亚金融危机，然后2003年大宗商品的超级大牛市，然后2008年的次贷危机、黄金牛市。

另一条，也可以从经济增长的动力来看。例如经济史，懂得一些经济史没坏处，就知道全球的工业革命、信息革命、能源革命。国内的看下新中国成立以来的经济史，就知道重化工业化、消费升级、经济结构转型、创新驱动发展战略这些，就知道计划、市场，两手都有用，当然也都有缺陷。

做投资的人说：宏观是大家必须接受的，微观是大家可以大有作为的。我个人持中立观点，调侃一下，有这能力、有这背景或者有思考能力的话，没问题，想一想宏观增长也没坏处。各有所长，只是集中思考微观企业也没有问题。

之前听你说过，凯恩斯是宏观经济学和宏观投资的双重奠基人，请讲讲他

的故事。

宏观经济学的圣经，即凯恩斯大名鼎鼎的《就业、利息和货币通论》，看后让人昏昏欲睡，不得要领。我也是在多年以后，才发现其第12章，即《长期预期状态》，居然是投资经典中的经典，一本学术书的这一章对投资和资产管理来说，简直是金句频出。这实在是匪夷所思，也是机缘巧合。

凯恩斯不仅仅是伟大的学者，更是宏观对冲策略的奠基人，还是叱咤风云的宏观对冲基金经理。笑傲江湖，留下名声。例如，选美比赛呀、动物精神呀、世人喜爱速效呀！例如，处世之道，宁可让令誉因遵守成规而失，不可让令誉因违反成规而得。都是第12章的句子。

自凯恩斯以下，《富可敌国》《黄金屋》《金融炼金术》《原则》《债务危机》等全是宏观对冲大师的事迹和论述，读过便知杀伐决断、精彩绝伦，大呼过瘾。实在是不亚于读金庸先生的武侠小说。

但是，宏观经济学和宏观投资的双重奠基人叛变了！

看历史，1930年以后，凯恩斯开始远离外汇和商品期货投机，称它们是“费力不讨好的游戏”，因为在偶然性事件带来的“巨大不确定性”面前，任何理解和分析都可能毫无用处。他开始转而专心投资股市。这一时期，凯恩斯更关注的是企业的内在价值，操作上也更像一个长期价值投资者。唯一和过去一样的是，他继续使用杠杆，以放大投资的收益。如果说凯恩斯在20世纪20年代采用的是自上而下（Top down）的宏观对冲策略的话，那么他在20世纪30年代则转变成为了采用自下而上（Bottom up）挑选企业的价值投资者。

凯恩斯转变为价值投资后，他的投资实践有什么特色？

集中投资！巴菲特在1991年致股东的信中写道，“凯恩斯作为一个投资实践者的卓越智慧完全可以和他在经济思想上的卓越智慧相媲美”。以理性著称的价值投资流派大师巴菲特，甚至引用了以“投机”见长的凯恩斯在1934年8月15日给合伙人斯科特的信，巴菲特称赞凯恩斯在信中道出了集中投资的理由：

随着从事投资的年限增长，我越来越坚信，正确的投资方法是将相当大比例的资金投入到他个人认为自己非常了解而且管理也完全值得信任的企业上。而投资人如果认为，通过将资金分散投资到大量他几乎一无所知并且没有任何理由予以特别信任的企业，就可以据此控制自己的投资风险，这种看法是完全错误的。一个人的知识和经验绝对是有限的，因此在任何给定的期限里，我个人认为能够得到我百分之百的信心去投资的企业数量，很少会有超过二家或三家以上。

我们一般人，你就想下，你是比凯恩斯对宏观经济更懂、更熟悉？还是你和凯恩斯一样，首相丘吉尔是你朋友？丘吉尔拿凯恩斯开玩笑，说5个经济学家有6种观点，其中凯恩斯一个人有两种。

笑侃国内“首席经济学家”

说完海外，国内也有很多“首席经济学家”，他们做些什么工作？

开玩笑呀，我经常错，大家一笑。经济学家原来应该是个特别神圣的称呼吧，能叫经济学家的很少。一般都在学校、研究机构这些学术机构。也没有人称自己是经济学家，见过很有名的人，说自己是经济系的教员，或者是啥研究中心的研究员。

我记得最早在企业里都叫经济师，到头了就是总经济师吧。20世纪末，国内的金融企业突然地就出来一批经济学家，更牛的叫首席经济学家，这个就比较好玩了。因为这个头衔好像也不需要什么论证，也不用考试。大家的证券基金从业资格是不是还得去考一下？至少得看两本书复习一下。首席经济学家好像不用，公司老板任命就可以了。

国内企业任命“首席经济学家”，很多是出于营销的考虑。

经济学家究竟管不管用？国外的很多经济学家也满嘴跑火车，例如对于

2008年次贷危机，英国女王就问这些经济学家，说你们那么多人，怎么就没有一个说对的。其实也有那么一两个说对的，我记得芝加哥大学的拉詹教授，当过印度央行的行长，他说对了；还有个明斯基，早早就预言过，算是也说对了（“明斯基时刻”，就是美国经济学家海曼·明斯基所描述的时刻，即资产价格崩溃的时刻。明斯基的观点主要是经济长时期稳定可能导致债务增加、杠杆比率上升，进而从内部滋生爆发金融危机和陷入漫长去杠杆化周期的风险）。但是说对的比较少了，大多数都没说对。还有位纽约大学的教授鲁比尼，因为成功预言次贷危机而声誉鹊起，并被冠以“末日博士”头衔，也说对了，他给出了危机12步发展，基本真是按照他的预测来的。

国内的经济学家我觉得也得分一下，第一类，学校和研究机构的经济学家，要发一点学术文章的这种。第二类，业界的经济学家，可能是不是主要是一种营销的岗位？当然确实有有真知灼见的，例如，我很佩服的宋国青老师，他当时在高盛高华，他在2008年底时说，没问题的，买！当时跌晕了的基金经理们面面相觑，不敢相信。就是这前后，有一次宋老师从易方达到博时，就是我开车去广州接的。第三类，是不是还有一些在财经媒体发稿的评论员，也叫经济学家？

“经济学家”在我们这里成了一个筐，啥人都能往里装。

那么从经济学来看呢，经济学家，首先得是受过正规的经济学的训练。“三高”——高级宏观、高级微观、高级计量，然后还在匿名审稿的学术刊物发表过文章，建立自己的声誉，大概是这么一个过程。这些都扯远了，但实际情况就是这么一个生态，良莠不齐，鱼龙混杂。

从我自己的角度来看，做宏观分析其实难一点，为什么？当然学经济学专业的就会发现，你在学校里的话，学微观是不是更容易一点？微观，因为体系比较成熟，得分比较高。宏观的话，学个初级的没问题，中级的虽然有点图形也没问题，高级的一上手就直接晕了，高级那是数学。两个方面，第一，应该是数学不够强，看不懂；第二，对这个背景了解不多，所以宏观学起来一头雾水。不过没学懂也没有啥损失，因为最搞笑的是，诺奖得主罗默，好像最近发表了篇文章，说宏观经济学有很大的问题。当时学懂的人，学的是错的呀。

不开玩笑了，说点正经的。受到过严格正规经济学训练的经济学博士，现在有一批在硅谷各大公司。最早是范里安教授，谷歌的Ad Words（广告关键词）是他弄的，对谷歌用户进行的每次搜索都进行分析，确定哪些广告客户赞助的链接获得了点击。范老师的教材估计学经济学的本科生、研究生都念过，他的文章也是短小漂亮。现在是苏珊·艾希，微软的首席经济学家，研究市场和数字平台对经济的影响，涉及虚拟货币、新闻媒体和在线广告等各经济领域。用机器学习技术与统计工具结合，分析大规模的新型数据集，简直太酷了。

什么是好的宏观分析

那么，在你看来什么是好的宏观分析？

大家认识宏观有两种。

一种就是自己脑子里有框架，宏观的分析框架，那就是经济学博士出身的，叫作理论驱动的，或者叫模型驱动的。那分析得对不对呢，也经常错，错得离谱也都是正常的。

还有一种像达利欧，桥水的创始人，他本科是在社区大学念的，很差的。后来上本科的时候突然警醒了，对投资感兴趣，功课比较好，去了哈佛商学院读MBA。MBA出来以后，最早就去做大宗商品期货，分析牛羊价格什么的，跑到得州看石油价格什么的。他应该没有接受过很系统、很完整的宏观经济学的训练，但是大家知道桥水是做宏观投资比较著名的公司了。达利欧没有走“理论模型驱动”的宏观研究，走的是数据驱动的路线。所以大家可以看他的一本书叫作《债务危机》，他就把所有能找到的数据全找出来了，一直模拟到20世纪20年代魏玛共和国巨高的通货膨胀。另外一方面，我记得在2008年的时候，他很嘚瑟，说美联储的数据都没有他多，这就是从数据的角度出发来思考宏观。

同样给我们一个启示，在量化投资当中。大家知道量化投资也有两大派了。一派也是模型驱动的，CAPM模型（资本资产定价模型）、多因子模型，CAPM本身是个单因子模型，多因子模型往里面加很多什么动量因子、价值因子、成长因子、大小盘因子等等，你就加吧。这是模型驱动的，金融系毕业的都是这套路。模型驱动好像没有特别有名的量化公司。另外一派是数据驱动的，有个特别成功的量化公司就是文艺复兴。文艺复兴的老板就是西蒙斯，“陈省身—西蒙斯定律”的那个西蒙斯。西蒙斯没有受过金融学的教育，并且他也不要金融学毕业的员工，学经济学、金融学一概不要。他也是一个数据驱动的方法，他招了很多语音识别的科学家，或者是模式识别的科学家，从数据的角度出发来做研究。

量化投资这两大流派，原来是背后看待宏观的框架不同。

1999年，我当年从学校里毕业出来呢，到了基金公司，领导一看，这是个博士毕业的，那就做宏观吧。其实经济学还分得比较细，经济学有经济史、经济思想史、政治经济学、西方经济学、世界经济、财政、金融、经济地理、区域经济、会计等等，分得很细。宏观经济学只是其中很小的一块，其实经济学博士当中专门做宏观的不太多。不懂也得装作懂呀，没办法就做了，得混口饭吃呀（作者注：杨锐博士学生时期就在国内经济学顶尖刊物《经济研究》《世界经济》发表过多篇论文，应该多少懂点吧！）。我那一级毕业的同学中，印象中不少同学，有的到了基金公司，有的到了证券公司，第一份工作都是做宏观分析师。有一个同学特别逗，到了一个大的证券公司，他20年前在《中国证券报》发整版的文章，谈宏观经济的。我就问他，哥们，你懂宏观呀？因为同学嘛，比较熟，他说：“这个东西嘛，边干边学，边干边学。”当时是这么一个情况。

在宏观分析方面，你个人比较注重什么因素呢？

现在，大家对宏观的问题好像挺看重的，宏观分析师分析每个季度、每个月的什么CPI、GDP、货币供应量、信心指数等等，还有不少新名词，我也第一次听，也搞不懂是啥意思。反正都要做出及时分析，反正大家都挺忙的。但是有多重要呢?可能重要，可能也不重要。

大家可能忘记了两个东西，一个是经济增长的动力。我觉得宏观可能有一条路比较合适的就是主题投资（作者注：现在最火的女股神，ARK的凯瑟琳·伍德，就是主题投资，发了5个主题ETF），未来视野下驱动动力是什么，一个比较长期的社会发展趋势、动力是什么。消费的升级、技术的进步，可能比每个季度、每个月的数据要重要吧。但做债券投资的是不是对后者更关注?这个我不懂，我没做过债券。这是一个。

第二个就是更长期的经济史，或者说更重要的泡沫史。所以讲这个宏观可以特别讲到泡沫，这就精彩了。泡沫，300年前即1720年大家知道南海泡沫。我所见过的关于泡沫历史的开头，最有意境的描写是这样的：

> 在那些初出茅庐、羽翼未丰的经济学者的早期训练中，他们聚集在篝火的周围，聆听长辈讲述荷兰郁金香投机的传奇。他们的头脑中充满了对投机市场的怀疑，“本质上无用”的球茎，价格上涨得如此之高，以及随后如此迅速的暴跌，似乎给资本市场中，老生常谈的不稳定性和非理性提供了一个决定性的案例，1634年至1637年的荷兰郁金香泡沫似乎永远成了一个投机过度的例子。而且这个例子如此受人们偏爱，以至于在我们的行话中，郁金香事件成了投机狂热的同义词。

泡沫来时，骑上泡沫，大快朵颐。泡沫去时，做空泡沫，一鱼两吃。2008年的鲍尔森，就是做空次贷、同时做多黄金，赚了史上最大单笔交易的钱。他公司发现这个想法的基金经理2009年到过国内，跟我有个对话，好像是发表在《证券时报》。

什么是好的宏观投资

在你看来，好的宏观投资是什么，有用的宏观投资是什么，重要的宏观投资是什么？

一开始咱们调侃了一下宏观投资，彼得·林奇说没用，巴菲特说没用，都没用，宏观投资其实有用。可能有一些是大家关注点不太妥当，关注错了，关注了不重要的东西，例如关注加息、降息，重要吗？有可能重要。关注了产业政策、行业政策，重要吗？也有可能重要。但是从另外一个角度说，大家不要跟猪摔跤。你跟猪摔跤，猪很开心，但你一身泥。啥意思呢，别在意短期的经济数据。

好的宏观投资是什么？我们有说过。孙正义可能是新一代的重要的、杰出的宏观投资大师。为什么这么说？讲个笑话，孙说他年轻时生病住院很长时间，说自己病中无聊，看了几千本书。数量之多，惊世骇俗。有认真的人，去问了他当时的医生，答案是肯定的，孙确实看了那么多，不过，大都是漫画书。这个有点扯远了。最近他有个演讲就是投资趋势，长期趋势是最确定和正确的事情。孙正义构建了一个框架，就是从1900年到今年差不多120年的一个框架，在这个框架里边，人类社会的发展分成四个阶段：农业社会—工业社会—信息时代—人工智能时代。第一个阶段就是农业社会。农业社会一直到现在，肯定都有，但是高峰过了。然后是工业社会，工业革命。然后是从1995年到2019年，信息革命、互联网革命，信息时代。之后AI时代、人工智能时代，这是一个大的框架。

那么他说挣钱容易、挣钱简单，是在这个框架里来说的。例如在20世纪60年代，美股指数里边最重要的权重股是什么？车！汽车、石油、能源、钢铁……这些是重要的。现在这个时点，指数里边前十大是什么？七个是互联网公司，FAANG再加上腾讯和阿里。所以，让风在你背后吹，风是什么——趋势，要站在趋势上。

孙正义把世界过去的120年分成四个阶段，投资主线豁然而出。再次说明大的视野格局，对做好投资太重要了。

重点说一下从1995年到2019年这个阶段，这个阶段是信息革命和互联网革命的大趋势，我们这一拨人和现在参与的人基本都在这个趋势里边。大家听着比较枯燥，我举个例子。例如孙正义在1999年投了阿里巴巴，和马云只谈了六分钟，六分钟就决定投阿里了，好像是投了2000万美元吧。其实他是整个赛道都投了，给其他公司投的钱比给马云和阿里的钱更多的也有。

所以在这个意义上说，其实你在当时也很难判断，阿里就一定能成为一个巨头，所以他投的是赛道，相当于他投了指数、投了趋势，投了这么一个未来，就是卡位，在赛道上的所有马他都买了。按我们说就是投在关键点上，投在阀门上，所以都投了，是这么一个情况。最关键的还得佩服他，正因为他把世界看成120年这四个阶段，所以，在他的分级框架里边，一个趋势也得好几十年，到现在他已经拿了20年。所以，看得准、坐得稳的人非同寻常。

相反的例子也有。像腾讯的大股东有变化吗？其中一个就是李泽楷。李泽楷他大概是110万美元，占了20%的股份，IDG也是110万美元，20%。到了1260万美元，李泽楷卖了，也是十倍收益呀！后来说如果他一直拿着不动的话，就会有巨大的财富。这是认知能力的问题，包括创始人，可能在当时也不一定看得那么清楚。如果都看清楚了，应该不会卖，不会减持吧。

国内的投资机构有没有分享到信息革命、互联网革命成果的？

有。例如现在亚洲资产管理规模最大的投资基金之一——高瓴资本，它的创始人张磊在2005年拿到了耶鲁大学的史文森的2000万美元，我看最近报道说他当时all in，至少是重仓吧，投了腾讯。大家知道腾讯从2005年到现在也是一个超级大牛股了，值得佩服，这也是趋势的力量。从2005年到目前这十几年过程中腾讯也绝对不是一帆风顺的，如果它后来没有微信，发展会怎么样也很难说。所以，成功者确实很厉害，高瓴的复合收益率这十几年达到了40%，所以认知框架不同于别人，才能取得超出于常人的收益率。

但是国内这些好一点的互联网公司都在海外上市，所以比较遗憾、比较悲伤的就是国内的机构投资者，因为只能买A股，所以分享互联网信息革命的收益不太多，但也不是一点都没有。

请讲讲国内二级市场的机构投资者这方面的成功案例。

在我印象中，国内的机构投资者从1999年开始，即20年前就特别关注国际动向，例如美国的行业发展或者是主题动向。所以1999年那会儿美国是网络股泡沫，咱们这边好像也有机构投资者试图炒作网络股，比如上海梅林、海虹控股等等。虽然那些公司质地一般，我记得当时网络股也炒了一段，当然比较不成熟，但是这种求新、顺应发展潮流的观念一直在。

到了2015年左右，国内有一家公募基金管理公司——华商基金异军突起。一开始规模不大，后来由于持续地买了一批确实很好的股票，一批代表了社会发展趋势的股票，取得了非常好的业绩，所以规模扩大了。一度应该是国内基金行业中股票型基金资产管理规模最大的之一，如果不是第一也是前几名。这是通过了好几年的时间，因为业绩好，基金管理规模不断累积起来的。例如，华商当时买了互联网金融公司，像东方财富、恒生电子，医疗的鱼跃医疗，电子产业的歌尔声学，这些股票全是表现特别好的。有一段时间大家都研究这个基金公司为什么这么厉害，每个季度的组合的股票是什么。这其实也应了欧奈尔的CANSLIM选股模型里边的一个重要因素，CANSLIM模型里面最重要的是"I"，"I"就是institutional investor——机构投资者，少数杰出的机构投资者已经持有的股票，这一定要重点关注！我记得当时华商都举牌东方财富了。看得准、拿得住是非常重要的。

为什么这么说？其实我想嘚瑟一下，因为华商基金当时的总经理王锋王总是我们原来一批在博时的研究员。我们当时做基金经理的人很多，但又做基金经理还当公司一把手的不多。我记得有一次问他，我说你怎么发现这么一批股票的，例如东方财富是怎么发现的。

那王锋王总是怎么回答的？

他说的还比较好玩，核心就是你要了解大的背景。例如有个基金公司——天弘基金，当时是一个非常小的基金，突然现在搞成国内资产管理规模最大的基金管理公司，就是因为它有余额宝，余额宝相当于就是用信息技术在互联网平台上把所有的长尾，就是很长的尾部，也就是很细小的1000块、2000块这些钱给积累起来，形成一个巨大的资产管理规模。王锋说因为当时华商基金是小公司，我估计找银行代销，银行给的条件也比较苛刻，在管理费、申购费、赎回费等这些费用分配方面，基金公司会很吃亏。当时也是小公司的华商基金估计是在看有没有第三方的、比较公平对等的、可以利用的新技术。其实新的技术，就包括通过平台、第三方把理财产品的销售做大，而东方财富通过自身网络的基金销售后来就是指数级的高增长。

我记得当时东方财富是2015年的大牛股，涨了20倍、15倍吧，一直到现在应该都有六七倍。但里面最重要的是什么？最重要的是你看这一批公司，现在2019年，虽然它们2015年涨上去，后来也下来了，但2019年它们的收入、利润比2015年上了一个大台阶，所以这就是一个趋势的力量，站在信息革命和互联网革命这么一个大趋势上，短期股价涨涨跌跌都正常，但最终会匹配企业的历史地位（作者注：东方财富在2021年初创出了历史新高）。

这是对华商当时的投资成功的一个深刻解读。

我在国庆期间阅读了比格斯的书——《对冲基金风云录》，写得真是好，百看不厌。所以好的文字一方面给你智慧，另外一方面给你经验，还能洗涤你的心灵。比格斯那么有经验的人，弄了一个新的对冲基金，在建仓的时候，他就说："现在总是最难的。"

为什么最难？因为其实就是你考虑的框架太短了，所以最难。如果你考虑的框架长，比如像张磊在人大的一个毕业典礼上的致辞："Think long, think big."——想得大，想得远。那就应了孙正义的话了："大格局下投资不难，很简单。"所以，想得长、想得大、想得远，站在趋势上面，这才是真正的好的宏观投资。

我经常说错，大家指正！

后记

杨锐1999年博士毕业即加入了博时基金，由其执笔的博时基金投资策略报告以崭新的视角、独到的见解而被各方传阅，风行一时。全球视野、博闻强识，为他的投资研究奠定了扎实的基础。杨锐也曾被博时基金派往纽约联博资产（AllianceBernstein）学习，更与《漫步华尔街》作者马尔基尔教授合著《从华尔街到长城》一书。“Know more , do better”是他时常挂在嘴边的一句口头禅。当年他是“自上而下”的宏观策略基金经理、投资总监，目前是一位信仰“颠覆性创新”的投资者。杨锐还在喜马拉雅、萝卜投研等平台开设《成为聪明的投资者》语音节目，偶尔也在各个大学讲座，将新近的投资研究心得分享给同好之人。

第 13 章

浙商基金查晓磊：

我如何打造人机协作的智能投资体系

访谈时间：2020 年 11 月 18 日
访谈地点：深沪两地微信视频

2011年，他在香港中文大学金融学博士毕业之后进入博时基金；2015年8月起在浙商基金担任基金经理，开始了主动量化的投资实践；近年来，他带领浙商基金智能权益投资团队，首创AI蜂巢模型（作者注：AI是Artificial Intelligence的缩写，人工智能），打造400多个AI投资机器人，智能学习人类的成功投资经验，构建投资风险性价比最优的投资组合，目前已成效初显。2019年7月，他领衔的浙商基金智能权益投资团队荣获《证券时报》“中国量化投资团队君鼎奖”；2020年10月他管理的浙商大数据智选消费基金荣获《中国基金报》“2019年度最佳主动量化基金英华奖”。他，就是现任浙商基金智能权益投资部总经理查晓磊博士。

查博士在港中大读的是何佳教授的博士，系出名门；他2011年进入博时基金的博士后工作站时，冰哥是博时的博士工作站行政负责人，因此工作中交集较多，还一起有过合作。他性格平和，作风踏实，成果优良，印象颇佳。十年间，查博士从宏观策略研究员起步，成长为一名带团队的优秀基金经理，现在想来也是情理之中。

晓磊，你好！今天我们通过微信视频的方式做一个访谈。首先，你介绍下

个人在投研方面的经历。

好的。我于2011年香港中文大学金融学博士毕业之后，加入了博时基金博士后工作站，相当于在博时基金做了近两年的博士后研究。其间主要研究方向是大类资产配置策略，也包括金融科技在资产管理行业的应用。出站后我就留在了博时基金，负责宏观策略研究，偏向股票权益市场。

插一句，当年你博士毕业后，为何选择了加入一家基金公司的博士后工作站呢？

四年博士的训练，让我深刻地认识到：金融学是门实践的学科，是要解决实际问题的；同时，博士的学术经历也使我想去一个以研究为主要工作内容的地方。当时的博时基金的博士后工作站正是这样一个很好的实践与研究相结合的机构。博士后阶段相对更前沿的研究视角，也能让我站得更高一些，来观察、理解和探索一些新的问题。因此，也就有后来在资产配置、宏观对冲，以及大数据和人工智能方面的研究与实践的推进。

然后，2015年上半年我加入浙商基金，所在部门当时叫量化投资部，主要做量化投资方向的策略，具体包括指数增强、主动量化等方面，从2015年8月11日开始管理公募基金。同时朝着浙商基金"科技驱动价值"的战略方向，我也探索性地做了一些大数据和人工智能方面的研究。2019年基于公司战略层面的要求和部署，公司整合了主动权益部门和量化投资部门，成立了"浙商基金智能权益投资部"，并由我来负责这个大的权益投资部门。组织架构的调整是为了更好地实践人机结合，进而打造出浙商基金AI+HI（人工智能+人类智慧）智能投资体系。

大家或多或少都听说过"主动量化"，请先介绍一下"主动量化"的定义，以及和它并列的投资风格。

首先，从大的投资类别来讲，大家听得比较多的是"主动投资"和"量化投资"这两大分类。所谓主动投资，基金经理多从具体行业和公司基本面出发，对上市公司做价值评估，买入长期或一定期限内可能有投资价值的公司。

量化投资则多为根据客观数字，通过量化模型的计算，形成一系列对上市公司或投资标的的投资信号，并根据信号构建组合，人的主观因素相对较少。

在“量化投资”中，我们又可以划分出“被动量化”和“主动量化”两种策略类型。大家习惯上会把被动性的量化投资策略如指数基金、指数增强基金等概括为被动量化策略产品。被动量化最大的特点是会锚定一个指数，组合输出的投资信号、具体上市公司投资比例的要求都与这个指数密切相关。主动量化区别于被动量化的地方也在于此，它与指数整体的关联性可以不大。从结果来看，主动量化的特征更像主动管理型基金，但追根到组合为何会偏向某些行业，则是根据量化模型做出的决策。

最后，主动量化还可分为传统建模和AI策略建模。我们的特色是通过AI策略建模，并基于AI算法和信号构建投资组合。上述所说主要体现在技术层面，如果进一步深入，具体的方法和框架层面都会有差别，但最终目的，都是期望能够给投资者带来更好的投资体验。

AI基金是如何构建投资组合的

请把你们主动量化管理的特色，结合例子来具体介绍一下。

浙商基金AI+HI智能投资最核心的理念，是希望借助人工智能技术，让AI机器人投资模型学到投资界比较优秀的基金经理、研究员和分析师等优秀人类行之有效的投资策略，变成模型可以自主掌握的投资方法和策略。

传统量化方法更多地停留在数据挖掘与数据分析层面，根据数据间特征寻找与股价的关联关系。相对而言，我们的AI投资更强调模型、算法和人之间的相互配合，传承已被时间所验证的投资策略。

我们认为，人工智能离不开人类智慧。只有当AI具备明确的学习目标，尤其是吸收了优秀人类行之有效的策略后，才可以进行投资信号挖掘。以Alpha Go为例，机器相对人类的学习效率更高，能够在短时间内将所有棋谱输入到模型中，并逐步实现进化。我们AI投资也与之相似，核心在于让AI学到了哪些投资棋谱，以及如何构建起AI投资体系。

在人机协作进行投资的过程中，基金经理和AI的分工是怎样的？

在AI+HI智能投资过程中，基金经理主要负责三大部分。

第一，找到值得AI学习的“棋谱”。基于当前科技水平，AI更擅长解决小、精、边界范围定义清晰且目的明确的问题。投资是非常复杂的工作，基金经理需要先把问题切分得非常细，然后在各个细分领域中构建、衡量、刻画出特定的投资棋谱，这样机器才能够处理。例如基金经理、分析师和研究员，对资本市场的细分行业各有所长，机器在每一个细分行业都会有不同的学习对象，对应的则是一个个特定问题的棋谱。

第二，构建和管理一套机器投资语言体系。基金经理需要将上述细分问题，转化成机器看得懂的数字逻辑语言，以供机器学习。

第三，检验机器学习的成果，并判断投资机会。如果出现不好的结果和问题时，基金经理还需要对整个模型进行把控和再修正。

在AI+HI智能投资中，基金经理更像是一支球队的教练，日常训练机器人并评估它们的表现。在“比赛”（组合运行）过程中，教练需要实时观察各个“球员”的表现，如果球员上场后的表现和训练时差异较大，就需要将它换下来重新训练。基金经理作为教练，并非要主动上场参与，更多需要在旁实时监测组合的整体表现，当出现问题时及时做出应对。组合优胜劣汰至今，我们已构建了400余个AI机器人投资模型。

请以你管理了4年的浙商大数据智选消费基金为例。你是如何构建该基金的投资组合的？又是如何动态维护这个基金的投资组合的？

具体来说，浙商大数据智选消费基金的组合构建，来自我们目前已构建的400多个机器人实时发出的投资信号。各个机器人对其所对应的子行业或者上市公司未来的收益风险比会有一个排序，基金的投资组合就会根据其排序，选择相应的子行业或者公司，并给予其相应的权重。

当各个机器人的信号因为数据或者市场涨跌而产生变化时，各个子行业或者上市公司的收益风险比也会发生变化，组合就会随之进行调整。变差的子行业和公司就会调低权重或者调出组合，变好的子行业和公司就会增加权重或者新进入组合。总之，在不同的时间段上，组合会根据各个机器人的信号动态调整，力争把组合持续维持在较高的预期收益风险比上。

和采用“主观多头策略”的消费类股票基金相比较，浙商大数据智选消费基金作为一只采用“量化多头策略”的基金，它的投资组合呈现了什么不同的特点？

浙商大数据智选消费是以收益风险比作为组合目标，相比“主观多头策略”，会更注重风险的管理，更注重组合里各个子行业及上市公司之间的风险均衡。因此，投资组合会呈现出更大程度的分散性，股票的数量可能也略多一些。同时，与以2—3年投资价值进行主动管理、买入并持有的做法相比较，我们的机器人的投资的时间目标在6—12个月之间，所以我们基金的组合可能也会表现出略高一些的换手率。也就是说，组合在行业与行业之间、公司与公司之间进行风险均衡的同时，在纵向的时间维度上也力争实现更好的风险均衡。

请举例说明一下按这个方法管理的基金产品所取得的成效。

2017年1月11日成立的浙商大数据智选消费基金（002967），是我管理时间最长，同时也是我们公司首只AI策略产品，运作至今已近四年。（补充：截至2020年12月31日，产品成立以来累计收益率156.20%，同期基准收益率122.71%，沪深300指数上涨55.16%。）2020年10月，浙商大数据智选消费也获得了《中国基金报》颁发的“2019年度最佳主动量化基金英华奖”。

这只产品成立至今，除了业绩表现较优外，整体组合的夏普比率也较高，这与AI模型的训练目标相关。

我们在进行模型训练时，以最优夏普比率为训练目标，力求在获取收益的同时，尽可能降低产品波动，追求更高的风险收益性价比。因此，我们在训练和选择投资机器人时，会首先选择夏普比率排名更靠前的机器人，优胜劣汰，以此构建出更高夏普比率的组合。这也解释了为什么浙商大数据智选消费混合基金，在同类型消费主题产品中，能够呈现出相对更高的夏普比率表现。

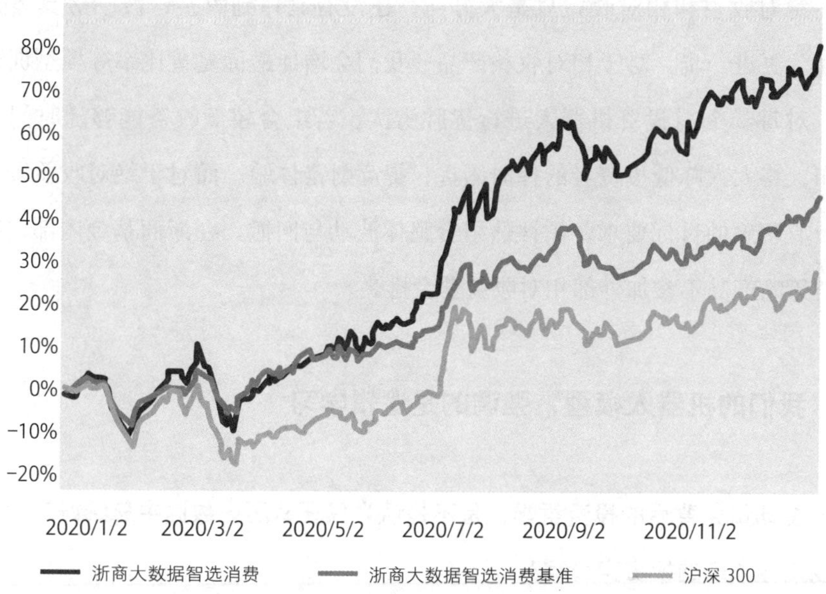

浙商大数据智选消费近一年走势

（数据来源：wind，时间区间：2020.01.02—2020.12.31，已经托管行复核）

是多高的夏普比率目标？

因为这个不是一个绝对目标，在所有我们训练出来的模型里面，选择前面10个比较高的夏普比率，目前我们的标准是在2以上，这是个长期标准，短期的话由于市场的波动，夏普比率的数值会不太稳定。我们对比了一些比较好的主动基金，我们的夏普比率相对来说会比较高一些。

我从投资者的角度问一个问题，基金投资者有机构也有个人，有愿意择时或相信长期投资的，也有做绝对收益或相对收益的，你觉得你的基金更适合哪种类型的投资者？

借助AI精细化投资，我们公司可以针对不同的客户需求，训练出不同的模型组合，进而输出给特定的客户群体。AI投资组合的构建，取决于我们的训练目标。以浙商大数据智选消费为例，这只产品是以相对收益为目标，致力打造出可追溯、可持续、可复制的超额收益。与此同时，我们也布局了绝对收益目标策略产品。

绝对收益和相对收益只是大方向，还没有具体到收益、波动等具体数值层面。更进一步，对于相对收益产品，我们会增加最优夏普比率等模型训练指标，对每一个AI投资机器人进行优胜劣汰。若组合超额收益能够随时间均匀分布，将大大降低投资者的择时困扰，提高财富体验。而对于绝对收益策略产品，有明确的目标要求，需评估组合整体波动与回撤。在浙商基金内部，绝对收益策略产品不参加外部相对收益基金排名。

我们的机器人模型，强调的是逻辑学习

主动量化背后的投资哲学，是不是认为只要从历史数据中总结好规律，就可以指导未来的投资实践呢？

我们的客户最关心的一个问题就是：所有的数据分析，是对历史的一个刻画，但是未来不一定完全按照历史的方式去走。我们也观察到历史上有些很成功的量化投资方法甚至专门做量化对冲基金，碰到外部环境改变，或者碰到一些新的问题的时候，它的模型效果就会出现问题，不工作甚至是出现完全相反的信号，导致最后的结果比较差。对于这个问题，我们是这样理解的：数据分析是对历史的刻画，核心观念是用数据来推演未来，但未来也并非完全按照历史的方式演进。

很多人讲策略时说他的模型在历史上的拟合表现非常好，但其实资本市场每天的涨跌除了有基本面的因素之外，绝大部分可能是噪声。假设模型把每天股价涨跌的情况都拟合得很好，反过来也可以说它把市场上的噪声都拟合进去了，模型最终贡献的可能更多是噪声发出的信号，用作未来推演，胜率和把握都会大打折扣。因此，数据确实不能完全推导未来。

按照我们搭建的AI+HI智能投资体系，我们的机器人模型，强调的是逻辑

学习。我们认为，逻辑或者说优秀人类的投资智慧，对于未来投资推演的能力比数据更加可靠。很多优秀的主动基金经理，之所以能够对未来进行比较准确的判断，核心在于他自身具备一套严谨的逻辑推理体系，能够基于对当下数据的观察，对未来进行推演。所以，在这样的体系架构下训练出的AI模型比起单纯数字学习更加可靠。

例如在地产板块研究上，当AI掌握了地产类股票的长期变化规律，它就可以专注于对估值、供需、宏观利率走势等核心指标的研究，绕开因政策、国际环境变化可能带来的短期干扰，一以贯之地按照基本面供需和宏观利率逻辑进行长期决策判断。

上述机器学习的逻辑，是基金经理还是机器挖掘发现的呢？

这是个很关键的问题。我们认为基于当前的技术水平，很难指望AI能够主动创造智慧。因此，AI的投资逻辑与智慧，来自对优秀人类的学习。人类对逻辑的描述往往偏向定性，AI则可以基于逻辑，用数据建模和学习，最后输出的信号相比人类提供的相对“大而粗”的判断会更加精细化、科学化。

仍以地产行业为例，人类可能描述成“销量较差、估值较低、利率出现拐点时是一个比较好的买入时机”。对于类似描述，人与人之间是可以交流的，也可以依据一些简单的宏观数据去做大致判断。但对于机器而言，这是不能理解的，机器需要知道销量较差是“差”到什么水平，需要从数量角度做更精确的刻画。宏观利率出现拐点要怎样判断，以及要按照怎样的“估值”去进行评价，这些都是机器需要去解决的问题。而若市场利率出现拐点，但机器判断不出时，人类就要正式介入，做更具体的问题分析了。

如果这样的话，其实要求主动量化的基金经理对于各个行业的长期逻辑都比较清楚。

是的，这相当于基金经理需要一个行业一个行业地去做AI模型，或许他自己不能每个行业都达到精通，但他训练的模型所能承载和容纳的一定是特定行业里最好的几位基金经理或分析师之一。这些模型的优势还在于，当基金经理完成建模后可以自动跑数据，信号定时输出，相当于众多模型实时为基金经理做记录，从而极大地拓展了基金经理的认知边界。

以突发的新冠肺炎疫情为例，我们的投资是如何应对的

你过去近4年的业绩是挺不错的，对于你来讲，在投资管理方面还有什么可优化的地方吗?

我们需要做的还有很多，具体可以分为深度和广度两个层面。从深度来看，资本市场本身是在不断变化的，即便当下训练出了有效模型，未来也不能保证100%会持续有效。以“棋谱”为例，第一是新增棋谱，第二是老棋谱的迭代。投资模型也需要持续提升，未来改进的空间仍然非常大。此外，还有广度层面，未来我们的AI模型还需要覆盖更多的行业和公司，这也是我们需要持续完善和努力的地方。

在投资管理的过程中，你碰到过什么困惑和挑战?

对投资人而言，最近两三年市场出现的新增因素是非常多的。很多外部环境的变化，对于人类也是未曾预见的情况，机器没有历史可以参照，很可能出现问题。

对我印象比较深刻的是2020年春节后暴发的疫情，事件的发酵是在假期，因此假期结束后是非常突然的市场变化，我们的模型也曾出现短期波动，但反过来，这对AI模型的后续完善助益颇多。疫情期间，我所管理的浙商大数据智选消费基金最大回撤7.52%，但5个交易日就实现了净值修复。我们认为应对此类情况是一定需要人类参与进来的，需要分析突发情况背后，整体投资逻辑是否出现变化，市场新增因素会怎样影响模型运作，并最终按照集体讨论商议后的结果进行操作。

此外，疫情暴发后，我们判断大家一定会增加更多的在线活动，相关行业和上市公司或将受益。此后的在线APP使用时长和次数确实出现明显变化，并

最终反映到资本市场上。这部分机会挖掘，更多可能是人类推演的结果，机器无法立刻做出直接和及时的判断。这也进一步印证了前面所讲，我们不能单纯依赖数据去推演未来，而需要基于对人类智慧的深层次学习，最终构建起人机协作的AI+HI智能投资体系。

做主动管理的基金经理和做量化管理的基金经理，在知识结构和能力上各有什么侧重点？

我们目前是主动和量化的结合，基金经理不是一个人在战斗，而是团队作战。我们期望主动基金经理和研究员能够在其所擅长的领域做到专家级别。这一方面需要他们具备商业管理、经济学、金融学背景，另一方面也要有产业工作或深入研究经验。

在人机协作过程中，人类要花更多时间捕捉历史上未曾发生的潜在变化。这些发散性的问题，需要通过人的经验和逻辑进行推导，并得出结论，这也是人的优势。而AI机器人的优势，则是学习从过往成功经验中抽离出来可复制的投资策略和投资方法，借助其在覆盖广度、存储能力、计算速度、多维度比较等方面的优势，扩大人类的边界，捕捉确定性机会。

在AI+HI智能投资体系中，对基金经理和研究员的要求也更加独特。首先他们需要具备基本的量化建模能力以及可能涉及的AI专业知识。此外，他们还要保持对投资的敏感度和热情。AI从业者往往更多会集中在技术层面研究，但资管行业最终要落到投资和组合管理上。AI技能只是第一步，第二步需要有把技术转化为投资决策的热情和决心。浙商基金当前的投研组织架构中，有来自计算机领域的AI博士，学科范围涵盖人工智能、物理学、数学，也包括金融工程、金融数学等领域。

此外，我们还设有专门负责衔接AI机器人模型和人类基金经理的岗位，我们内部称之为“数据官”或“AI科学家”。他需要具有复合能力和知识背景，能够将行业研究员擅长领域的内容转化成机器语言。

我们希望通过这些努力，最终能达到人机结合、相互赋能，同时某种程度上可能还会有一点点竞争。让机器逐步替代人类的常规事务，让基金经理和研究员能够在更加复杂和具挑战性的问题上进行探索。

你是金融学博士出身，最早从事的是宏观策略方面的研究，按说“自上而下”的宏观投资是你擅长的领域，但五年下来你成为了一名优秀的主动量化基金经理，这是不是一个很大的跨越？

金融学本身还是一个应用的学科，既包含宏观，也包含微观；既包含经济学的科学严谨，也包含其他社会科学的定性理论。所以，我自己觉得：宏观也好，量化也好，都是相通的，关键是如何理解现象后面的本质。

最后请给读者朋友推荐一两本书。

好。一本是偏理论的，凯恩斯的《就业、利息和货币通论》，是对很多经济学和资本市场规律的高度提炼，很多后来的各种学说，都可以追根溯源到这里。

另一本是卡尔·夏皮罗、哈尔·范里安的《信息规则》，这本书主要讲了信息社会以及大数据时代中的各种经济学规律，对于我们理解经济生活中的一些新现象有非常重要的理论启示。我们注意到不少互联网的科技公司，设置了首席经济学家的职位，也与该书的主题有相通之处。同时，我们在资产管理引入大数据和人工智能的过程中，该书也给了我们很多思考启发，所以特别推荐给大家。

后记

在本书访谈的17位投资专家中，查晓磊博士和平方和投资的创始人吕杰勇，是仅有的两个80后同时业绩优秀的中生代基金经理。他们俩都是我当年博时基金的同事，一个共同特点是性格温和，这点放到风云变幻的二级市场，就是有良好的抗压能力。这应该也是他们两位能在同龄人中脱颖而出的一个重要原因。

PART 3

第三部分

股票对冲策略高手

第14章

从股票多头策略转型，平石资产尹志平：A股市场特别适合做对冲

访谈时间：2018年12月5日
访谈地点：前海宜涛资产管理公司

尹志平，深圳平石资产管理公司创始人兼基金经理，1992年西南财经大学一毕业便来深圳闯荡。早在1998年，28岁的他便从南山基金抽身出来，距今创业已经20年整。到今年，他和冰哥认识已有24个年头了。他的一大特色是：投资策略从早年的股票多头，转向了股票对冲，其背后的考虑是：管理客户的资金，必须要能够很好地控制回撤。

访谈开始前，平生第一次对外接受访谈的尹志平，先和冰哥约定：今天的访谈，主要谈他过去二十多年投资实践的小结，至于访谈提纲上的其他内容，十年后（即2028年12月5日）再继续。

话不多说，请看访谈实录。

从股票多头策略转向多空策略

今天谢谢你接受我的访谈，我们也是老朋友了，1994年我们在大鹏证券电子科技大厦营业部（深圳）认识，距离现在24年了。在这个时点，请小结一下你个人的投资理念、风格的形成，大致分几个阶段，以及为什么有这个转变？

关于这个话题，我以前没有很清晰地去分，现在想一下大概就是这么三个阶段：首先是1993年初到1994年下半年，自己炒股票，这个阶段相当于是自己在摸索；然后是第二个阶段，我1994年下半年到了南山基金，南山基金是一个机构，有点像正规军的感觉，特别是南山基金1995年开始去珠三角做一些上市公司调研，这个我觉得是一个新的阶段。包括1996年、1997年，我看《巴菲特传：一个美国资本家的成长》，相当于是确定了基本面投资、价值投资这样一种风格、理念，一直到2008年之前，投资都是非常顺的，2008年金融危机期间回撤比较深，实际上这就埋下了以后策略变化的一个因子。我在去南山基金之前在中国国际期货公司工作过1年，所以对期货衍生品还比较熟。2010年指数期货出来之后，我们考虑在账户管理中加上对冲策略。一开始产品开不了指数期货户的，所以一直到2013年、2014年，我们的投资策略才彻底从原来的多头转到对冲，有的叫相对价值或者股票多空策略，一直到现在基本上是走对冲这条路，这可以说是第三阶段。

可以讲一讲那个印象深刻的2008年回撤吗?

以前我是觉得选好品种，通过你的“扛”，长期持有，来穿越牛熊。但是你做资产管理的时候，发现跟纯用自己的钱去投资，还不太一样。

我们起步时路比较顺，有些朋友觉得你做得很好，但是他可能在比较热的时候把钱投进来的，那个时点比较高，他前面没挣到钱，对风险承受能力有限，一有明显的回撤的时候，他很可能就把这个投资了结了，这样结果不太好，这是我很深的一个体会。我们是从事资产管理这个行当，跟只管自己的钱是有很大不同的，所以现在选择对冲这条路，感觉是比较好的，因为能很好地控制回撤，能够控制风险。

客户的感受会好很多。

好很多，客户心态会很稳定，不会因为市场一些变化对他造成影响，然后影响他的一个判断。

2008年有多大的回撤?

当时我们投资的品种就是一些大白马，包括茅台、万科、招行，实际上从

2005年就开始了，我们那一轮最成功的投资就是万科，万科曾经在18个月差不多涨了20倍，我们是全程都在。后来它回撤也很深，离最高点大概60%都有。减仓的时候，减得没那么坚决没那么快，最后也是重度的回撤，好在因为前面进入得比较早，等于是降低了很大一块盈利。但是刚刚讲的不同客户进来的时间不太一样，对于高点进来的，这种回撤对他来讲就影响比较大。

有没有前后对比，就是你2013年开始用到这个多空策略之后，跟没用之前，你这个回撤幅度差别多大？

差很多，如果你是采取对冲的一个策略，我们现有最长的那个备案产品是从2015年1月份开始，除了2016年熔断那个时候指数期货几乎废掉了，大市跌多少，我们稍微少跌一点之外，其他的基本上都会影响小很多。有可比的就是今年（2018年），今年指数跌20%，我们的回撤是三个多点，最差的时候可能就是五六个点这样，就会比原来要好很多，当然你的超额收益肯定也会受影响，比如像去年，我们是百分之五六十的收益，去年如果不对冲的话可能是百分之一百多，因为你对冲会有一些成本，会把一些收益舍弃。你如果是纯多头的策略，比如去年如果涨百分之一百多，今年按原来的方式回撤个百分之三四十，跟现在结果可能是差不多的，但是客户的感受是不一样的。这样显然会更加稳健，我们觉得这个对冲策略也更加符合中国市场的一个市况，符合这个市场的特征。也就是说，确实认识到目前中国这个市场，特别适合做对冲。

为什么这么讲？

这涉及几个方面。核心在中国A股这个市场，长期来讲它的估值是比较高的。我认为估值要完全正常，可能需要十年甚至更长的时间来出清，它的股票供给一直是管制的，虽然股票的价格今年跌了不少，包括2015年股灾从高位也跌了不少。一些大型蓝筹的估值还算可以，类似招行、万科，但你看中位数，上市公司的市值，最差的都有十几、二十个亿，很多盈利几千万的公司可能估值都在几十个亿，甚至上百个亿。从投资理性角度来讲，股价整体还是偏高，高的话会导致你传统多头策略不太好找标的，这个胜算跟多空策略相比的话，有可能是输在起跑线，这是一个原因。

还有一个原因，从中国的上市公司结构来讲，有国有、有民营，整体效率高的难度较大，你要希望整体股价有一个长期较好的表现，需要时间来调结构，当前看这个概率还较小。

最后，就是中国的市场参与者中，散户比较多，投机性比较浓，里头就会派生两点对对冲有利的，第一点就是它的流动性比较灵活，因为我们的换手率是全球最高的，换手率高你做对冲的话冲击成本就会低。第二点就是因为散户多，投机性强，所以市场经常会有一些出错的机会，定价很离谱的机会，对你理性看长期的人来讲，有的时候市场会送一些钱，会给你一些礼物。在衍生品这一块，有的时候给的价格也比较好，因为很多参与衍生品的人也是偏投机的，比如像50ETF期权有的时候它给的价格就比较好，当你作为它的对手方，你可能就比较有利。中国这个市场为什么适合做对冲，核心是这三点。

我们的策略：一般20%左右的风险敞口

这个多空策略是不是覆盖了你所有产品？

我们就复制一个策略。所有产品就一个策略。

是有风险敞口还是完全覆盖？

我们会有一点多的敞口，不论现在环境有多复杂，或者其他人多悲观，我们对国家长期发展保持乐观，所以基本上是不会去做净空，二级市场哪怕再差都会保持一点点净多的，最差基本上也5%—10%净多头。

如果市场趋势很明显的时候呢？

我们策略是这样的，一般情况下可能是20%左右的风险敞口，向上趋势很明显的时候我们可以没有空头。

从这些年从业经历来讲，基本上十年一回大牛市，以前是每逢6、7的年份都还不错，1996年、1997年，2006年、2007年，2016年、2017年，基本上是十年一回。我们碰到十年一回的行情时，是会积极地去参与。因为大家挣钱的欲望是先天的，是原始的，所以对我来讲后天重点要修炼的就是要控制风险，在另外一极去修炼。当然，我们也不拒绝暴利，所以如果是方向很确定了，我们说不定会在同方向加10%—20%的杠杆都有可能，或者说我们用期权，买入一些看涨期权，因为风险有限，付点权利金，看错最多损失权利金。也就是说，我们整个的风格，就是首先要保守、控制风险，但是也不拒绝暴利。

你正常情况下做80%的对冲，那可以理解你股票基本上是满仓状态吧？

我们还加“两融”，比如说我一百块钱进去，其中有二十块钱是要调到保证金，特别是原来保证金更高的时候，指数期货上证和沪深20%，中证30%，另外还有部分要去做期权的保证金，所以我就会用20%比例的“两融”，我买一百块钱股票，那边再沽空80%。

刚才说到正常情况下是一个80%的对冲吧，即20%的风险敞口，然后市场非常差的时候风险敞口会缩到5%到10%，但市场特别好的时候敞口甚至100%。市场趋势很差或很好，你有什么指标来判断吗？

敞口从20%到100%，这是一个大的变化，结合什么指标来变化呢？没有设定具体的量化指标，这个挺难的。作为专业投资人，在市场面临大机会的时候，他都是有感觉的，毕竟有二十多年的经验，也有不少优秀的同行朋友可交流学习。你说的那种量化的指标没有，但是可以说有一个指标：如果是大股灾之后，我们敞口扩大的概率比较大，比如金融危机之后指数跌掉百分之四五十，当然重挫之后我们敞口不一定到百分之百，但反正就会加大，基本上跟市场是反向的。

现在的市场算不算重挫之后？

现在感觉也还不算重挫之后，从跌幅来讲还没有到我们要放开敞口的那个阶段。

所以现在你的敞口是多少？

我们现在大概就是20%左右。

那你对目前沪指2600点的市场怎么看？

现在股市定价呈现结构化分布，像中小盘，它下去再有一定的跌幅是完全有可能的；但是像上证50，我们觉得它向下的空间可能会小一些，就是这样一个判断。

跟你的持股结构也有关系，是吧？

我们除了仓位的控制，还有股票配置的不同。实际上即使我的敞口很小，也可能会有超额收益，股票多头我肯定是配置我认为会跌得比较少的，而我沽空的衍生品是我认为跌幅比较大的。如果它们的表现真是那样，这都会导致我这个收益率还可以，我不一定是通过扩大敞口去换取绝对收益。

我们的做法：中国特色的价值投资

下一个问题，关于你投资理念的总结，你说你这里面有四条，第一是谨慎，敬畏市场的巨大的不确定性，稳健谨慎，这一点是怎么做的？你现在这个多空策略可以说是一种体现吧？

对。实际上我们的做法是“治未病”，谨慎的核心是加强研究。首要研究的是规避和控制风险。不要等到生病了，或者头寸不利了，再来止损控制风险，我们的产品一般是不设止损线的。当然，有的是因为代销渠道有要求，没有办法才会设止损。我们自己本意是不设止损的，好像巴菲特也不赞成。我们的风控主要是顶层设计，未雨绸缪。因为风险来自你的头寸，如果你不持有股票，就是零风险，所以我20%敞口就比100%敞口风险小多了。我们是通过一种顶层设计来控制，首先把整体风险控制住，然后再通过不断地去优选多头的股票，也不断地去优选你的空头的一些组合，这个优选就是空头挑最弱的，多头挑最强的，然后你在一些细节比如交易环节、监控跟踪，再做细一点，通过你能做到的东西，然后结合成一个系统来控制风险。而不是说通过这种止损线的设置，我们觉得那个比较粗暴。

请进一步介绍一下你们是如何优选多头股票和空头组合的？

构建最强的股票组合，需要专业、经验和天分，我们的做法是——“有中国特色的价值投资”，这一点我后面会做具体的阐述；而构建最弱的空头组合，是个简单的数学问题，我们是依靠数学支持加计算机辅助。目的是获得好的超额收益。

你的理念的第二点是“理性”，这个投资理念是市场的整体估值有内在的规律可循，请举例说明一下这个内在规律是什么概念。

内在规律就是中国市场，哪怕是有特色的中国市场，它里面还是讲道理的。为什么茅台股票就是600块？五粮液就要便宜一些？它还是讲道理的，估值它不是乱的，哪怕就是垃圾股、壳公司，它也要分，也有定价的规律。这个规律可能是阶段性的，但它不是杂乱无序的。你通过理性分析，通过数据比较，不同的公司的估值还是有规律可循的。找到一个定价规律之后，你才可以发现有些股票是在估值的平均线以下，如果下很多可能就是机会；有些股票在估值平均线以上很多，可能它就是比较高的，你就可以做出预判来控制风险。

你会对所有的股票，分行业、分板块来对它们进行估值，找它们各自的中枢体系吗？

这些做法都是可以交叉进行的。我们投资理念总结一句话叫“有中国特色的价值投资”，既要看基本面，又要结合中国市场的实际情况。不同行业的估值都有个平均水平，不同规模的企业有时也会有共性，再比如市值小的，同样20亿市值的公司可能也有一定的规律，所以有多个评估指标。

我们投资理念的核心，最基本的还是理性、看基本面，看财务数据，但是你要结合中国股票市场的特色，它的IPO是管制的，它的投资者结构，政府对它的影响力，它的一个相对的封闭性，甚至中国民族性、人性，你要结合这些因素，然后它有一套定价的特色规律，所以我们是结合起来做一个判断。它是动态的，在不断地变。

对，市场自己也在演进。第三点就是你讲估值的高低，安全边际的大小都

是相对的，你讲这个“相对的”，好像跟你说的那个绝对价值，有点不是一回事，你怎么理解？

中国是一个相对封闭的市场，比如说你按香港的估值水平，或者按美国的估值水平，很多股票包括A股那些表现非常好的股票你都不敢投，但是你在中国这种较封闭的市场里头，它的估值相对中国这个市场又是偏低的，又值得去投。

你举个例子。

像A股跟H股，都是有差价的，那你如果说都按绝对估值的话，反正带H股的A股你基本都不能投，因为大部分A股股价都比那个H股高。

那你可以买H股，不买A股。

实际上A股有时候比H股高的，可能也有一些投资机会。所谓估值高低是相对的，就是说同一个行业，不同的股票，估值水平肯定不会都在平均线上，都会有一个相对的差异。比如像我们那个沪深300，300只股票，它的估值水平高低不会都在一个平均水平上，意思是这样的。

第四个就是关于投资中的规律性东西，也要与实际相结合，因时而变，这个你怎么来做到？

这就是中国特色的价值投资，就是说比如定价规律可能在香港、在美国，有可能是12倍PE，就算一个比较安全的投资区域了。但是在我们这个市场里可能在某一个阶段15倍PE就是安全的。不同的市场，标准可以做一点修正。要结合这个市场的实际情况去做判断，像有些机会比如在海外，你不会去做的，但在国内可能就会去做。中国市场还有理性的投机机会：比如股价很高，从投资的角度，是不值得参与的。但是比如它的那个效应，受资金的关注度，有可能你参与的话也是比较安全的。

你也会做这种参与吗？

我们是这样的，一切从实际出发，不会去局限于条条框框，机械地按什么理论去做，我们就是理性地去评估风险跟收益，一切围绕控制风险、获取超额收益这样去做。

你对市场中长期，就三年以上的投资机会怎么看？你现阶段比较关心的、影响市场中长期趋势的因素有哪几个？

我们选择这个多空策略，实际上就是基于对未来的市场的总体判断，才这样去做的选择。不仅是三五年，可能在未来的较长时间，七八年或者十年。我觉得这个市场里做投资的，如果是纯多头策略，这种风险收益比不具备大的吸引力，它的机会有一些，但比较难把握。无论从资产管理者，或者从投资者的角度讲，都是有难度的。你记不记得上证指数1995年到过1500点，现在过了23年，指数现在多少点？2600点！实际上很惨。所以未来再过二十多年，会不会重现这种格局？我们可以乐观一点。哪怕就是你乐观一点去预测的话，整个指数的复合收益率也不会太高，我们也算了一下，像沪深300，最大三只股票，就是招行、平安和茅台，这三只股票占沪深300大概百分之十几的权重，可以对那个指数有一定代表性，我觉得是优于80%的股票。

皇冠上的明珠吧。

对，这三个公司可以预判未来十年，未来十年如果每年净利增长10%，到十年之后，如果这三个代表指数的话，可能沪深300也就涨100%多一些。而且是其他的股票跟这三个表现差不多，才是这样一个状况。未来十年如果是这样一个走势的话，你要是纯多头这样一个策略，是很有挑战性的，要有一个比较稳定的收益比如每年15%—20%，我觉得这个难度很高，极少机构能做到。但选择对冲策略，我觉得可能会好很多。

为什么？

因为就跟刚刚讲的那样，相对表现是绝对的，相对表现是什么？就是说哪怕是指数不涨，或者下跌，总有股票相对表现会比较好，相对指数会比较好。有可能在某个年度所有股票都跌，或者90%的股票都跌，但是任何一年都有一些股票相对其他大部分股票的表现，是跑赢百分之二三十。

确实，每年都会有部分强势股的相对表现比较好。

对，就是指数跌50%，强势股可能就只跌百分之二三十，肯定有一类股票是这样的。只要能找到相对表现好的股票，即便指数下跌，对冲策略也能盈利。

为什么说指数展望未来十年，可能涨幅有限，核心就是刚刚讲的估值比较高，还有很多问题没有出清。所以我们选择这个对冲，实际上对大市做一个判断，就是看得保守一点，来应对未来出现这种大牛市的概率比较小的情形。当然，这只是我们的一家之言。

这个长线判断又是基于一个什么核心的依据或者逻辑呢？

中国以前的牛市基本上是脉冲式的，都是18个月结束战斗。基本上是这样的：市场参与者长期不挣钱，可能积聚到大家对行情强烈期盼之时，就爆发一次，基本上是这样一个表现的特征。现在很多问题未来可能会改善，但需要一个过程。最核心的一点还是现在中小股票，已经体现了比较好的一种预期，所以整体估值偏高。而那些大的蓝筹估值是低，但股价要连续较优异表现也不容易，比如说像招行、平安，赚钱规模已到大几百亿、近千亿了，在这个基础上还要保持一个比较高的增长，在当前宏观背景下我觉得挺难的，不太容易。所以综合来看，十年内出现波澜壮阔的大牛市概率小，即使有也大概率是脉冲式的，而且是局部的，因为现在市场太大，全面脉冲已经冲不起来了。

科创板实施注册制，对现有的股票有什么影响？

看法保守一点。真正实行注册制的话，供给扩大，现在的中证500、中小创肯定面临比较大的压力。

以后中国也会有几千亿规模的私募

怎么看待中国私募行业的现状和未来的前景？这个行业的社会价值是什么？关于私募未来的发展你认为拼的是什么？

拼的就是一个投研能力，最核心拼的就是研究能力，实际上研究能力也是一种学习能力，学习能力、研究能力决定对未来的预判能力，这是做投资的基础。最核心拼的是这个，只要这个强你就不会死，但不一定说发展得很壮大，因为在中国的环境，会吆喝也比较重要。所以像私募行业，你的规模跟你的业绩不是完全正相关。但至少你投研能力强的话，就不会太差。你要是投资能力很差的话，最终肯定也没有规模。从私募企业的发展来看，它的研究能力、市场营销能力，如果两个都强，那当然就发展得更好。私募公司现在数量是不少的，将来肯定会有一个优胜劣汰的过程。但整个行业空间肯定是非常大的，因为毕竟M2这么大，它毕竟要体现在各种形式的财富上，而私募基金是一个较好的载体。

你看国外像桥水、文艺复兴，甚至像贝莱德，以后中国肯定也会有类似的，比较大的，上千亿、几千亿规模的私募基金公司。

所以说你认为在资产管理这个行业，私募行业的社会价值是什么？

私募的价值实际上就体现在你的服务，服务也是一种产品，资产管理这种产品的质量就是风险控制和你的绝对收益，核心就在这儿。客户给你支付管理费用，支付业绩报酬，核心就是你要帮他把风险规避掉，该赚的钱能赚到，然后有一个长期较好的回报。以及你说的回撤小，关键是你对长期的风险能够很好把控，有一个比较好的持续的收益，能够让他在通胀、货币超发这种情况下保证他的购买力，他财富的含金量不会降低。

你说拼的是研究学习能力的话，在这块你们平时是怎么做的？

首先选择私募这个行业，本身要对这个投资感兴趣，兴趣很重要，然后还要自我评估一下是不是有这方面的一些基本条件。你在选同事选员工的时候也要考虑这个，他是不是对研究真正有兴趣，还有他本身条件怎么样，首先就是要解决一个动力问题，有兴趣的事情你干才不累，然后就是方法的问题，怎么样提高研究效果。还有一个是自己学习的同时，要善用现在的工具，再一个你要充分利用社会的研究资源。跨界学习也是比较重要的，像芒格讲的跨界学习。我们认为学习是一种乐趣，人就应该终身学习，就像孔子说他自己：无他，唯好学尔。

你自己怎么学习的？

首先是养成习惯，指导思想就是终身学习。阅读和跟人学习，都很重要。跟人学习就是多跟优秀专业的人交流，与同行，与企业家，与行业专家多交流，听君一席话，胜读十年书。再一个是有针对性地去阅读、去收集资料。还有一个就是跨界也很重要，比如说你投资，你不一定完全就是了解投资领域的一些知识、一些信息，你可以学社会学科，这也能够对你的投资理念起一些影响。看你的《肖冰访谈》系列，前几期的嘉宾有学哲学、学体育，读历史、战争方面的书，这些东西可能都有相通之处。学习要用任我行的吸星大法，只要是对投资、对你有益的就去吸收，不要分门派，不要管年长年幼，也不论古今中外。

你刚刚讲研究能力的建设，是要找到一些对做投资研究有兴趣的同事一起来做，但另一方面，私募这个平台跟公募比会弱一些，你是怎么来处理这个问题的？

研究这一块就跟下棋一样，也不在于说人多人少，像聂卫平一个人可以下过很多人。所以我们做研究，人虽然少，我们覆盖面可能没大机构广，至少我们聚焦的地方，可能有深度、有前瞻性。然后至于说怎么样和同事共同发展，核心还是看你的业绩，你业绩好，有一定的规模，因为私募人少，它的单人产出还是比较高的，激励也是可以比较到位的，不然也不会有那么多公募的出来做私募。

是。大家也觉得一个私募主要是看核心的领军人物，就像一个球队一样，其他人配合他来踢球。

各个私募的组织方式不太一样，有的就是说一个平台型的，有好几个经理，而我们公司就是我一个基金经理，但都是一个团队。

既然是一个基金经理，那怎么来理解也是个团队呢？

如果说你是个自由投资人，一个人就OK了，但你做私募实际上是做资产管理业务，从企业经营来讲，当然你基金经理的业绩表现好，是一个很重要的因素，但同时你的配套，比如研究团队给你的支持强，就会让你投资效果更好，实际上基金经理首先就是一个研究员。另外，还有市场营销这一块，也要有专人去经营，所以私募公司就不是一个自由投资人的状态，它需要一个团队大家配合着去做。

我们每个人一天24小时，你一般怎么分配你的时间？比如你学习多长时间，运动多长时间？

弹性的，因为我就一个投资策略，我们公司的钱全部投到公司的产品——T5里去了，我工作的大部分时间就围绕着T5怎么样持续地良性运作，先定一个十年规划，围绕未来十年，到2027年要达到一个什么目标，怎么样去控制风险，怎么样提高收益，我基本上专注在这个事情上，其他的事都是团队其他人去负责。

这个花你一天多少时间？

这个不一定，不是每天固定的，就是看需要，比如说T5我要优化它的多头组合，我要看有没有更好的选择，看它表现怎么样，相当于是“吾日三省吾身”。实际上你可能组合没动，但你对组合的更新是时时刻刻的，看有没有更好的品种来替代多头组合，同时有没有相对更弱的空头工具，这是一项持续的工作，够了就可以了，因为你到了一定时候，再投入时间，边际效应递减。再一个我们也是追求一个长期表现，不在于一时，所以工作的时间基本上就是有点模糊的，模糊控制。

我看你比较喜欢运动，打羽毛球？

主要就是打羽毛球，还有游泳。

一周会有多长时间运动？

一周两三次，运动还是不够，以后还得加强。

后记

投资也好，生活也罢，最难得一颗平和的心。人近中年，这无疑也是冰哥追求的一个境界。同时，肖冰也已经在脑补和志平“十年之约”的画面了。

第15章

华尔街归来11年，张志峰

以“系统投资”行走A股江湖

访谈时间：2019年1月16日、2019年1月25日

访谈地点：大岩资本公司

他的学历很“豪华”：恢复高考后第一批大学生、最早的一批留学生、纽约大学（NYU）科朗所数学博士、斯坦福博士后。

他的工作经历也很资深：有超过20年的固定收益及其衍生品市场买卖双方与股票投资买方经验，先后担任摩根士丹利集团信用衍生产品量化研究团队主管、巴克莱全球投资公司（BGI）固定收益全球研究总管、美国纽约Lapanch Structured Products, LLC统计套利自营部投资总监、博时基金另类投资组投资总监、盈峰资本定量投资部投资总监兼合伙人。他就是大岩资本合伙人兼量化投资主管张志峰（作者注：已于2019年下半年离职大岩，现为自由投资人）。

冰哥第一次见到他，是2008年在博时工作时，公司人力资源部负责人尹总找到我，说有个刚入职的海归同事想学古筝，问我能不能推荐个好老师。然后一看这个新同事竟然是位老大哥！一下印象深刻。后来慢慢了解，他还会小提琴，还弹钢琴，爱好摄影，上场踢足球也是体力充沛。

1995年大摩开展固收产品的衍生品业务时，为什么要招学数学，而且动手能力强的人？今年是他从华尔街回国的第11个年头，他有何心得体会？他给自己目前从事的投资工作，贴的标签是“系统投资”，其日常工作内容是什么？而做好系统（量化）投资，需要具备什么核心能力？对于人工智能对我们资产管理行业带来了挑战和机会，他的看法是什么？现在有很多留学生出去都愿意学经济、金融，作为一个有资深金融从业经验的专业人士，他又有什么样的建议？

下面，就是冰哥对他的访谈内容。

2008年从华尔街归来

非常感谢今天接受我的访谈。因为你的从业经验很丰富，现在是2019年，是你从华尔街回国的第11个年头了，先简要介绍一下你回国之前在美国学习、工作的一个经历。

首先非常感谢你今天的这次访谈，我是1981年在华南工学院（现华南理工大学）本科毕业后，留校做了近4年助教，1985年底从广州出国去美国读研究生。当时想法也比较简单，也比较理想化，当初喜欢搞科学研究吧，然后美国确实吸引力很大，当时中国跟美国差距还是相当大，从经济实力、生活水平、整个基础的建设到科研，当时对美国有一定的向往，作为一个年轻人想出去深造。我是1985年12月22日到美国，开始去的是新泽西理工学院，是自费过去的，这家学费比较便宜；后来到1988年转到纽约大学科朗研究所去读博士，1993年拿了一个数学博士，然后到了斯坦福做了两年博士后。

在斯坦福做了两年之后呢？

在做博士后期间，你就慢慢知道自己究竟想干什么类型的工作，是继续留在学术界，还是走向社会。1995年暑假，经过纽大（NYU）科朗数学所的介绍，大摩电话打到斯坦福找我，他们的衍生品部门当时想招数学有特长，同时动手能力比较强的人。因为NYU离华尔街比较近，所以他们先找到科朗所，科朗所的教授就说你们要的人我们这边有，但现在在斯坦福做博士后，因为我本科学的是工程，后来又读数学博士，所以科朗所的教授知道我的动手能力比较强，就介绍他们来找我。大摩在电话里问我有没有兴趣，我在电话里告诉他们，我对金融一无所知，这个工作好像跟我没什么关系，当时我就想挂电话，对方说你别挂电话，免费来一趟纽约见个面。后来想想也对，从加州免费去一趟纽约也不错，毕竟两年没回去了。当初纽大的毕业典礼也没参加，有一些东西包括博士毕业的证书什么都没拿就走了。然后我说好吧，就是这样一个情况。见面后，他们就想把我招过去，我当初也是以NYU博士的身份在大摩工作，一年后转成了大摩正式的一个员工，后面还继续招了些博士后。

在大摩的什么部门？

固定收益部，主要是做衍生产品。当初的背景就是固定收益的衍生产品蓬勃发展，1995年暑假后我过去，基本上就是做固定收益的衍生产品。举个例子，1996年美国电力的市场开放了，原来电力都是由大的垄断商来定价，后来美国就想用市场定价的形式来打破这个垄断，开放了电的交易，就是说电跟油可以做互换，比如买入油、卖出电，一桶油等于多少度电，预先约定一个交换因子，有了这样一个互换的合同，就等于有了金融的发电厂，它的作用就是买油卖电，基本上复制了一个实体发电厂的功能，每一个合同其实就是一个发电厂，这个就是衍生产品，衍生产品的合约期限分别是7年和13年。大摩一开始对做这方面的业务心里没底，所以就让我们去帮忙弄，当初整个金融市场是非常活跃的，但大家不知道怎么弄，我们就去建模型，把主要的风险点考虑进去，进行风险对冲。在交易成本非常高的环境下，如何去给衍生品定价？衍生产品的管理，一个是定价的问题，另一个是风险对冲的问题，如果你卖给顾客一个一百万的合同，而同时你的对冲成本是两百万，那不就是亏本生意吗？所以我们需要把这些对冲的成本算出来，估算出来我们的成本底线，然后以高于成本的价格卖出去，这个差价才是我们的利润。所以你就可以看到，当初为什么要找学数学的人，因为衍生产品最快的发展就是对这些模型的建立、估算，甚至策略上的实施，需要这方面专业的人去做。

你在大摩主要是干这一块衍生品的工作。

那个是我前期负责的项目之一，开始做的比较杂，有电的、有做过银行间拆借的衍生产品、有按揭、有围绕房地产资产进行打包的。当初美国的资产比较丰富，而欧洲养老金的需求很高，但是资产很少，所以很多的资产是从美国打包到欧洲，去满足他们对投资的需求，这里边很多工作也是通过衍生产品市场的开发来实现的，所以在1998年之前，我数了一下差不多做了十多个这类很大的项目；到1998年以后，工作主要在企业的信用衍生产品方面。

从1998年干到什么时候？

干到2004年。

也就是说，你从1995年干到2004年，在大摩干了十年。

那个时候我是大摩信用衍生产品量化研究团队的主管，我那个团队有20多个人，基本都是最好学校的博士，整个团队都是我招的。从1998年大摩在市场占有率为零，到我离开的时候，靠五六十个人一年赚了10个亿净利润。那时我们是卖方，但它的管理规模也是非常厉害的，因为衍生产品杠杆非常高，到20世纪90年代末我们一个交易员管理的规模，基本上都是以万亿作为单元的，一个很小的业务单元大概也要管理几万亿，我们整个量化团队所覆盖的大概五到十个这样的业务单元，大概管理了十万亿左右的资产。

从2004年离开大摩2008年初回国到博时，中间你又做了什么呢？

去了BGI（巴克莱全球投资公司），其实2003年他们就来找我，在2004年当时大摩固收这边人员发生了很大的变化，发生了不少事情，我就离开去了BGI，担任他们固定收益全球的研究主管，做了两年，等于从卖方到买方了，这是我比较大的一次转型，不仅仅只是换了一家公司，主要是从一个原来的券商服务跑到了一个买方机构做资产管理。BGI的整个企业文化管理的水平，我觉得还是跟大摩有相当的差距，个人还是不大认同BGI的做法，做了两年后我就离开了BGI。

你是2008年1月回国到的博时基金，担任博时的另类投资组的投资总监，当时什么机缘回国到博时的？

2007年暑假肖总（作者注：指博时基金的创始人肖风）到了纽约来找我，其实2004年从大摩出来的时候我有好几个选择，那个时候博时也是一个可能性，那个时候肖总就来找过我加盟博时，我当时考虑了一下还是觉得国内的机会不是太成熟，因为当时国内整个固定收益市场化力度比较小，跟我们在大摩做的其实是两码事，华尔街这里有些东西在国内是没有的，包括到现在都没有，更不要说当时，所以2004年那次就没回国。2007年肖总说另类投资是另外一回事，是股票这一块，股票这一块的可能性还是比较大的。因为如果推出股指期货，股指期货完了以后我觉得每个单股做空的机制可能会到位，单股做空的机制到位以后就到衍生产品，能够做空的话，就意味着衍生产品的必要条件就成立了。

所以2008年你回来，是基于当时国内的市场环境更成熟了吗？

首先回国这是一个大方向，中国经济发展到一定程度，必然在金融上有需求，金融市场的发展是一个必然，这个机会当然很大。我认为在美国做了这么多事，回来应该更有用武之地，这是一个比较激动人心的方向，关键是切入点。刚才描述我在大摩十年都是固收衍生产品的一个生涯，也是见证和参与了这方面的发展，我们从中也起到了很大的作用。我们相信回国的话，我们的贡献可能会比在纽约来得更大，因为毕竟我们还是外国人在纽约，所以当初的想法就是这样。

然后，2007年也看到美国金融危机可能性很大，2007年4月份就把自己持有的大摩的股票清掉了，觉得应该是我们当时看不到底的境况，这也加大了我回国的决心。总的来说，回国最重要的原因还是看到了国内发展的可能性。

我做的是“系统投资”

结合你20多年的投资实践，如果要贴一个标签的话，目前归到哪一个门类？

怎么说呢？标签不是最重要的，投资是一个八仙过海、各显神通的行业，没有说谁对谁错，谁有用谁没有用，每个人都有自己的特点，如果要说特点，我们的投资是价值投资有，成长投资也有，有一个系统化的特征，所以量化投资并不是最合适的名称，叫“系统投资”可能是更好的名称。

这里面我们投资抓的是系统的因素，而不是一个特殊的因素，打个比方说，有的人投资是抓所谓的黑马股，也有的人就拿五只股票，希望这五只股票都是最牛的股票，这可能都是一厢情愿的想法。我的做法有什么不一样的地方呢？最大的不一样是：我们是想如何盘活全市场95%，或者是99%的股票，尽可能多的股票。“盘活”的意思就是说：我们要尽可能利用到关于各种股票的信息，希望能够覆盖95%的股票，来考虑它们之间的好和坏，所以我们的持仓一般是200只股票左右，并不是几只股票，而这里面是找到一个系统上的特征，甄别出好的股票和坏的股票差异，然后做多那些好的股票，同时做空差的股票。我不要求组合里买的每一只股票都买对，但是我要求整个系统对，这是“系统（量化）投资”跟“集中投资”一个非常不一样的地方。这样一来，我首先在稳定性上要更好，因为我用到的信息面更宽一点，而且它是有一个大数定律在里面，就是说我不祈求每一只股票我都要赢，我要的是概率上的赢，大概率的赢，我持股很多，如果某只股票我拿的不好的话，它对我的损失也不会那么大，因为它的贡献连1%都不到，但我要求是很多很小的东西加起来变成一个较大的收益。就是说我的选股能力体现在：在众多的股票里，我能够甄别出相对于它的基准更好的股票。

买入一篮子相对于基准更好的股票，同时卖出一篮子相对基准更差的股票？

如果在国外是这样的。目前在国内还是只能买入相对于基准更好的股票，然后做空指数，获取二者之间的超额收益，要达到这个目的的话，会通过整个系统上的做法。比如说打枪，你命中靶心的概率几乎是零，但是离中心靶点会有一个远近的分布，这就是衡量你射击的能力，我们整个投资系统的意思就是说把这个分布的效果给体现出来，并不是我要求每一枪都打中靶心，有点像这样的味道。这是一个分布的问题，而不是一个点的问题。而如果你的投资组合只拿一只股票，就要求你一定要拿对，你拿两个也是几乎一定要拿对，有一个没拿对的话对你业绩的杀伤力蛮大的，但是我们要求整个分布要很靠近目标，不一定是说每一枪都在靶心里面。每一只股票都贡献一部分收益的话，每一天有10个BP（BP是英文basis point的缩写，一个BP是万分之一，即0.01%）的话，一年就是25个百分点的收益，很简单。

你的投资是买入相对基准数强的200多只股票，同时卖空指数，你用什么方法找到200多只股票？

这里面很多了，选股的维度包括价值、成长、股本的大小、波动率、博弈的因素、市场行为的情况，我们都会考虑进去，形成一个比较系统的考量。

系统的考虑，会包含你刚才说的很多个指标。

有一个叫作因子模型，其实在干一件什么事情呢？对整个市场的收益率，你用一些因子去解析它，这就是因子模型。在这个过程中就要求你对收益的来源做探索，探清楚它是怎么产生这个东西，该什么就是什么，这里面有一些因子是价值，有一些因子是成长，有一些因子是其他指标，有会计的一些现象，有公司行为的一些现象，有它管理的质量，有它盈利的质量，有它盈利的能力，有它管理能力，也有市场上博弈的因素，这里面很多考虑。它如果能够比较有系统地解析这个现象，这就是一个因子。我们就不先把自己框到只考虑某个因子，这不是我们做事的方式，我们追求的是怎么去认识这个现象，然后找到一个能系统化地解析这个现象的因子，这就是我们主要的工作。

你怎么定位你自己现在的特点呢？

我们是系统化的做法，我们观察比较有系统性特征的东西，我是考虑一堆东西的特征而不是一个东西的特征。相对于在美国，因为A股市场不是太成熟，所以产生超额收益的机会还是比较大的。

因子找完之后，在你达成投资之前，你还会做哪几步？

一般来说我们分成三大部分，第一部分叫作选股，也就是说对股票好坏做一个评估。第二部分，叫作组合构造。组合构造这边，我们光是考虑好的股票、预期收益率高的股票，以及预期收益率高低这些还不够，还得考虑它的质量。这个质量的衡量就是风险的大小怎么平衡，这里面就需要用到对每只股票的风险估算，要对这个风险进行估算，就要回到前面谈到的对于收益率的解析的问题。因为如果你没办法解析的话，你就不知道它风险的大小。那这些风险可能来源于行业，也可能来源于它的股本大小等等，这是所谓的因子模型，就是在这个过程中，依赖的就是优化的这样一个过程。第三部分，对于实盘组合和理论组合二者之间的差异，我们通过交易来消除。这样一来，我投资的质量依赖于两个东西，一是模型或者策略的有效性。策略的有效性既包括我对股票好坏、预期收益率好坏的估算，也包括我对每只股票风险的评估。二是我真正的交易的质量。

也就是说，我们的日常工作就分成两大部分，一部分是关于策略的开发和监控，另一部分是实际运营的质量。因为刚才那三步，从选股到组合构造，到实盘的实施，其实也指出了两个大的核心，就是说我产品的净值表现是依赖于我的理论组合的好坏，因为我平常的操作就是要实盘组合往理论组合来对齐，这个对齐的好坏就是通过平常的交易来实现的。

A股“抱团取暖”对系统投资的影响

系统投资在A股市场面临的最大的挑战是什么?应该怎么来进一步获得更好的发展?

最大的挑战当然是A股市场的特性了，就是说中国一些特有的因子能够解析这些收益率。我们观察下来有几个方面：一个是大的机构“抱团取暖”的倾向还是比较明显的，这个对我们的投资来说有好也有坏。从解析的力度上，我们目前没有考虑这个因素，所以在风险因子方面对我们是不利的；但是这种市场行为，我觉得是我们投资过程中阿尔法的一个很大的来源，因为很多机构都追捧比较集中的一些股票，结果是其他很多股票基本没有投资者去关注，所以体现在投资方面的竞争就没有那么激烈。从这个角度看应该是好的，对我们量化投资做法是好的。当然，这个“抱团取暖”的明显倾向对我的风险模型也是不利的。

另外一个挑战，跟经济结构有关系，比如说中国地方政府，包括国家层面经常是去扶持一些行业，这就人为地带来一些扰动，就是政府的一些干预和扰动的行为，在我们的投资模型中目前也是没有考虑的。因为这些政策的出台，有一些是比较快速的，没有规律可循，所以应该在更高的层面上去做这方面因子，而且我个人认为这个工作在数学上可为。但是我们现在还没有花精力做到那一步，主要是因为超额收益，也就是说市场的机会还比较丰厚，所以还没有时间做到那一步。

现在的挑战主要是这两块。美国还是比较市场化的一种做法，政府的引导，甚至干预的动作会少很多。但是并不是说国内政府这些做法就一定不对，这个是另外一回事。

说的是政府政策出台的可预测性，是吧？

对。如果我们是政府行为的研究专家的话，也是可以从那儿去建模型的，比如说宏观的，衣食住行一直走下来还是很有规律的，所以也不是说不可以做。只是我们暂时还没有这样的能力。

你刚才说第一个是由于机构“抱团取暖”，对于我们的投资获得阿尔法是有好处的，因为很多股票被机构忽略了。

对。

刚才你又说这对于你的风险模型不利，这是什么意思？

风险模型，我追求的是尽量地去挖掘解析收益率的因素，但如果我没考虑“抱团取暖”这个因素，那说明这个风险模型还不到位。

不到位对我们会有什么不好吗？

在风险偏好的控制上，比如说如果“抱团取暖”是一个因子，而且“抱团取暖”的股票也是知道的话，比如说我要构造一个组合，这个“抱团取暖”的因子如果有35只股票是大家现在比较追捧的，那我的组合应该配这一类股票。但是因为我的投资模型中没有这个因子，所以我在构造投资组合的时候就不会把这个因素考虑进去，所以这个风险模型就有一定的缺陷。

目前在你的投资里面，大概有多少个因子指标？

模型的因子有几十个，风险因子有几十个，策略的信号层面上有一百到三百这样的一个区间。

这么大的一个区间。那你一般用多少个呢？

用三四十个。

做好这个量化或者系统投资，你觉得需要什么样的核心能力？

系统投资的核心能力，包括两个：研究能力、落地的能力（也就是实现的能力）。有些人可能研究做得很好，但是真正实际的运营可能做得不好。所以为什么我们认为投资管理更是一个平台，而不是一个人能够出成绩的。投资牵扯到很多东西，所以我更希望靠一个平台去做。它有很多经验的积累，也需要通过平台来积累。

你说的研究能力是指什么？

研究能力包含很多，你对于某个现象的研究，对这些规律的掌握，从很混乱的一个环境里面把这些规律给找出来，把问题的本质给看透，这就是研究能力。

然后再有一个落地的能力，这是什么？

就是你找出了背后的规律之后，你要怎么实现它？我们管理投资就很像管理一个药厂，你从实验室做的结果，到真正产出药大概需要30年的时间，而这中间有大大小小的测试，还要有生产线的建立，然后还要投入生产，到产品出来，这整个过程跟我们投资很像，只不过我们的周期会快一点，因为现在都计算机化了。但这二者没有本质区别。

作为系统投资框架下的基金产品，你希望追求什么样的风险收益特征呢？

我认为产品的风险收益目标不是我们投资管理人定的，应该是投资者定，愿意承担、能够承担多少风险，更多由投资者定。

有几件事我们管理人可以做，一是在我可以输送不同风险收益特征的情况下，我们能够拿到的收益分别是多少；另外一个我可以给你在承担同一个风险下的最佳收益，比方说，如果用超额收益波动率作为测度的话，我们可以优化这个过程。比如说A股的超额收益波动率在6到8我觉得比较好，因为它有一个比率的问题，用收益除上风险，这里面不是一条直线，如果你是拿风险做横坐标的话，它有一个峰值，这个峰值就代表了在某一个风险的水平下它的收益率达到最高，超过这个风险的话，你的收益率不见得更高，你的风险越高并不一定收益率最高，这里面会有个优化，这个优化也是我们可以提供专业的东西。

如果投资者没有就自己想要的风险收益特征对我们管理人提出具体要求的时候，我们一般是按照比较合理的风险水平来操作产品，这里面都是有科学根据的。但是我觉得这个更多地应该来自投资者自己的需求。

另外，每一个资产管理公司都应该有自己的特征，比方说就像做家具和做家具的工具二者的差异。我们应该更多的是提供做家具的工具，至于顾客是要桌子、椅子，还是凳子，这是做家具的人干的事，生产家具的人在我来看应该是做大类产品资产配置的，他们用到的工具就是我们这些具体的专业化投资管理。比如说我对医药行业特别懂，我就提供一个医药行业特别好的这样一个投资工具，然后其他资产管理公司可能对汽车行业非常了解，如果各自都在某个行业非常的专业，那是最好的，然后大类资产配置就是把汽车、医药的产品组合起来，就构造了一个股票基金产品，然后在上面再加一个跟固定收益产品的搭配，就可以满足方方面面的投资人。如果你的投资者真的非常保守，那就全部是投到固收的，如果稍微松一点就可以加一点股票的，你再激进一点又加多一点，一直到纯股票都可以，所以这里面的宽度非常宽，这个应该由做配置的人根据客户的风险偏好需求来实现。

对投资，我个人的看法是应该分割成不同的层面，但现在变成大家都是直接面对顾客的，这样最大的弊端是我们做资产管理的都做成了万金油，没特征，比如我是熟悉银行的，但我不能只投银行，因为没有这样配置的投资人，所以我还得要去做医药，我还得去做汽车，甚至还得做固收，而后面几个领域并不是我所擅长的，最后你做出来的业绩能好吗？我觉得更重要的是每一个做投资的人都应该有他的特点，而不是变成万金油。

下一个问题，你比较欣赏的投资大师是谁？

没有。我欣赏的是以平台和团队为基础的一些公司。

比如说？

文艺复兴、Two Sigma。国外好的对冲基金公司都是范例。对于基金经理个人，我们不信神，这个世界也没有英雄，是有一些能力强的，但是投资最终的体现不在一个人、两个人身上，而是在一个投资的框架和理念，以及整个实施的情况。投资框架、理念大家都明白，但是真正能做出来的就不多了，这就是好的企业跟坏的企业的区别，能不能把理论上正确的东西实现，这是个分水岭。

人工智能对我们资产管理行业带来的挑战和机会是什么，尤其对我们量化投资？

只有挑战，没有机会。自从有了阿尔法狗以后，其实预示着以后随着人工智能的发展，像诊断医生，甚至律师的一些判断工作，可能都不需要人了，会有好些职业以后很容易被机器代替，我认为投资岗位也是其中一个。

那怎么办？

所以要跟上这个形势。现在开发策略，过去那种撞大运的做法肯定就过时了，可能在中国还有一定的市场。我认为到了机器人的时代，投资没有什么英雄不英雄一说，量化投资这边也不行，现在的策略在刚投入使用的时候效果还是不错的，然后很快就失效了，然后又去开发一个新的策略。我觉得以后不应该是这样，以后的策略有点像阿尔法狗一样，你跟这个机器下的围棋越多，你越没有胜算，因为机器越来越强大。如果我们不跟上的话，阿尔法狗会把所有的棋手全部淘汰。所以我们要做的事，我定义成是开发智能型的策略。

过程很重要，对事业的热爱很重要

那再谈一个哲学话题，每个人来到这个世界上都有他的人生使命。你的人生使命是什么？

人生在世就是要对自己做的事情感到有意义，能够很高兴地去做这个事情，这是我的目标。

你为什么这样界定你的人生使命呢？

如果活着不高兴的话，我觉得就没有什么意义了。如果只是追求钱的话，其实这都是虚的。我认为像一个网球运动员能够拿冠军跟不能拿冠军，他们两者的分水岭其实就是在做这件事情的时候，他的追求有多高，当然追求过程中要很幸福地去追求，那成就感就会更高了。我觉得首先有一个追求，但是这个追求还不是为了追求而追求，不然这个过程会很枯燥。因为像打网球，你能拿冠军，是懂得一两个技巧就能够拿冠军吗？我不认为是这样，主要是基本功的差异，包括体能、反应速度、快速地了解和掌握对手特征、把握机会的能力，这都是基本功。培养这些基本功的训练肯定都是很枯燥无味的，只有在这个过程中找到了乐趣，他才会比人家做得更好。这也揭示了人生真正的意义，就是说你去做这个事情的时候，你一定要充满着热爱去做，你才会成功。

当然，不一定要求每个人一定要成功，但是我们更希望自己很有追求，同时是很幸福地去追求。过程很重要，而且这种热爱很重要，对自己事业的热爱和追求，这是人生最有价值的地方。只要你做到了，赚钱其实是一个副产品。

在招聘人员，以及带领团队的时候，你是怎么贯彻这个理念的呢？

我找的都是对知识有一定的追求和热爱的人，当然我们的工作对他们的成长也有一定的帮助。我们要创造这种研究的氛围、求知的氛围、对事业的追求和热爱。

你作为恢复高考后的第一批大学生，又是比较早的一批出国的，现在又回国发展。你对目前的出国留学，有什么样的看法？

好事，我觉得出去见见世面，而且现在毕竟美国那边的研究质量和氛围还是要比我们强，从我的专业角度，当然希望更多的人学成后回来，把中国的量化交易平台也要升级到起码跟美国的差距没有那么大，希望能够这样。当然我相信很快也会慢慢这样的。

现在有很多留学生出去都愿意学金融，你作为一个有资深经验的专业人士，有什么样的建议？

我觉得他们应该注重基本能力的培养，其实你有一定的能力以后，做什么工作都能胜任。可能今天做金融，明天做其他的行业，过去这几十年可能是做金融行业比较划算，但是现在已经有很多迹象表明，可能金融在未来不见得是最好的选择。从挣钱的机会来说，可能去做人工智能方面的，或者是做TMT方面的更好。我觉得关键是基础要打扎实。何为基础？我认为目前看有两个。一个是逻辑思维的能力，另一个是用计算机解决问题的能力，然后在这两个基础之上再应用到某一个专业，这个专业有可能是宏观经济，有可能是自动驾驶，我认为一个人一生中职业可以变好几回，只要你的基础好，钻研进去就好了。也不排除一个职业你做了10年以后，这个世界变了，变成其他职业更有机会，那你再转也无所谓。

所以说大学不一定要学经济金融？

我认为那个是最后一个选择。那个属于你把基础打好了之后的职业选择，就像你把马步扎好了以后，你是用枪，还是用刀，还是用剑，而不是你一开始就去练剑，不去练基本功。

属于练基本功的大学专业，你认为是什么？

数学、计算机，这两个专业是我比较推崇的。经济金融可以是研究生阶段，甚至工作后再扎进去，我的金融知识就是在工作时学的。

你平时怎么学习的?

我的学习就是持之以恒，需要什么就学什么。人工智能、计算机、统计这些东西现在学的多一点。每一个方向都会有新发展的东西，就把握这个方向，里面如果有新的成果的话就会有一些著作出来，就读那些著作。有些可能连著作都没有形成，可能更多的是一些论文，或者文档。现在网络发达，很多信息比较容易找得到。所以大部分都是电子版的材料。

后记

冰哥对他的访谈，分了两次进行，分别是2019年1月16日和25日，原因之一是：第一次访谈约好的时间到了，他起身说对不起，我要回家了，每天我要陪我妈吃一顿饭。孝顺之人多福报。冰哥听罢，心里对这位老大哥又多了一份敬意。

第16章

连续7年年化收益率20%，蒋晓炜详解在华尔街如何做量化对冲投资

访谈时间：2019 年 9 月 30 日下午（美国时间）
访谈地点：纽约曼哈顿中城

量化投资，始终是证券投资行业最隐秘的一个领域；手握重金的量化对冲基金经理，在大众心目中也一直蒙着一层神秘的面纱。在此，有必要从网上援引一段通俗的说明："量化对冲"就是"量化"和"对冲"两个概念的结合；"量化"指借助统计方法、数学模型来指导投资，"对冲"指通过管理来降低组合的系统风险，获取相对稳定的收益。实际操作中，对冲基金的管理往往采用量化投资方法。

纽约华尔街、伦敦无疑是全球对冲基金的两大重镇。由于华人在数理化方面比较有优势，目前在华尔街从事投资的华人中，基本集中在量化投资领域施展拳脚。

美国时间9月30日下午，在曼哈顿中城，冰哥采访了在华尔街从事量化对冲投资已有12年的蒋晓炜，他用很温和的笑容，告诉我在上周二（9月24日），他刚刚从工作了5年的Welton公司离开，10月1日将正式入职到一家总部在伦敦的对冲基金GSA Capital的纽约办公室任职独立基金管理人（Independent Portfolio Manager），带领一个量化投资团队，进行策略开发、交易和风控。此前他管理的量化股票基金（CES）曾经创下7年每年20%的年化收益率，也于2016年获得过美国HFM对冲基金年度最佳业绩奖（对冲量化股权类）。

那么，华人在华尔街从事量化对冲的现状如何？量化对冲基金经理，每天上班都干什么？他是通过什么方法来赚取收益的？量化投资这个方法赚的是谁的钱？一只好的量化基金是什么样的？他在美国这些年的奋斗历程，都有些什么难忘的经历与故事？围绕上述话题，冰哥对蒋晓炜进行了一番访谈。

今天非常高兴能在纽约访谈你。听说你是上周二刚刚离开上家公司，即将入职一家新的对冲基金公司，请介绍一下这家对冲基金公司的情况，以及你将在这家公司投资工作的主要内容？

过去这十二年，我一直在华尔街做量化对冲，10月1日将入职的这家公司名叫GSA Capital，总部在英国伦敦，2006年从德意志银行里面分离出来的，以前是在德意志银行里面做得非常成功的一个量化团队，这个团队出来以后做了一个量化对冲基金，开始是一个单策略，后来慢慢变成多策略，在伦敦总部有几百人，三年前在纽约成立了办公室。它的总体管理规模有一百多亿美元，在业界算是一流的对冲基金公司，投资领域主要是二级市场，有股票、固收、外汇、期权期货衍生品等，期权期货衍生品里面还有一些固收衍生品。

说到量化，你能想到的名字就可能是文艺复兴、DE Shaw、Two Sigma、Millennium这些公司，因为那些公司都是美国的，所以我们听到的多一点。英国其实有几家非常不错的量化对冲基金，跟美国是平起平坐的，比方说Winton、Man Group、GSA都是英国几家最大的，但是媒体对它们的报道少一些。全球范围，量化对冲在纽约和伦敦两个地方做得最好。

这家公司GSA的体制有点像事业部，每一个团队独立核算独立盈亏，英文叫作 solo portfolio manager或者independent portfolio manager。这种模式基本上就是我自己有一个团队，这个团队负责开发策略、交易以及风控，盈利后我们团队和公司进行比例分成，在这家公司我也将负责这样一个投资团队。

除了我团队自己做风控外，同时公司层面也有一个总体风控，比如某个产品净值出现比较大的波动以后，公司会对每一个团队进行风控。

你们团队做的风控，和公司层面的风控，各有什么侧重？

这两套风控是平行的。我自己的风控是从我的建仓开始做，比如说我建仓之前就知道我的风险敞口应该怎么设定，然后我把这些设定都放在一个模型里面，最终出来的资产组合，已经把风控考虑在里面了。

公司的风控基本上是事后风控，比方说我的产品风险敞口超标了，他就会来警告我，让我减仓。

目前我们华人在华尔街的基金公司里面，能够做到什么样的职位？

华尔街的基金公司分两类，一个是做mutual funds（共同基金或者国内讲的公募基金），另一个是做私募，或者对冲基金。我这两块都做过，我以前是从联博基金（AllianceBernstein）出来的，这是一家比较大的共同基金公司。

华人在华尔街共同基金里面做到中层职位的有不少，但是做到比较高层的就少了。比如现在纽约人寿保险公司下面的一家投资管理公司，我在联博基金的老同事江平做到了它的CIO（首席投资官）。

在华尔街做量化对冲基金这个细分领域，华人目前是一个什么状况？

我觉得对冲基金的竞争更加激烈，要做好需要一种全才通才，不论是市场经验、策略、领导能力、沟通能力，要求都非常高，这个的确非常考验人。在对冲基金待了十二年，我觉得对冲基金行业绝对是汇聚了金字塔顶端的人才。

华人在华尔街做量化这块是挺多的，做基金管理投资的话基本是量化对冲为主，做主观对冲或者主观操作的相对较少，这也和我们中国的教育体系有关，量化数学这方面基础比较好；其次，做主观对冲要跟人打交道，而由于中西文化的差异，导致华人在这里做投资时不如跟机器、跟数字打交道来得自然。

现在在纽约的量化对冲基金公司里面，包括在Millennium或者Two Sigma都能看到不少华人的面孔，而且有一些华人在基金公司里面做得还是不错的。有做到中层的部门经理的，但是做到公司管理层的几乎没有。

有一个现象很有意思，虽然印度人在量化对冲基金这个行业里面绝对人数没有中国人多，但是他们有不少是做得非常好的，能够做到部门的领导，有的甚至做到了公司的高层。

你觉得这个是有文化方面的原因吗?

可能是有，硅谷的科技公司也一样，有一些文化方面的因素。

你说需要通才全才来做对冲基金，比做共同基金要求更高?

对，共同基金在美国虽然也有它的盈亏压力，但是因为它的整个销售、售后服务、管理体系已经非常健全，每个个人扮演的角色相对少，你体现出自己在某一方面的领导能力就已经足够了。但是在对冲基金行业里面，是有一个非常强的survival bias（幸存者偏差），就是优胜劣汰，所以说你的专业知识、市场方向把握、策略优劣、领导能力、执行能力，方方面面都要具备，而已经淘汰的对冲公司它就在历史上消亡了，这个公司也就被人遗忘了。

在你说的这些能力里面，关于“市场方向”是什么意思?

我举个例子，我以前任职的一个公司，它的管理规模曾经达到全世界对冲基金排名第三位，但是在2007年的时候主要投的是次贷方面的mortgage backed security（抵押担保证券）那些结构化产品，结果面临巨额亏损，之后就一蹶不振。这个当然有运气的成分，但是对市场方向的把握，就显得至关重要，因为不像mutual fund（共同基金）每个产品界限都非常明晰，而对冲基金的投资相对来讲灵活一点，如果船掉头不及时的话，很有可能一个大浪就把你给卷走了。

大家对对冲基金经理的工作也比较好奇，能否介绍一下你每天主要做一些什么事情?

现在这家公司我刚过来，就说说我工作的上一家公司Welton，在那儿我是全面负责公司股票对冲这方面的业务。工作中，我面对各式各样的人，比方说我会面对投资人做路演，我曾经有一段时间，在一百天之内见了50个投资人，其实可能你觉得这50个并不是那么多，但是问题是你做空中飞人，要跑不同的城市；然后公司市场部可能给每一个投资人都准备了一套不同的个性化的材料，要跟市场部的人沟通，他们告诉你这个客户的背景是什么，投资偏好是什么，我们要根据客户的投资偏好去针对性地讲一些我们的东西，每个路演的材料都要捋一遍，那么这个工作量就非常大。

你们对冲基金的客户主要是机构还是高端净值个人？

都有。我工作的第二块内容，我们也叫作执行，我会面对prime broker，即主券商，或者机构券商。这个机构券商不是那种零售券商，我们这里有区分。跟他们沟通，比方他们的交易平台、交易接口、交易所怎么介入，延时是多少。“延时”就是：我们发一个单过去，到券商最后执行那个单子，在交易所完成这个单子需要多少时间。

工作内容前面说了两块：第一个是见客户，第二个是执行，现在说第三个，策略的研究和制定，这个是最大的一块，我们公司的生存空间、我们的优劣主要是从我们的策略来的，策略不好，什么都不用谈了。比如，我们做一个量化对冲基金，我们看什么样的市场因子能够赚钱，我们是做择时、做动量选择，做多方还是做空方，这些都是策略的组成部分，你赚钱的法宝就是策略。

在市场上找有效的阿尔法因子（作者注：阿尔法是投资标的相对于大盘指数的超额收益）。

对，阿尔法因子。我大概60%到80%的工作精力都在这上面，这是我们的立命之本。

做策略主要干什么？

做策略方面有几大块。第一是选择数学模型，通过理论化的研究或者分析，看看哪些数学模型比较适合我们；第二是数据采集，数据采集这边，有很多非常优秀的数据提供商，比方说路透、彭博、标普。我们从他们那边采集来数据，进行数据分析、整理、清理，因为数据比较混乱，要进行清理，这里面有大量的数据分析、数据研究和编程的工作。

然后你看什么样的因子有效，因为这个市场数据量这么庞大，有些是我们之前积累起来的，有些是我们看论文，或者说我们看一些出版物来进行分析，从中获取一些灵感，再有一些就是我们叫作自有产权，是我们自己进行的思考，通过分析得出来的一些结果，有点像一个教授写论文时自己产生的想法。我们自己采集来的数据也要进行验证，也要进行回测。这是我们平时研究策略的具体工作。

目前比较流行的大数据、人工智能、机器学习我们都在进行尝试。

你在上一家公司的主要工作包括见客户、执行（作者注：和主券商进行沟通），以及开发制定投资策略。这三块工作分别占你时间的多大比例？

初期的时候我们会把更多的精力放在建设基础构架上，包括怎么样跟机构券商进行接口。工作进入正轨之后，主要还是研发策略占60%到80%，剩下20%到30%是对基金组合的日常管理，就是仓位管理，对组合进行分析这些方面的东西，就是基金管理人的日常工作；还有少量精力放在系统的维护和开发、见客户上面。

我是通过什么方法来赚取收益的

量化投资大致可分两大流派：一派是模型驱动，分为CAPM单因子模型、多因子模型；另外一派是数据驱动，从纯数据的角度出发，代表公司就是西蒙斯的文艺复兴。请问你是归类于哪个流派？

我们是模型驱动的，多因子模型。我们不做纯数据挖掘，也不做pattern recognition（模式识别，是指通过计算机用数学技术方法来研究模式的自动处理和判读，把环境与客体统称为“模式”）。

你过往的业绩不错，比如为你曾经工作过的资产管理公司——克林顿集团的量化股票基金（CES）创下7年每年年化20%的收益率，也拿了一些奖项，请问你是通过什么方法来赚取收益的？

我赚取收益的方法比较简单，主要是看传统市场上的一些信号或者说是因子，我们并没有大规模地采用人工智能或者机器学习的方法，但我们也在研究。我认为作为一个好的投资经理，不管是量化还是主动的，你首先要对这个市场进行判断，你要对这个市场有一定的认知，包括风险的认知、本身市场机制的一些认知，这些是基本面的东西。

数据是辅助你去实现、去完成整个投资流程。我不是特别赞同本末倒置的方法，就是先拿一套机器学习的方法，再拿过来大数据，在里面滚一下得出一个结果，这个我们叫作数据挖掘，数据挖掘在大数据、数据分析里面是非常流行的一套做法，但是我觉得做一个好的基金管理人，这套东西行不通。为什么呢？因为比方说巴菲特说他搞价值投资，人人都在追捧价值投资多么多么好，多么多么神奇，这个我们叫作一种学派或者流派，就像有人追捧科技股也是一种流派，这是基于人的经验做出的判断。

所以，我认为要用基金经理各自的理论和经验来指导机器，树立对应的模型框架，这个量化投资系统才能转起来。

还是以自己在证券市场的经验、积累的认知为核心，同时用机器来辅助你实现投资收益？

对。

请举个例子，你的产品怎么来赚取收益。

比方我说做价值投资，也是我投资中用的一个因子。价值投资在2000年以后，尤其是2008年金融危机以后，受到了巨大的挑战，巴菲特这套东西不是那么玩得转了。价值投资本身也是一个非常流行的量化因子，这时候我们就要分析为什么。其实价值因子包含了一种因素：你把价值因子的历史盈亏或者业绩单独拿出来，做一个时间轴状态的分析，就发现这个分析跟宏观周期比较吻合，那就有意思了。那么这个价值因子和宏观周期吻合的结果，你会发现它其实又跟股票的贝塔因子（作者注：贝塔是用来衡量个别股票相对于整个股市指数的价格波动情况）吻合了。有了这个理论指导以后，你就可以去做模型了。

这个模型用的效果怎么样？

很多人觉得价值模型一定能赚钱，通过分析，我现在要说的是：价值模型要做调整，要随行就市，跟着经济周期和市场周期来，才能赚钱。当然，具体怎么操作每个人都有自己的不同做法。这就是我们研究的过程与结果。

我们的投资在这一块的收益还是不错的。总体来讲我们的夏普比率保持在1.5%到2%。

作为一个量化投资经理，你做了十二年，你的投资理念或者投资策略的核心是什么？

我的投资策略的核心就是：我的策略是一整套投资流程，各种模型模块之间的有机互动，里面是缺一不可，不能忽略任何一个环节，从量化策略的研发到最后的执行和执行结果，不能少任何一个环节。有些人往往只注重阿尔法，但忽略了很多别的方面，比方说风控、执行，归因等等。

在做量化投资的同行里面，你的个人特色是什么？

我认为我还是偏重于基本面和对市场理解的挖掘。

请举例说明。

我觉得是这样：我的个人经验是基本上所有的资产类别大类我都接触过，包括固收、期权期货衍生品、股票、大宗商品，所以我对市场的判断有一个比较总体的概念，我对于风险敞口会出现在什么地方，对目前市场的一些隐含的风险因子等等，有一个比较明确的判断。我并不是一定就判断得比别人准，或者我择时也不一定准，但是我可以负责地说：我把自己的一些判断和理解放到风控模型或者说建仓模型里面，就可以在业绩的平稳度上面比别人强。

下一个问题，比如我做价值投资，号称我是赚企业增长的钱，那量化投资你这个方法赚的是谁的钱？

其实在这个量化的过程中赚谁的钱，有几种方式可以研究，第一个这里面还是有分类的，如果是我们做量化高频的话，量化高频就是赚其他交易者的钱，比方说我割韭菜，这个韭菜是高频韭菜，比方说我们“买一”和“卖一”之间的一些差价，我通过这个来赚非常非常小的短差。

这是量化高频。

如果说我们是做中高频，有可能我们赚的是其他散户和其他低频公募基金的钱。我举个例子，有两种设计指数的方法，一个是等权重指数，另一个是按照市价指数。等权重指数有一个很大的问题，如果说Facebook涨了100%，苹果只涨了50%，那么Facebook在指数中占的权重就上升了，苹果占的权重就下降了。如果你是一个跟踪这个等权重指数的基金经理的话，你得采取一些措施，使得基金能够完全跟踪指数，那时候你只能卖出Facebook，同时买入苹果的股票。那你就知道了，如果你是跟踪等权重指数的基金经理的话，哪只股票涨得越高你就卖谁，谁没涨那么多我就买谁，这也是一种策略。我们按照这个思路往下走，假设这个市场的等权重指数的基金ETF的规模越来越大，管理这些ETF和指数基金的人，势必要不停地进行调仓，不停调仓的结果就是说：指数里的某只股票一旦涨幅上升了，它很有可能会被卖掉，股票价格就可能会跌下来。这时候你就去测量这些股票在等权重指数基金里面权重的失衡，有可能你会找到一个小的幅度的获利空间，你比指数基金先行一步，你先去卖或者买，你有可能就赚钱了。

在这里就赚那个公募基金的钱？

也许是这样。

相信风控模型，减少人为介入

接下来请讲一下怎么控制投资管理的风险。

从量化角度来讲，风控是有它自己的方法，通过风控模型和一些资产优化建模来实现。这套东西是在整个流程里面人为介入最少的一个部分，就是说我相信我的风控模型。

什么意思？

我的风控模型出来以后，我不对它进行任何修饰，不对它进行外部的调整。

这是基于什么思想？

风控这一关如果你加了人为的因素，就可能会有偏颇，就有偏差，就是把你的主观想法放在里面了。风控应该是一个客观的东西，包括各种风险敞口。这套模型本身来讲我们认为是长期有效的，它不是根据市场的变化而迅速变化的。

风控模型是长期有效的？

对，它有些内在的逻辑。比方说股票里面科技板块，科技板块内部的股票之间有关联性，这个关联性可能就会长时间维持在某一个水平上。

在过往的投资风控中，你印象比较深刻的例子是哪个？

一个有意思的例子是这样的，我们在投资的时候有一种叫作动量投资，动量投资用散户的语言来讲叫作“追涨杀跌”。之前在长的历史跨度里面，这种策略是赚钱的。

包括在美国？

包括在美国，直到大概二十年前它突然失效了，当然失效不是说完全失效，动量投资在某一种状态下是赚钱的，但是如果你用这种方式去持续地进行投资，比如五年以上，你会发现净值表现就像坐电梯一样，这就带来一个问题：就是说它的因子我们叫动量因子，和风控模型有一个不匹配的问题。

是什么意思呢？

就是说我的长期风控模型很有可能把动量因子给抹掉了，因为它认为追涨杀跌是不好的，而基金管理人如果说他喜欢这个因子，他认为这个是好的，两者就出现矛盾了。这时候你就要权衡，你是相信动量因子呢，还是相信风控模型？无论你相信哪一个，你都会损失另外一个。

如果作为散户无所谓，我今天坐个电梯，明天还能赚钱。作为我们这种职业经理人来讲，就有一个问题，我们叫回撤，投资人往往在赚钱的时候你开心我开心大家都开心，一回撤的时候哪怕回调到他原来赚钱的50%，即我原来可能赚100%，现在掉下来50%，他就是不那么开心了，他会把钱赎回拿走。这个我们叫“不对称性”，是投资人心理的不对称性。

所以说你就不能去用那个动量策略，或者说你在用动量策略的时候你得小心，或者说你要做一些更深入的研究，或者用择时。我第一次是在2007年、2008年的时候碰到过类似的情况，动量策略给我们带来比较大的回撤，后来就吃一堑长一智，我们也用，但是我们用的方法就不一样了，最大可能地减少回撤。

你会用什么新的思路来用好这个动量投资?

第一个看看怎么样做，在风控模型和动量模型之间进行一些数量化的研究，看看到底是什么样的投资回报/风险比的界限，你不要在这个指标上过度投资，也不要不投资。

举这个例子，我想表达的一个就是说：千万不要忽略了阿尔法因子和风控因子之间的一个互动，这个互动非常有效，能够给你带来你预见不到的收益，或者预见不到的业绩支撑。业绩支撑不一定是收益，有可能是你的回撤减小，这也是你的收益。所以，我们最后学习到的东西就是这之间的互动关系。

在你看来什么是一只好的量化基金？说一下你的评估标准。

好的量化投资基金其实就是主动来风控，它的净值涨跌相对来讲比较平稳，也就是说不一定赚取很高的回报，但是我的夏普比率一定要高，我风控能力要强，我的回撤一定要低。这是我们觉得最终的指标。

这个是因为基于客户的需求吗？还是基于其他什么考虑?

客户也有这样的需求，因为大多数投资量化的客户不希望获得超高回报率，而是希望获取平稳回报率。

将来你会在哪方面做进一步的优化和提升?

因为我目前还着重于量化股票这一块。之前在联博基金的时候我是做量化固收的，知道在市场上做量化固收，尤其在对冲基金这个领域做得并不是很多，所以我下一步做的更多的是：把这两者结合起来。

就是量化股票+量化固收?

对，把这两个统筹做一个更大的盘子，这两个是有关联性的，而且是互补性的。这是我接下去要着重做的一个东西，目的是希望给客户带来更加稳健的收益。

工作中面临最大的挑战是什么？你会如何应对？

最大的挑战是来自自我的挑战，有些时候老是觉得自己想法枯竭，怎么挑战自身，这是最大的问题。

那怎么办？

第一个，我还是要多听听年轻人的想法，后生可畏！第二个，我觉得我们一直在探寻不同的路子，比方说我们一直在做机器学习和人工智能的研究。

在华尔街的18年

2001年从纽大毕业到现在，你做了18年的投资研究，请对这段经历做个小结。

各类型的大类资产我都接触过。2001年纽大毕业后我去了威廉姆斯能源集团，是专门做大宗商品投资的。我在那儿学到了很多关于大宗商品投资的技巧、市场规则。举个例子：有一些能源是不能够被存储的，比方说电力（虽然现在也有能存储的电池电力）；也有些能源是可以存储的，比方说煤、石油。不能存储和能存储的能源，虽然它们都是商品，但这两者之间的一些内在投资逻辑不同，尤其是在风险度方面。比方说电力不能存储，其经济学的含义是什么？是供给和需求的均衡点很容易被打破，一旦被打破就会发生市场的暴涨和暴跌。这和一般的可存储能源的投资逻辑是不一样的，所以说投资是逻辑的判断、是经验、是经济学。这个是数理不能告诉你的东西。这是我的第一份工作。但工作了才10个月，因为安然公司丑闻事件，我们公司也被牵连了。然后我就去了瑞银UBS，在瑞银我做的是信用衍生品的研究和定价，是在公司内部自营盘营业部里面做了三年，开发了很多定价工具，还有一些研究工具，从而对于信用衍生品有一个非常深入的了解。这属于固收衍生的这一块。

到了2005年春天的时候就离开了，去了联博基金（AllianceBernstein），一开始让我做的是企业债、公司债这方面的固收投资研究。那时候我就从银行（华尔街称之为“卖方”）转到了基金公司（“买方”），直接参与基金的投资研究和决策。

你后来从联博出来之后做量化做了十二年，请问你进入量化这个领域是偶然还是必然？

投资其实是相通的，我在联博的工作，和股票量化非常接近了，只是说投资品种不一样，但是经验是相通的。比方数据采集、数据分析、建模，其实非常接近。我去了对冲基金以后，一开始也是做信用固收，后来因为某种机缘巧合，开始转入做股票。再到后来，因为2008年金融危机以后，固收尤其是信用衍生品固收这一块有一阵子市场流动性就枯竭了，没有人交易了，所以我们慢慢就把这块业务撇开了，专注于做量化股票这一块。

在你心目中非常牛的量化投资经理，需要具备哪方面的核心能力？

这么多年来，我面试过几百个智商超一流的人，比如很多是哈佛、耶鲁、MIT的博士，有搞天体物理、有搞材料物理，还有搞数学的。但我发现在投资领域里面，数学只是工具，永远都是工具，而人占一个绝对的因素，不能忽略这一点，在投资领域里学以致用，就一定要把你的思维扭转过来，你要适应这个市场，你要不断探寻这个市场的一些逻辑。如果只注重数理，一定不能成就一个好的基金经理。

请讲一下你未来的职业规划。

职业规划很简单，因为我现在做的一直是对冲基金的量化策略管理，不管是在平台做，还是自己独立出来做品牌，我一直是一个基金管理人，最终的梦想还是自己有一个平台。另外，我要做一个差异化的基金产品，而且是有非常强的、有比较优势的产品，把固收和股票二者做一个结合，我会把它坚持做下去。我们还在开发另外一套更加先进的、从理论上讲更加优化的建仓模型，是我们比较独特的IP。

把这几点结合起来，我们会把业绩做得非常平稳，这也是我们的立身之本。

你觉得人生的意义是什么?

人生的意义有很多种，我其实还是蛮介意我当年觉得这个挑战不可逾越，没有去搞科研。现在我就觉得搞点经济学研究，可能我个人成就感更大一点。

还有一点小遗憾吗?

有一点小遗憾。

为什么会有这个小遗憾?

我觉得挑战自己的能力是终极目标，我现在在量化对冲投资这一行里面走得算比较远了。但在这个聪明人扎堆的地方，人人都想更胜一筹，人人岂不还都是风中的羽毛？我见到太多的失败，太多的人事变迁，所以说在这个现实的生活里面，再聪明的人都是大浪淘沙，你的个人奋斗的终极目标只是为了实现一个可能你实现不了的目标！但是回过头，如果你做一点别的事情，比方在经济学领域做一些理论性研究，可能你在某一个非常细微的地方有一些突破，是别人替代不了的。而华尔街是一个长江后浪推前浪的地方，这个后浪一推，前浪有可能就被打倒了，没有人会记得你。搞经济研究则不一样，可能那些先师们一个个被铭记，华尔街永远不是这样的。

你还能记得十几、二十年前，华尔街那些倒闭的公司吗？没有人记得吧。我对现在的年轻人讲，以前这些公司，他可能连公司名字都没听到过，雷曼你可能听到过，贝尔斯登听到过没有？它是2008年第一家倒闭的。

其实也有很多在证券行业的资深人士，转型去大学里面当教授。

我现在还早，我可能到50岁以后会选择这条道路。

现在支持你奋斗的动力是什么?

这个行业里面我们所做的事情是预测未来，预测未来的那种激情和挑战是永远都存在的、不可替代的，哪怕你有一点最小小的优势超越别人，你都想去尝试一下。这是一种与生俱来的冲动。

接下来，我们聊聊你的个人成长经历。你1997年从复旦外语系本科毕业后，为什么到纽约大学读经济学硕博连读呢？而且同时又读了一个数学硕士？

我其实本人是对数学比较感兴趣，读大学前，我在杭州外国语学校读的高中，当时在全国的物理竞赛拿过奖；当时我去复旦外文系读书，一个主要原因是因为我父亲觉得毕业后从事外贸工作吃香。在复旦我还读了一个经济学的辅修，当时的经济学比较简单，因为在90年代初国内经济学概念还更多是停留在政治经济学的阶段，相对来说量化不是特别注重。我当时出国的意愿也是想以后从事经济学这方面的研究，是带着这种憧憬来的。

想做研究，所以选择了纽约大学的经济学硕博连读？

对，来美国前我也读了不少经济学的书，到了这里以后，比较吃惊的是这边的教授非常注重量化，甚至盖过经济学领域。我一上来就是学计量经济学、线性代数这些东西。我发现美国人做经济学不是停留在理论基础，不是告诉你结论，他们是基于实证，就是对一个经济学理论去证伪：假设你的理论是错误的，直到证明你是对的为止。

你毕业后没有从事经济学研究，为什么转换了职业？

因为其实当教授这条路很辛苦。当时（90年代中的时候）我发现华人经济学家在美国成功立足的很少，钱颖一是一个，陈志武当时名气没那么大。其实应该这么讲，如果想要在经济学理论上有一个突破的话，你的思维方式要做一个基本型的改观，而我们从小接受的教育，使我们很难超越自己的思维模式，所以我后来放弃了。像张五常这样的，在华人里面是凤毛麟角，自己有一些开拓性的思维很不容易。

四年的留学给你带来的影响是什么？

虽然我最后没有鼓起勇气去做经济学的研究，但是这套思维方式和学习做研究的过程，对我影响很大。经济学是介于数学和社会行为学的一些常识逻辑之间的交集，所以在后来做量化投资的时候，我就有意识地去注重那些常识性的东西，而不光光是玩一些数学模型。

现在来美国留学的学生越来越多，未来毕业后想做投资的也很多，对于他们的专业学习、职业规划，你作为过来人有什么样的建议？

还是一句老话：你要想明白你自己对什么感兴趣，不要因为什么地方好找工作、好赚钱而做什么。如果你想成为这个行业的佼佼者的话，必须对这个行业有一些激情，否则是做不下去的。这些激情当然跟自己的经历有关，因为我是介于量化和经济学之间的结合，我后来才走上量化投资这条路子。

次贷危机亲历者的最深感悟

来美国后你经历了好多次危机，是伴着危机走过来的，你的感悟或者你受到的影响是什么？

从1997年到纽约，到现在，我前前后后经历了2000年的互联网泡沫、2001年的“9·11”恐怖袭击事件、安然事件、2007年开始到2008年的次贷危机、2011年的欧洲主权债务危机。那真是一本本活生生的教科书。

说说你在那场席卷全球的次贷危机中的经历。

次贷危机是从2006年春季开始逐步显现的，当时我在联博基金，除了研究企业债之外，还研究次贷。我研究次贷的那会儿正好是在风口浪尖，里面有很多很有意思的东西，包括我们看到数据的真实性存疑这方面的问题，当时看了非常非常多的案例。

举一个例子。

比方说我们讲“个人信用评级”，叫作FICO Score，也就是征信级别（中国现在也开始搞个人征信）。个人征信的值是有级别的，每个级别有一个硬性的数值指标，比方说620分是一个指标，680分是一个指标。你就会发现它不是一个平滑的分布，而是一个突进性的，统计分布从580到620是一条平的直线，在620突然一个跃升。这里面包含了很多的数据的不可靠性。因为一般620以下就不考虑贷款，所以很多人为了达到620而做了很多手脚去迎合这个分数，因此这个分数水分很大。次贷的数据不可靠性是导致次贷危机的主要原因之一。

这个对你的投资生涯有带来什么影响吗?

多大影响很难讲，但这个让我了解到数据背后的一些逻辑。你不能想当然地把数据拿来，然后用到量化。数据的分析采样，要从数据的源头去了解清楚数据的本质。我们有句话叫作 garbage in garbage out（垃圾进、垃圾出），你进去的是垃圾，出来的一定是垃圾。

你最深的感悟是什么?

我最大的感悟其实还是回到我怎么管理基金，就是说一个基金管理人只有经历过几次市场周期以后才能成熟，才能知道风险犹如达摩克里斯之剑。由此你脑袋里面绷紧一根弦，一直在给你敲警钟。如果没有这样历练的话，可能你永远感悟不到暴风雨的来临，或者来得有多猛。

比如，等到2007年8月次贷危机开始席卷美国、欧盟和日本等全球主要金融市场的时候，我已经离开联博基金去了对冲基金，2008年感恩节前一天，花旗银行的股票当天腰斩，从7块钱降到3块钱，然后它那天交易量创下10亿股的纪录。

10亿股乘以3块钱，也就是说卖了至少30多个亿?

对，30多个亿，这个量很可怕，预示着明天花旗银行就要关门了。市场永远是前瞻性的，市场恐慌到这种程度的时候已经不惜成本。我打电话给我的同行们，听到的都是说花旗明天就关门了，做好一切坏的准备，有可能明天你产品在花旗的银行账户全部被冻结了，做好在法庭上见的准备。银行和证券当时是混业的，所以客户存在机构券商的钱，在银行倒闭的那一天要被封存，去法庭上清算。感受是什么？天塌下来了！可能过了一个感恩节以后，200年的华尔街不复存在了。你能想象吗?

我以前很难在下班时间打到的士，那时突然发现大街上全部都是空车。我想打个的士，然后一个人开着一辆奔驰550过来向我招手。

出租车?

不是出租车，他说来来来，坐他的车子。我问他：你怎么开这么好的车子上街拉客？他说他一个月前刚刚从雷曼兄弟出来，没工作了，现在只能做这个。

只能干黑车司机。

这个故事是我自己亲身经历的。

这个很生动。

天都塌下来了，你想一个花旗银行，几百年的历史，马上就要灰飞烟灭，投资人全部不惜成本地往下砸股票，那是什么概念？大家都认为大厦将倾，资本已经没有意义了。

这种经历给你带来了对风险极度的警惕，是这个意思吗？

是的。在金融公司光鲜亮丽的外表之下，在让多少学霸趋之若鹜的职场金字塔下，我们都忽略了证券市场的残酷，行业变迁的剧烈。历史常会重演，而我们总是置身其中，乐此不疲。我建议大家阅读彼得·伯恩斯坦的《投资革命：源自象牙塔的华尔街理论》和《与天为敌：一部人类风险探索史》。这可能就是玩金融的乐趣吧。

好的。今天的访谈就到这里，谢谢你接受我的采访！

（纽约大学2019年秋季在读研究生尹航对本文亦有贡献。）

后记

2019年9月底在纽约接受访谈时，蒋晓炜说已经订好了来年春节的机票，准备全家回国探亲；然后新冠肺炎疫情来了，全球按下了暂停键，他们一家的行程也随之取消。这个目前尚未被制服的病毒，给全人类带来了巨大的改变与挑战。希望这场危机能够早日结束，同时，更希望我们人类也不要浪费了这一场危机。

第 17 章

平方和投资吕杰勇：从腾讯程序员到王牌量化投资经理的成长之路

访谈时间：2020 年 8 月 13 日下午
访谈地点：平方和投资公司会议室

平方和的创始人吕杰勇，是国内最早一批从事量化投资研究的专业人士，他在博时的三年期间，和冰哥是同事。时隔8年之后再次见到吕杰勇，平和的笑容没变，更多了一份干练。2006年从北大本硕毕业后，吕杰勇先后加入搜狐、腾讯，从事网络大数据的数据建模和挖掘工作。2009年起先后在博时基金和中信证券，从事量化投资研究、专户管理工作，完成了自己从程序员到优秀的量化投资经理的转变。

2015年6月15日，上证指数从5178.19点的高点掉头向下，股灾开始，到8月26日，两个多月内沪指跌到2800点，暴跌近45%。吕杰勇在2015年8月创立平方和投资，并在10月通过备案拿到私募牌照。过去的四年多，平方和以获取超额收益能力强而著称，每年都获取了10%以上的绝对收益，且最大回撤控制在5%以内，几年来获得了包括“金牛奖”在内的诸多荣誉。“平方和”的名字，按照吕杰勇的说法，是“平方求和，创稳健正收益”的寓意。

平方和公司现在中关村东路的清华科技园办公，写字楼硬件一般，但租金不低，为什么搬到这里办公？按吕杰勇的说法：一是这边都是互联网公司，科技氛围比较浓，都是很有活力的面孔，各种技术创新，创新的思维比较浓烈，在这个地方也符合一个量化对冲基金的气质，因为我们是技术驱动，科技氛围比较浓。二是招人比较方便。科技园北边紧挨着清华，南望中科院大学，往东就是学院路，那里有一堆的高校，往西就是吕杰勇的母校北大。

请你先向大家通俗地介绍一下量化对冲基金产品是怎么赚钱的？可以分为几个流派？量化投资在国内的市场空间多大？

2009年的时候股指期货还没推出，市场上的数据和交易服务都不是很成熟。近年来国内量化投资的发展速度非常快，各种流派都有不错的表现。量化基金的主要逻辑是基于历史数据对未来做判断，通过机器决策，避免情绪干扰。目前主流的流派有两种——高频和中低频，其中高频交易比拼的是速度，中低频比拼的是策略逻辑，看谁的信号更强，信噪比更高。如果比拼速度，肯定会影响市场容量，规模大了收益就容易下来。中低频策略，目前有几千亿的存续规模，而且我们认为还有很大的空间。我们做的是中低频，做的是一个市场中性策略。我们买入一篮子股票，同时做空股指期货，把市场涨跌的风险完全对冲掉，我们赚的是超额收益α；什么是超额收益，就是我选出的这一篮子股票，它们的走势比对冲的股指要好，我赚的是选股的钱。

这样的话，我们不会去研究未来一个季度、未来两年的市场到底要涨要跌，到底这一波牛市是真牛市还是假牛市。也就是说，对于市场的走势，我们是不关心的，我们认为我们也看不清楚，也不去做这个预测，所以先把未来市场走势这个风险去掉。

从2015年10月拿到私募牌照，平方和的第一个产品是当年12月开始运作的。作为全对冲的股票私募基金，过去的4年多时间，平方和产品的整体业绩情况如何？

这几年，量化市场和我们平方和投资都有了很大的发展。客观上看，这几年量化产品经历了各种市场，但是平方和在过去的几年每年都获取了10%以上的绝对收益，且最大回撤控制在5%以内。举个例子，比如最早一个客户给我投了100万，现在的资产净值大概是260万，而且回撤不大。

平方和是多策略产品还是单一产品策略的架构？是基于何种考虑的？

平方和的主打策略其实就是中低频的策略，这也是能够对客户进行募资、能够帮客户进行资产管理的一个策略，因为它的容量大，收益也比较显著，收益空间也比较好，所以它比较适合管理客户的资金。其他的策略我们也都有涉及，但不是主要的策略。

我们的选股策略

你们是买入一篮子股票的同时做空股指期货，请问你们是如何选出这一篮子股票的？

选股策略这块，首先我们选股的逻辑和传统的主观基金经理很不一样。传统的主观基金经理有几个特点，第一个，有些人可能会有自己的偏好，比如他是有医学背景的，他可能医药股会比较多，他会对医药股有比较深的认识，但是他可能对消费股不是那么的了解。第二个，他们选的股也比较集中，他们会选择几只股票或者几十只股票，也会重仓一些股票，当行情来的时候他们会有更好的收益，行情不好的时候波动会比较大一点。

我们做量化，选股其实主要基于模型的决策。首先，对上市公司都是基于机器自动的分析，我们选了一只股票之后，这个公司做什么主营业务我们可能不清楚，到底是什么时候买入和卖出它，这只股票的买入和卖出都是基于策略模型决策的。第二，我们选择的股票通常会有几百只，这些股票每只的权重都不大，几乎是等权的。单只股票拿出我们的投资组合后，组合的回撤率不会特别高。我们赚的是概率的钱，就是说我们通过选了很多的股票，我们从概率上能够跑赢基准，我们不会重仓单只股票，因为单只股票的准确率可能不高。我们选择的股票是比较平衡的，不光是选择一些价值股，或者选择一些成长股，我们会选择市场里面，每一种风格、价值对我们来说是一类的因子，成长对我们来说也是一类因子。对于这些因子，我并不认为价值会好于成长，也不认为成长会好于价值，这个完全是由市场的状态决定的，我们这里面会自动动态地调整不同风格的股票在组合的权重，尽量做到最优，让它们去适应市场，各种风格的股票我们都会去涉及，不光是蓝筹，像小股票我们也会涉及，但是我们会控制好流动性，不会对小股票的短期走势造成冲击。

你们等权重买入几百只股票，每只占比为百分之零点几。那你们在筛选股票时，主要会看什么指标，比如财务指标还是交易指标？

平方和是一个典型的量化投资团队，对于量化来讲，它本质的理念就是：我们是基于公开数据分析来做投资决策，这个公开数据理论上包含了所有能拿到的数据，包括像基本面数据，像分析师数据，像价量数据，还有各种特色数据，只要能拿到的我们尽量都拿到，这些数据都是必备的。我们给投资产品做模型时，对这些数据我们都是做深入的分析。这些数据，有一定质量的量化私募都能拿得到，但是在分析的深度上大家会有一些区别，可能有些团队他们会比较偏向于价和量，有些团队会偏向于基本面，我们平方和是比较综合的，争取每一块做得都比较扎实，这也是为什么我们的市场容量会更大。

你刚才说平方和的风控做得比较好。量化对冲产品的一个特点是追求基金净值增长相对稳定，所以对控制回撤有较高的要求。请问你管理产品，对最大回撤的控制目标是多少？然后又是怎么做到的？

我们的对冲产品的回撤目标是回撤在3%以内，大的时候不超过5%。这几年做下来，印象比较深的，像2015年的股灾，2016年的熔断事件，那个时间很多投资组合净值都在回撤，很多基金都受到了很大的影响，但对我们的影响相对小一点，原因有几个，第一个就是，当时市场条件比较恶劣，市场波动非常大，因为有熔断嘛。那个时候要做到少亏损，甚至要做到有正收益，重要的一点是无论市场的涨跌，我们都做了很好的对冲，没有暴露市场的敞口。因为2015年底的时候实际上是一个小牛市，当时小股票涨得都很好，在当时的情况下很多人暴露了多头，可能2015年底就会舒服一点。但是到2016年熔断，那几天全部被打回原形，肯定影响很大，也就是说，你的风控是不是坚决、是不是严格，这个是很重要的原因。第二个就是你的超额收益，当你的超额收益比较低的时候，你要获得更高的超额收益可能就得暴露风险，但是平方和不用通过暴露风险就能够获得显著的超额，我们的超额能力比较强一些。无论风格怎么切换，我们都能够赚到超额收益，又能够将风险控制得比较好，而且超额收益越高，就越有空间来做这个风险的控制。

为了向投资者持续创造平稳的回报，平方和是持续研发新的投资策略，还是持续优化现有的策略，还是其他？

你说的几个都很重要，这也是我们投研工作的主要内容。现有的策略经过各种极端市场的考验，有一定的普适性，我们会以此为基础，不断地去优化它，使得它能更好地适应未来的各类市场。同时，技术和数据也在不断更新迭代，所以在新策略上我们也会放一大块精力。

要做一个好的量化投资，我们想得很清楚：量化投资是一个自动化的决策，我们认清楚自己的优势和劣势。我们的优势就是在数据的挖掘、数据的分析和规律的发现上；我们的劣势就是对这种更深层次的经济规律的把握，更长经济周期的把握。那么我们就要扬长避短。首先，从周期上来讲，我们会做一些比较中短线的交易；然后从交易上来讲，我们是尽量全自动交易，机器决策，机器投资，规避人的情绪的影响。我们也都是基于数据分析来做决策，我们是对历史数据进行分析，认为这个规律在未来也是有效的，严格来说是基于这样一个理念。我们认为历史的经验会重复，历史会重复，人性不变，这是一个量化的假设。

在过往11年从事量化投资的过程中，你遇到过比较大的挑战或考验是什么？然后当时是怎么应对的？

我记忆比较深刻的是2017年的市场行情，当时平方和正式运行产品1年左右的时间，正处于高速发展阶段。市场运行到2017年，风格发生了巨大的变化，小盘股牛市结束了，大盘股崛起，风格走势跟前几年的走势完全是反着的，而且一季度市场成交低迷。这种市场行情对于alpha策略来说是比较不友好的，因为量化策略持股分散，很难在这种市场行情下跑赢指数。我们当时也做不出收益，整个市场都在担心量化策略是否能够持续盈利，但是我们当时还是坚持了策略，没有人为地去调整策略，因为调整策略意味着风险，没有人会知道下一步市场会如何发生变化。2017年下半年市场风格回归正常，我们的策略也回到原本的收益水平上来，所以在投资过程中，坚持既定的投资理念还是很重要的，承受应该承受的波动，赚取应该赚取的收益，这样的投资才能走得长远。

以海外为例，比如出现新冠肺炎疫情这种极端事件，导致很多量化产品朝着同一个方向来卖出操作，在二级市场出现放大效应，导致互相踩踏，对此你怎么看？

理论上来讲的话，是存在一些踩踏的效应，但是这就是一种市场的竞争吧，不光是量化策略，其实每一个策略都一样，比如说某个主动式管理的基金经理卖出他组合里的浦发银行，可能刚好其他的基金经理同时也在卖别的银行股，这可能导致整个银行板块下跌，进而可能出现整个指数踩踏，这都是有可能的，理论上说是存在的，只是严重程度的高低。我觉得国内的量化这方面的严重程度小一点，海外的量化比重已经很大了，当极端事件来的时候，可能大家都看空，像美国这种程序化比重可能比较高的，踩踏也许会更严重一点；而国内量化的比重还是小，这个现象目前不严重，几乎没有。

经过5年的发展，你希望平方和的量化投资，在同行竞争中，向投资者呈现或发扬何种特色？

我们的策略，我觉得首先有几个特点，第一个就是超额收益还比较显著，这些年我们一直是属于市场里面领跑，是属于市场里面第一梯队的一个私募。第二个，我们的策略稳定性比较高，经历过市场的极端事件，应该说从2015年股灾开始，就一直没有遇到，或者说很少遇到从事量化投资外部环境比较好的时候，股指期货贴水比较深，市场的风格与前些年相比发生了比较明显的切换，但我们的回撤也一直控制得比较好。第三个就是容量比较大，因为我们还是一开始就面向大容量，我们目前的策略理论上可以容纳百亿规模，而且这还只是基于现在的这种状态，等我们到百亿规模的时候也会升级，会有更大的容量。

目前在平方和，你的工作重心是什么？

在平方和，更重要的是框架。模型不是一个人就能做得了的，一个人不可能又精通会计，又精通数学，这肯定是需要一个团队协作的。第一是需要更多的专业背景不同的人，需要一个团队协作；第二是需要更长时间的积累；第三是需要一个好的投研组织形式，它能够使你平时的研究分析得以沉淀，使你做出来的东西，在这个框架下自动地通过前面的投入，能不断地提高。

关于“框架”，能否再具体说说你的理解？

做量化，首先它不只是一个点子，不是抖一个机灵这个事突然就赚钱了，从不赚钱变成赚钱，从赚钱变成赚大钱，量化通常来说不应该把期望放在这方面，它更多的是一个系统化的工程，一定程度上它也是一个工业化的模式，通过工业化的模式不断优化里面投资的流程，让更厉害的人、让更厉害的想法能够冒出来；同时，把那些无效的人，无效的想法给过滤掉，这个时候这个系统就越来越强。而不是说只靠以前的研究成果、以前赚钱的方法，在未来也一定能够稳定赚钱，这是不可能的。需要的就是你能够不断地创新、不断地积累。框架指的是这样一种机制，这也是现代化社会工业生产的机制。

你从互联网行业的程序员向基金公司的投研岗位的转变，是从2009年离开腾讯加入博时基金开始的。当时腾讯在互联网公司也算是龙头了，请谈谈当时为何有这个职业转型的举动？

一个背景是，我们北大数学的毕业生在量化投资这个领域里面的人相对比较多，简单来说就是你的师兄、你的同学，很多都在做这个。

我2009年离开腾讯去博时，为什么换工作呢？首先是有尝试的动力，当时是年轻觉得还想尝试吧，觉得世界还有很多不同的东西；第二，有尝试的机会，博时给了机会。当时进到博时，机会也比较好，是直接进到投资部，而不是IT部。还有一点，当时头部的公募基金给的待遇相比互联网公司还是有竞争力的。

你说的“职业转型”，我觉得这次换工作的跨度并不大。从传统角度来看，如果一个天天写程序的人，突然要去一家金融机构从事行业研究和公司调研的工作，这个跨度就很大了；但是如果说是把每天做的优化问题的工作转变一个应用场景，其实它是完全没有跨度的，因为本身底层用到的东西还是数学背景和计算机背景，现在这个行业做得好的，包括在海外做得非常成功的对冲基金，员工的专业有学物理的、数学的、计算机的，这几个专业的共性是什么？首先都是理工科，然后都是基于数据，分析数据，总结规律，计算机可以高效地处理数据，也是基于数据来做一些推演，这都是量化的要求。现在我们平方和公司也是希望从互联网行业那边做一些招聘，有IT背景的人我们也是需要的。

要说变化，可能原来在腾讯做程序员是不穿西装的，现在到了博时需要穿上西装，但你还是程序员。但做金融你可以动脑筋赚钱，这一点非常好，非常有挑战性。当时有一句话讲得很生动：一个金融机构的研究员赚的钱，可能比得上老家全村人赚的钱。我去了博时之后，后来又有一些腾讯的同事，也觉得这个路径可行，跳槽到了博时或其他公募。

在博时做买方三年，体会到自己是个市场的参与者

你2009年起在博时基金这三年，主要的收获是什么？

在博时最大的收获，就是得到高手的指点，我开始专心学习量化技术。博时基金作为当时国内数一数二的公募基金平台，肖总（作者注：指博时创始人肖风）作为公司的负责人，又大力地推动量化，请来了华尔街当时最优秀的做量化的人，那时博时有三位从华尔街回来的量化从业背景的投资总监，所以当时在博时我接触到的都是最优秀的人，这本身也是一种幸运，主要是开阔眼

界，学习为主，大致知道了厉害的人是究竟怎么个厉害，到了一个厉害的平台又是什么样的，一个事情做好了最后是什么样的。

第二个收获，就是工作模式的转换。比如在互联网公司的工作模式，有时候更强调一个“敏捷开发”，所谓的敏捷开发就是把一项大任务分解成小任务，产品有一点进步就往前推一推，就要上线。但是在金融机构里面，更讲究系统，会更深入一点，一个模型上线前要测试、准备得很充分，一个东西你没有考虑清楚就不要上线，然后更务实一点。因为最终考验你的就是一个收益率，投资是很严谨的，中间没有任何虚的成分。

第三是学到很多投资方面的专业知识。就拿做投资和做金融工程二者做个比较，做金融工程说到底是对一个市场价格形成机制的理解，对市场背后逻辑的理解，相当于你就是市场的“影子”，你看这个市场变动，就觉得好像是有一个什么物理规律在这个市场里面运转。但是到了博时之后，有一天市场价格剧烈地变动，银行股暴跌，市场不知道是什么原因。后来一问：原来是博时的一个基金经理在卖出自己组合持有的浦发银行股票，然后带动整个银行板块的下跌，银行板块的下跌又带动了全市场的下跌，最后发现就是这么回事。这个事情，你不在博时基金的平台，作为一个散户来讲你可能就觉得当天的市场一定出了什么大事情，其实不是，就是一个大机构的投资经理做了一个很普通的股票操作，然后引发的市场放大效应。这让我体会到：在博时，自己是个市场的参与者，而不是市场的“影子”。等到后面做一些交易行为的模型时，你就更知道一些主力资金的运作，或者一些主要市场的价格形成可能是什么原因，会理解得更深一点。类似这样的对一些市场的切身体会，是很宝贵的。

再举一个例子：就比如对交易的研究，当时领导布置给我的一个任务就是研究改善量化的交易成本，还到博时的交易部学习过，就是要熟悉一下怎么做交易，重点就是学习技术分析，当年看K线，我也是一点一点地跟老交易员学，向他们请教；另外，对公募基金的交易流程、交易的合规性、交易的安全性等等这些问题都有了基础的了解。可能不进博时的交易室，这些东西都模模糊糊的，但是在那边学习了之后，对整个证券交易有了比较具体的认识。我们平方和公司现在对交易员也有培训，我们公司对交易员也是一个K线、一个K线地过，这些都是当时在博时交易部得到的一些训练。

整体来说，眼界上有一些扩展，整个思维模式上有一些调整，专业技能上有很大的进步。

你2012年从博时到了中信证券之后，也是干了3年。

中信证券是一个头部的券商，逻辑和博时是一样的。因为后来发现一个规律——做量化是一个比较贵的事情，不管你的管理规模是大是小，但你的固定投入都不会小，尤其你要招到厉害的人这个投入更不小。所以做量化，只能在头部的机构做，在大平台上做。博时基金是头部的公募基金平台，中信证券是头部的证券公司平台，这两个公司能招到最好的量化团队。当时从深圳回到北京，从平台的角度来看，可能中信证券是最大的一个平台，也是最合适的一个平台，当时也是中信的领导给了个机会。

在中信证券，主要是在自营部门做量化。做自营跟公募相似，都是做量化模型、交易模型的开发。区别是在于资金来源不一样，在中信这边管理的是公司的自有资金，到了中信就是不用怎么见客户，同时对投资专业技术的要求也会更高一点，因为券商的自有资金，是单一的大资金，对回撤的容忍是比较低的，对收益的要求也更合理一些，而公募基金会面对一些不同的委托人，客户对风险的容忍度高一点。

总的来说，在博时基金和中信证券做的工作其实是类似的。首先是看到交易量很大，管理那么多的钱，本身感觉到一种责任，比如交易价格上亏一分钱，最后的收益就会差不少，所以说交易这块是比较敏感。另外就是开阔眼界，同事的背景都非常优秀，比如你在腾讯这样的平台，你觉得好像你是北大的，背景挺好的，但是到了博时和中信，你会发现同事都是一些更资深的专业人士，首先年龄比你大，然后学历比你高，有海外各大名校毕业的，关键他工作比你还努力，整个行业其实感觉上更有挑战性。在互联网行业的时候担心吃青春饭，在金融行业则需要更长时间的积累，从背景上来看会有更厉害的高手。所以包括以后看到一些比较浮躁的年轻人，觉得会更有一些感悟，其实人应该谦虚一点，永远不要高估了自己。

你当年考上北京大学数学科学学院，并在其后继续就读北京大学信息科学技术学院，理工男如何才能成长为一名优秀的投资专业人员，你的建议是？

做投资的话，有几点吧，首先这个人本身的能力天赋得够，这个行业里面不缺乏聪明人，很多人都在这个行业里面挺努力地工作，很多聪明的厉害的人在这里工作，所以你光聪明还不够，还要有扎实的基本功；其次，还需要努力和谦虚。另外，必须是要借助团队的力量，一定要相信团队的力量，闭门造车是很难超越别人的，一定要跟最优秀的人合作，才会开阔你的眼界。不是每个人在工作领域里面都能跟顶尖的人合作，不是每个人都有机缘，这个是需要一些运气的。再就是时间的积累，投资是一个系统化的工程，需要很长时间的积累，这个事情不是一蹴而就的，必须受得了寂寞。一个人很勤奋很聪明，有好的机缘，又能够跟很厉害的人合作，经过足够长时间的积累，最后再加上一些运气，这个事情才可能成。

你说的天赋，有什么特别的含义吗？

量化投资有很强的研究属性，而大学教育并不要求每个学生将来都来做研究，数学学院的学生并不是每一个都能当数学家，这里面需要你有比别人更多的决心、更先进的思考模式、更敏锐的洞察力等。

你平时个人是怎么学习的？

从专业上来讲就是去看一些最新的文献、学术界的成果；然后和同行的交流也会有一些收获；再就是，在实践里面的总结，你水平高了，相当于你看到的问题越多，你需要解决的问题就会越多。当水平不够的时候，就觉得每天的交易都是一个样，但是如果你带着一颗好奇心不断去观察去总结的话，你会发现每天的交易都不一样，每一个K线出来都不一样，都是惊心动魄的。

你的财富观是什么？你如何看待金钱这个话题？

每个人都需要一定的经济基础，但是财富不是人生的唯一目标。对于我们来讲，看起来天天和钱打交道，但实际上是在与市场搏斗，有很强的挑战性和趣味性。对于量化对冲基金乃至量化对冲基金行业来说，也是这样的。从无到有，再慢慢壮大，这个过程一定是经历并克服了很多挑战，也享受到成功的快感，同时给社会创造了价值。

金钱只是一时，乐趣才是一生。把自己的事业做好了，把它做得对社会有用了，自然而然地，你也就拥有了财富。

后记

当冰哥问到吕杰勇他的人生使命是什么时，有点出乎意料的，吕杰勇的回答是：感觉大人物才有使命，我就是求生存。冰哥问他为什么是这么个答案，他的回答是：我的工作目标就是给客户做好资产管理，争取让产品业绩达到行业前列，平方和不会为小成绩而骄傲，会一如既往地专业做事，所以我真的觉得现在就是求生存，还不足以改变社会，所以现在谈使命还为时尚早。冰哥不禁感慨：这真是理工男质朴的一面，而这份谦逊的背后，也反映了吕杰勇头脑非常之清醒。

致谢

首先，感谢本书中接受我访谈的17位投资高手！感谢他们敞开心扉的分享！他们抽出时间接受访谈，同时花了更多的时间对稿件进行完善。从他们身上，我感受到他们工作的高强度和高效率，感受到他们工作的一丝不苟，确实是“没有人能随随便便成功”！特别感谢汪思波、王汉卿、苏武康、尹志平、但斌等访谈对象的大力支持！

同时，感谢因为各种原因尚未接受我的访谈的诸多投资专家！在资管行业从业18年，我深深体会到：把投资业绩做好，不负客户的信任与所托，始终是这个行业每个从业者的重中之重。

感谢《证券时报》副总编成孝海，我的大学室友、《新财富》杂志首任主编张信东，上海财大博导钟鸿钧教授，他们通过私交为我引荐访谈对象；感谢同创伟业董事长郑伟鹤、东方富海副总裁黄静、基石资本综合管理部总经理杜志鑫，给我的访谈提供便利。

此书的出版，还要感谢优秀的同乡、清泉石资本刘晨茹的热心促成，感谢温文尔雅的中国青年出版社出版人刘炜，感谢本书敬业又专业的责任编辑肖佳。

感谢老领导、工商银行江西省分行前行长刘德谷和《证券时报》创始人武凤仪社长的培养；感谢老领导、博时基金创始人肖风博士，博时基金前副总裁杨锐博士一直以来的帮助！感谢前海宜涛资产管理公司我的各位合伙人、同事一直以来的支持！

最后，感谢我的家人：我的爷爷，不论人生顺逆，他老人家始终保持豁达、好奇与求知的心态，一直在影响着我。我的外公外婆，两位老人家勤劳又善良！我的父母，在那个清苦的岁月里，教导我们三兄弟要上进、感恩！我的太太邵小萌，为我的访谈出谋划策及帮助整理访谈文稿；我的女儿肖淇元，她现在帕森斯设计学院读大二，由于和纽约的时差正好十二小时，她在国内黑白颠倒上网课之余，为本书的所有投资专家创作了插画肖像。

要感谢的人太多，感谢有你！时光荏苒，祝你的岁月静好！